商界40年

梦想家

2009—2018

《商界》考拉看看 主编 | 商界杂志社采编团队 著

浙江人民出版社

图书在版编目（CIP）数据

商界40年. 梦想家 : 2009-2018 / 《商界》, 考拉看看主编 ; 商界杂志社采编团队著. -- 杭州 : 浙江人民出版社, 2019. 10

ISBN 978-7-213-09444-6

Ⅰ. ①商… Ⅱ. ①商… ②考… ③商… Ⅲ. ①民营企业—企业家—生平事迹—中国—现代 Ⅳ. ①K825.38

中国版本图书馆CIP数据核字（2019）第195249号

商界 40 年：梦想家（2009—2018）

《商界》 考拉看看 主编

商界杂志社采编团队 著

出版发行：浙江人民出版社（杭州市体育场路 347 号 邮编：310006）

市场部电话：（0571）85061682 85176516

责任编辑：朱康平 何英娇

营销编辑：陈雯怡

责任校对：陈 春

责任印务：聂绪东

封面设计：观止堂_未氓

电脑制版：北京唐人佳悦文化传播有限公司

印 刷：北京阳光印易科技有限公司

开 本：710 毫米 ×1000 毫米 1/16 印 张：15.5

字 数：219 千字 插 页：1

版 次：2019 年 10 月第 1 版 印 次：2019 年 10 月第 1 次印刷

书 号：ISBN 978-7-213-09444-6

定 价：68.00 元

目　录

上篇　吹尽狂沙始到金（2009—2015）

下篇　千树万树梨花开（2015—2018）

上篇 | 吹尽狂沙始到金

（2009—2015）

2008年，美国爆发了金融危机。它为2007年8月美国爆发的次贷危机所引发，来势迅猛，并且以极快的速度向全球范围内扩展。

这场危机迅速从美国扩展到全球，美国、日本、欧盟等主要发达经济体都陷入了衰退，发展中国家经济增速减缓，世界经济正面临着20世纪30年代以来最严峻的挑战。

中国虽然没有在金融上遭受严重的冲击，但全球金融危机及经济衰退的影响对中国的冲击和考验也是严峻的。全球经济一体化和国际分工高度化、中国长期以来用外需来支持经济的发展模式等，都决定了中国不可能再一枝独秀。

2009年是21世纪以来我国经济发展最为困难的一年，也是我国经济社会发展取得突出成就的一年。受益于2008年底推出的一揽子经济刺激计划的实施，中国经济迅速走出经济危机的阴霾。在宏观经济形势向好、国家通过一系列政策支持鼓励民营企业发展的背景下，我国民营企业迅速复苏，积极转型升级，为我国经济的发展和经济发展方式的快速转变做出了重要贡献。

正是在如此艰难又不断转型的过程中，2010年，中国超越日本，成为世界第二大经济体。2013年，中国人均GDP进入中等国家水平。

2015年，随着“互联网+”的提出，利用信息通信技术及互联网平台，互联网与传统行业进行了深度融合，创造出蓬勃的、新的发展生态。

中国的民营企业也在国家政策和经济的推动下，在时代的浪潮中不断探索、前进。

第一章

工匠精神|迅速崛起的大国经济

2002 年，中国还是世界第七大经济体，经过短短 5 年，便一跃成为世界第三。

2009 年，中国汽车销量首次超越美国，这也是世界工业史上的标志性事件。一批优秀的民营企业创业者在汽车产业中涌现出来。

2010 年，日本内阁府发布数据，日本 2010 年名义 GDP（国内生产总值）为 54 742 亿美元，比中国少 4 044 亿美元。经过了 30 年的增长，中国终于超过日本，成为仅次于美国的世界第二大经济体。而这也是 1968 年以来日本经济首次退居世界第三，美国媒体用“一个时代的结束”来形容这一历史性时刻。

2013 年，中国人均 GDP 进入中等收入国家水平。

这波澜壮阔的 5 年，中国不仅成为世界第二大经济体，也成为“制造第一大国”。而国家经济的飞速发展，离不开民营企业的突飞猛进。在这 5 年中，无论是势如破竹的汽车产业，还是持续发展的娱乐产业、制造业，都迈开了发展的脚步，促进了产业的迭代升级。

夏光义：中国按摩器材教父的战斗人生

有一个行业，不管风吹浪打，多年来出口退税率皆保持在17%，是所有出口产品中最高的。但它却鲜有人知，鲜有关注。

有一家企业，它在50多个国家南征北战，最终在国内十几万家同行中树立起一杆王旗，但媒体却无一记录，人们并不了解它所经历的重重贸易壁垒，以及身后无数令人惊讶的故事。

有一类企业家，他们“成名不返乡如锦衣夜行”的乡土观念慢慢“淡化”，他们在“中国做生意什么东西都是可以谈的”商业潜规则中慢慢进步，最终在温州制造群落超前建立起自己健全的企业人格，以及完备的产业精神。

是什么让这家企业在德国最大的连锁超市LIDL创下4小时劲销3 000万元的惊人战绩？又是什么让它在中国家电业百攻不下的日本市场，每年保持近2亿元的销售额？

2010年2月，中国·天伦之乐科技工业园成立。

窗外，中国最大的按摩椅博物馆正在紧张施工，工人们用电焊将几个鎏金大字镶嵌上去，火花四溅。42岁的夏光义已经在商海驰骋了整整28年，商业领域浮浮沉沉的现实，让他联想起这半生起起落落的历史。

几十年来，他最讨厌听到的是“这件事你肯定干不好”。他对自己说：“这一辈子，我们不能什么都没有改变，就这样一年年地老下去！”

（一）与生俱来的进攻性

丁岙山是温州远郊的一个偏僻小山村，在这里，命运提前将 7 岁的夏光义放进了人生的熔炉。

1965 年，父亲突然病故，原本贫困的家庭雪上加霜。母亲看儿子们实在饿得不行，跑到山下米粉店赊来米粉，然后再跑回山上换成番薯，为的就是能多吃上一顿。可番薯吃了，米粉还不上，店老板恶狠狠地扔下一句："你们家天生就是过穷日子的!"

"天生就是过穷日子的!"这句话深深扎痛了夏光义。在丁岙山这样的山村，夏家没钱没背景，所谓尊严只能凭着自己的双手去挣。夏光义立志改变命运。14 岁那年，他人生的第一个拐点出现。夏光义瞒着母亲让二哥编了两个竹筐，决心要去温州闯一闯。

一根扁担、两个竹筐，4 小时的山路，兄弟俩一路沉默，瓯江成了他和二哥作别的地方。轮渡缓缓开过来了，夏光义一把推开哥哥说："你不要再送了，再送我就走不了了!"

20 世纪 80 年代，瓯江对岸的温州正处在翻天覆地的变化中。这是一座城市、一方地域的乘风而起，相较其他商帮，温州老板们更能吃苦，对财富也更具"进攻性"。多年以后，当温州资本如蝗虫般流窜，当鞋匠南存辉、木匠王振滔及摆地摊的周成建相继站到镁光灯下时，人们却忘了他们起步时的茫然感，以及在商业信仰上的一次次进步。

此时的夏光义 14 岁，身高约一米四，如此身板，要想在一大群人高马大的拾荒者中突围，吃苦受罪自不待言。但那一年春节，夏光义带着他的第一桶金——54 元钱，衣锦还乡了。那是夏家从未有过的热闹场面，夏光义第一次可以在春节穿上新衣服，在那个农民普遍卷着向日葵叶当烟抽的年代，他手里拿着一包"上游"牌香烟，家里欠账还了一大半，除夕晚上第一次放了鞭炮。

"鞭炮真是热闹，再也不用一个人躺在硬板床上看星星了。"

创业就是"闯业"！ 1983 年，夏光义带领十几个同乡兄弟再赴温州乐清。同一时刻，未来的中国“变压器大王”南存辉也正准备在此地打桩建厂，而夏光义的商业天赋也逐渐显露出来，他逐渐厘清和建立起自己的商业模式，依靠温州全国性废品加工基地的地理优势，15岁的夏光义懂得了团队合作，建收购站做加工厂的大供应商；16岁，他组织人手分赴上海、石家庄和深圳，然后将收购来的废品运回温州高价获利。

“决心干好一件事，总能找到力量和理由；不做一件事，总能找到借口！”两年下来，夏光义挣了6万元，整个桐浦乡轰动了。他成了十里八乡远近闻名的“奇才”。

回忆过往，夏光义的语调陡然变高：“我感谢那些曾经看不起我的人，是他们教会我三个道理：一是有发展的地方才有‘大钱’；二是要懂得帮朋友，带队伍，队伍越强赚钱越多；三是对目标要有攻击性，孤注一掷！”

（二）王者气象，没人能一蹴而就

年轻的夏光义身上流淌着商业冲动与进取欲望，为了赢得尊严，他不怯懦，不退缩，懂得隐忍，疯狂打拼。但如此强烈的攻击性一旦遭遇少年得志，则难免跌倒。因为他们的修炼和底蕴，尚不足以支撑商业上的王者气象。

创业第三年，夏光义的6万元钱全赔了，同时欠下大笔外债。原因在于，各地批发站在建筑垃圾上动了手脚，东西运回温州卖不掉。“那时太年轻，住在外地宾馆里吃着别人孝敬的驴肉，就懒得去监督装货了，结果被骗。”

世态炎凉。血本无归的夏光义回到了生养他的丁岙山，口袋空空荡荡，风凉话萦绕耳边，遭遇事业滑铁卢的夏光义痛定思痛，开始重新规划自己的人生道路。

为了给儿子减轻压力，老母亲下山给人当保姆，临走前对夏光义说：“家里没钱没背景，咱还是学门手艺算了。”夏光义泪流满面，拿着三嫂借他的200元钱，学起了理发。

理发学了28天，一天夜里，夏光义的创业激情再度燃烧。“我当时感觉自己的理发技术已经相当不错了！”于是他从街上找了个兄弟，现场一阵倒腾，然后问母亲“怎么样”，母亲说：“好像还可以。”“那好，我要开店了！”

拿着母亲借来的500元高利贷，夏光义再次上路。这一次，他到了江西九江，给发廊取名为“温州OK发廊”。开业第二天，他写了一大沓花花绿绿的传单：“温州顶级发型师倾情授艺，200元，包学包会。”招生广告贴满大街小巷，10多平方米的发廊人头涌动，但仔细一分辨，全是徒弟。

一个月后，2 000元钱的汇款单和一封长信被寄了回来。母亲高兴得不得了：“我儿子又发大财了！”

事实上，夏光义的手艺和“顶级发型师”并不匹配，他只会剪平头。当初他之所以低调选择九江开店而非沿海地区，正是因为自己这手艺还不够好。但学生招进来，总不能让他们天天“刨着冬瓜”找感觉呀！九江城里有个广州人以剪“飞机头”名震一方，夏光义每周便以顾客的身份去偷师，回来后再现学现卖。

3年下来，先后收了五六十个徒弟，夏光义的手艺也在不断偷师中进步。只是徒弟们始终不知道，那位从不轻易以“绝学”示人的师傅，自己也才学了28天。

服务行业毕竟挣钱有限。21岁的夏光义发现摩丝、啫喱膏之类的产品利润极高，于是南下广东千方百计搞来了配方。他又要转行了。

1990年，夏光义回到家乡。一副模具，从广东买回最好的原料，如此“手工”打造的啫喱膏每桶成本不过100元钱，转手批发到温州飞霞北路立马变现180元。在那个商品经济尚不发达的年代，他3个月就赚了70万元。

两年间，夏光义挣了近200万元，乡政府找到他说：“你这个人简直就是个天才！我们给你地皮，你去办厂吧！”

土地3 000多元一亩，再花几十万元建厂房，夏光义却突然决定不搞啫喱膏了。一来，化妆品批文太复杂；二来，另一个有名有利的“新大陆”已经让他欲罢不能——1994年瑞安市天伦理发用品厂成立，主营“金猴”牌电吹风。

电吹风真是暴利啊，当时国内叫得响的电吹风品牌只有广东的“劲力”。“台湾人做的，10元的成本，他们要卖100元。”在那个品牌意识尚不强烈的年代，“金猴”出厂价不过20多元钱，几年下来，夏光义的资产超过了千万元。

到1995年，“金猴”相继成为石家庄、沈阳等城市的抢手货，夏光义也实现了他“有名有利”的梦想。“外地出差，五六个经销商开着车抢着接我，我都要回避的，不然得罪人。”

（三）从“都疯了”到“选对了”

“金猴”发展最迅猛的时候，也是市场最疯狂的时候，甚至有代理商在厂里通宵排队，结果第二天货被另一位代理商拉走了，双方为此大打出手。一个沈阳的经销商甚至在电话里称：“市场好得不得了，实在来不及，做个壳子发过来就行啦！”

那是一个何其疯狂的年代。面对需求十足的卖方市场，温州制造开始揠苗助长，诸如“礼拜鞋”“灌水打火机”等光怪陆离的伪劣产品如妖魔降世。也正是此时，夏光义遭遇了他创业生涯中最大的一次危机。

一批价值数百万元的电吹风发出去，吹出来的居然是冷风！“客户们催货太急，结果电阻丝出了大问题。”一时间，消费者高喊退货索赔，代理商纷纷倒戈，夏光义急了。最终他做了一个让他骄傲至今的决定，召回所有产品，满足所有合理索赔。“即便倾家荡产，也要留个好名声。”

留个好名声，他已经不再是那个十几岁的懵懂青年了。他开始着手规划企业的未来发展之路，盘算着这辈子如何才能干成一件轰轰烈烈的大事。“电吹风毕竟技术含量不高，行业空间不大。”在去欧洲拜访客户的过程中，夏光义发现，随着发达国家对保健的日益重视，按摩器材行业已随之崛起。“比如一种名为按摩减肥腰带的东西在欧洲卖得风生水起，而国内却是空白一片。机不可失啊！”

1999年，天伦厂开始战略转型，夏光义购回了国外能买到的所有产品，又花重金从广东挖来数十名模具和电子方面的专家，锁定目标在按摩器材行业。工程师们先从小件产品开始研发。事实上，小型按摩器的技术并不复杂，加之夏光义挖来设计师的超强创造力，天伦产品的性能丝毫不输国外同行。甚至国外某种产品只有一种功能，经天伦人一改良，便多出数种功能。

生产研发不成问题，渠道销售呢？此时保健器材在国内尚属新鲜事物，加之电视购物日渐兴起，夏光义通过与红极一时的七星购物、纳嘉斯合作，迅速站稳脚跟。因为竞争对手稀缺，按摩带、甩脂带以 200 多元批发出去，利润往往还有 100 多元。两年之后，天伦成为国内电视购物渠道最大的单项产品供应商。

电视购物毕竟不是长远之计，众多良莠不齐的产品疯狂进入，大挫其渠道公信力。夏光义意识到，天伦当下的战略市场应该是海外，而非国内。此时，长虹等家电业大鳄纷纷扛起民族实业大旗，企业行为被炒成了一种国家战略。而按摩器材同样属于机电产品，这类产品的出口退税率长年保持在 17%，是所有出口产品中最高的。

温州素有“侨乡”之称。2002 年春节，一位姓宋的希腊华侨承诺帮夏光义代销按摩带，10 个货柜的订单量让他莫名兴奋。只是夏光义没有想到，外贸和内销根本就是两回事，欧盟对按摩带的检测项异常复杂，单就按摩带的外壳都会有化学分解测试，直到达标为止。

第一笔外单并未赚钱，但外贸之旅总算起航了。望着一个个集装箱缓缓驶离港口，夏光义感觉自己离“成就一番事业”的男人梦想似乎已越来越近。

只是，通过华侨及外贸公司接单绝非“长期饭票”。在天伦刚有外单可接的那段时间，夏光义感觉自己已触摸到成功的脉搏，而今他渴望更大的突破。

一群“不速之客”的来访改变了天伦的企业命运。

十几位操着港式普通话的香港人突然找到夏光义，让夏光义感到奇怪的是，对方非但不发名片，甚至拒绝了自己好心奉上的茶杯，继而拿出自带的矿泉水咕噜咕噜地喝起来。这群人开门见山，让天伦立马做出 10 款按摩带样品寄往德国。至于运费、样品费，全由天伦负责，交货时间，3 天。

3 天做出 10 款样品，还要承担 3 万多元的运费，高管们对于这群天外来客的要求不屑一顾。但夏光义却决定做了再说，并且要满足对方所有要求。

半个月后，夏光义收到消息，来访者竟是一家德国企业聘请的第三方机构。而这家企业，便是德国第一大连锁巨头——LIDL。

（四）3 小时 20 分钟，生死一线

更让夏光义感到不可思议的是，对方在和自己见面以前，其实已经到过公司数次。他们在工厂下班时间去食堂考察了工人的伙食情况，上班期间则去了工厂的洗手间及员工宿舍。

放着产品样板间不看，偏偏去看洗手间，对方的做法着实不可思议。香港中间商告诉夏光义，LIDL 是一家对供货商要求极其严格的公司，共有 125 项考察指标。比如，他们会调出工厂近年来的打卡记录，看是否存在非法加班情况；又比如 ACA8000 企业社会责任感指标，则是考虑到中国工厂位于城乡接合部，可能与当地农民有征地矛盾。至于让天伦在 3 天内交货，则是为了考察工厂的应急机制。

这就是规则。“如果你不能适应，那么真正的国际大单你肯定接不了。”中间商的话让夏光义一夜难眠，回顾天伦数年来的成长经历，自己总认为在中国做生意，什么东西都是可以谈的。但这种取巧心理和“土人”般的商业逻辑，其实正在成为企业发展的致命瓶颈。比如做外贸初期，一个意大利客户要求天伦为其代工甩脂带，附加条件是产品必须通过 GS 认证。夏光义当时对认证理解尚浅，以为随便贴个 GS 标志即可。殊不知产品发到口岸全被退了回来，原来，真正的 GS 标志用酒精擦都不会褪色，而自己的 GS 则一擦就消失了，1 000 多万元的单最后足足亏了 200 多万元。

外贸企业的核心竞争力，说到底还是独立的知识产权和核心技术。痛定思痛，夏光义决定利用“与狼共舞”的契机，割骨重建，不惜一切代价拿到各项认证以突破各种外贸壁垒。自 2002 年起，天伦一共获得各类认证近百项，累计

投入数千万元研发资金。

而围绕与 LIDL 的合作，天伦打响了企业成立以来最惊心动魄的一场攻坚战。

除了前期谈判的 7 个月，从产品立项到 6 月 16 日最终交货，时间已不足 3 个月。工厂立即启动应急机制全线动员，可就在这千钧一发之际，浙江地区发生了大面积的错峰停电。

“停电这种事情牵涉中国工厂的形象，肯定不能和客户讲。没办法，只好紧急购买发电机硬着头皮上。”于是，流水线 24 小时开动，食堂后勤 24 小时服务，天伦高层 24 小时一线督战……企业的爆发力终于在这个夏天汹涌释放，灯火通明的工厂弥漫着紧张、团结、为达目的不惜一切的激昂斗志。终于，6 月 14 日，价值 3 000 万元的订单如期完成。高层们喜极而泣，他们已经整整两个月没有回家了。

殊不知，流水线并非终点线。一双更加突兀的场外之手突然干扰起这场竞赛。

6 月 14 日一大早，货柜紧急发往海关，然而从工厂到温州的公路正在翻修，前方突然遭遇大堵车。夏光义的心提到了嗓子眼，一旦过了 15 日凌晨，所有货柜便不能装船，由此造成的损失将全部由天伦承担，LIDL 在德国市场砸下的广告费也将由天伦承担。“广告费一天数十万，一旦错过航线，便意味着至少一个月的损失！前期的所有努力将功亏一篑！”

十万火急，急得夏光义从车上跳下来，跑到交警边上不断催促、央求，甚至一起疏导起交通。

所幸，上天并未真正和天伦人开如此揪心的玩笑。4 个小时后，公路顺利通车。6 月 14 日晚，所有货柜如期到达海关。一看表，时间仅剩下 3 小时 20 分钟。

付出总有回报。让夏光义瞠目结舌的是，这 3 000 万元的货在大洋彼岸的德国，竟然只花了 4 小时便全部被消化。LIDL 在德国的 6 000 多家门店如同一个巨大的消化器，蓄积 3 个月的广告势能将订单迅速分解到千家万户。

这真是一场险象环生的完美配合。

如今，LIDL 每年都会向天伦投放数千万元的订单，而其在欧洲市场的标杆效应，也为天伦带来了更多意想不到的大客户。沃尔玛、家乐福、乐购等纷纷向其伸出橄榄枝。与此同时，天伦的产品线也扩大到八大系列近千款产品，其先后进入了德国、土耳其、俄罗斯等 50 多个国家，夏光义由此从国内 10 万多家保健器材生产企业中脱颖而出，成功封王。

（五）翻山越岭，决战日本

对于中国企业而言，1 亿元是一道坎，翻过去，你会再上一层楼；翻不过去，你就得长时间如临深渊，如履薄冰，与狼共舞。天伦在 2002 年成功过亿元，格局由此大开。

对于遍布全球的中国家电企业而言，日本市场是一座山。作为世界电子产品重镇，日本俨然是机器之邦。松下、索尼、三洋等占据各大市场，余下一干品牌日夜蚕食着巨头遗漏的市场，大有万夫莫开的气势。为了拿下日本市场，夏光义多次努力，依旧寸步难行。

这是他心头挥之不去的结。

终于在 2005 年，日本川崎集团下面的一家大型连锁超市找到天伦，一开口就把夏光义怔住了："我们已经观察了你们 3 年，现在想请你们代工一种脚底按摩器。"原来，这家超市每年都会去广交会，对于有意向的加工厂，它会连续 3 年考察其展位。"展位越来越大，证明你的企业在发展！"

依靠低廉的土地和人力成本，中国制造在海外有着无可比拟的价格优势，而日本人则把中国家电看作便宜货的代名词，即使你价格再低，人家也不要。但市场不可能永远密不透风，此次川崎的订单邀约便是突破口。

而发生在突破口上的一系列攻守博弈，则可看作中日两种思维方式在制造业中的智慧比拼。

在产品开发上，日本消费者反映按摩眼罩摘取麻烦，两眼一抹黑，朋友来访开门都来不及。考虑到眼压等系列技术指标，日方实验室多次攻关依旧束手无策，殊不知天伦的工程师不假思索地说，在眼罩模具上开个小洞，问题不就解决了吗？

在模具检测中，除了 PSE 等一系列严格认证，日方代表甚至戴着眼镜，对着灯光，测量按摩器底部的上百个小点是否距离一致。为此，天伦先后开发了上千套模具，最终得以通过。

即便在产品使用环境上，双方也有“碰撞”。比如天伦后期开发的按摩椅，因为椅背可以上下调节，日方提出质疑：“人躺在按摩椅上调节椅背，万一家里的小猫小狗突然冲过来怎么办？”为此又进行了一系列技术攻关。

如今，天伦每年在日本的订单额近 2 亿元人民币。能在高手林立的日本制造中站稳脚跟，天伦获得的是一种信任。

当然，夏光义的外贸生涯绝非一帆风顺，他就像漂流海上的鲁滨孙一样，几乎每天都会遭遇新的波折与险境。其间，他如何面对、如何决策，我们往往难以从企业的自身状态去判断，而是应该通过企业家的性格去解读。

天伦创业初期，一个俄罗斯客户一年可以做到 3 000 万元的订单，这对于天伦的成长功不可没。然而到 2007 年，该客户屡屡表示资金紧张，要天伦支持他一下。于是，一个货柜一个货柜地发过去，然而数千万元的货款却杳无音讯。

夏光义急了，带着部下亲赴俄罗斯，这才发现，该客户如今沉迷赌博且有黑帮背景。“货款嘛，肯定是没有的。”置身俄罗斯的冰天雪地，夏光义头发都气得立了起来。

然而，在公开场合，他却给足了客户面子。彼时，该客户正在搞经销商年会，听说中国老板来了，大大小小的经销商都要求和他合影、会谈。夏光义则考虑到这些经销商容易跳过东家直接从中国工厂接单，因而反复征求俄罗斯客户的意见。

看到中国老板如此细心义气，俄罗斯人分外感动，2009 年的订单全部现款现货，之前的欠账也开始陆续还清。

2006 年按摩器材市场进入鱼龙混杂期后，面对山寨厂的压价竞争，天伦的对策是，客户可以先订购便宜的山寨产品，一旦出现质量问题，由天伦来修复。

事实上，十多年来与世界50多个国家的外贸生意，也养成了天伦强大的企业竞争力。天伦拥有了中国按摩器材行业最庞大的模具体系，各个国家各种不同类别的产品在功能上相互嫁接，便会创造出一个新的保健器材品类。

其次，与跨国巨头的一次次合作，历练了天伦的研发管理能力和成本体系。比如，其以庖丁解牛的方式进行成本控制，将整个生产环节拆分成产品成本和管理费用两大项，这两大项再重新细分，如产品成本，又分割成七项要素：材料成本、加工成本、测试成本、包装运输成本、质量成本、库存、固定资产等。每一个项目里又有一个分控系统，环环相扣，层层衔接，俨然一座坚不可摧的铁臂江山。

江山是用铁骑踏出来的，江山也是用时间和无数人的智慧深耕出来的。

（六）“不是谁都能做按摩椅”

镜头一：2008年初，天伦董事长会议室。夏光义一拍桌子，众高管鸦雀无声：“按摩椅项目必须上，谁都不要再说了！”

镜头二：2008年下半年，国内部分按摩椅企业的十多位高级工程师收到一份特别的礼物，他们分别在家乡的省会城市拥有了一套房子。购买者是一位温州的大老板。

镜头三：2008年下半年，北京。一场盛大的新闻发布会上镁光灯闪烁，夏光义信步登台：“三年内，天伦要做到按摩椅行业的老大！”

在按摩器材行业，按摩椅无疑是一顶亮眼的“王冠”。

“健康产业对国民经济的贡献蕴含无限前景，中国政府应该积极引导健康产业的持续发展，使之占国民生产总值的比例达到8%左右，成为国民经济的一大支柱。”时任卫生部部长陈竺多次这样指出。保健行业无疑遇上了最好的时代，被认为发展潜力最大的按摩椅企业尤其为之一振，当其他企业蜂拥而至按摩椅市场掘金时，天伦已经抢占先机，优势渐显。

殊不知，两年前，当夏光义说出进军按摩椅的想法后，竟把高管们吓住了。

“一台按摩椅涉及2 000多个供应商，当时我们已是小型按摩器领域的老大了，外贸做得轻车熟路，大家觉得突然转战国内会有风险。”然而，老板军令如山，高管们只得面面相觑，低声说：“那先开发一两款试试？”“什么一两款！那不是把盐撒到大海吗？第一批先开发10款以上，前期投入8 000万元！”

夏光义此举绝非一时头脑发热。自2007年下半年起，美元汇率持续下滑，这让在外贸领域浸淫多年的他高度警惕。果然席卷全球的金融海啸随之而来。2008年4月，天伦的订单量下降了20%，3个月后更是一挫到底，下降了60%。大势如此，同行们纷纷倒地暴毙，天伦凭借多年积累暂无大忧，但风暴同样暴露了外贸型企业的短板。“不依托国内市场，企业再强也只是一条腿走路，终究登不了更高的山！”

同时，按摩器行业从10多年前的处女地阶段，到如今已有近10万家企业盘踞于此。天伦的产品屡屡被人仿制，一明一暗，官司都打不过来。“我们研发一款产品需要半年时间，但沿海家庭作坊一个月便仿了出来。一方面，我们必须加大研发投入，否则国外巨头会看不起你，但山寨厂们先模仿再压价，搞得我们利润越来越薄。”

与其屡遭暗算不如倾力出击，以技术门槛高的按摩椅带动小产品，彻底与山寨厂们甩开距离。

为此，夏光义亲自挂帅主抓按摩椅项目，密集接触了业内50多位高级工程师。“上午觉得对方确实有货，下午便订机票，飞赴其所在城市谈到他动心为止。”夏光义依靠自身的挖人“撒手锏”，时至今日，已成功打造了行业第一支养生保健咨询师团队，为接下来的国内市场营销积极备战，整装待发。

天伦负责国内营销的大将汪友桂便是在这一背景下加盟天伦的，其曾在国内多个行业的领袖企业担任高管，深谙国内营销之道。用他的话说：温州企业家精明者很多，但聪明者却少，加盟天伦是他下半辈子最大一场战斗！

2008年下半年，天伦的十几款按摩椅同时下线。光是一把椅子的模具便需要几十吨钢材。紧接着，夏光义在北京体博会上搭起一个200多平方米的展厅高调宣誓。谁都不敢相信夏光义的手笔会如此之大，傲胜、三洋等同行深为震惊："这小子要出来，我们就危险了！"

事实上，当下国内按摩椅市场正如十几年前的家电领域，行业群龙无首，稀缺领导品牌。2008年，全球按摩椅市场规模约56亿美元，而中国市场尚属营销初级阶段。在市场发展最早的日本，平均两个家庭便拥有1台按摩椅。

在汪友桂看来，亚健康人群越来越多，即使按照未来5年达到5%的家庭普及率标准测算，我国约2.6亿户家庭中，按摩椅销量也将达到1 300万台，平均每年260万台的规模无异于超级金矿。

要想在这样的市场一骑绝尘，同样也需"猛药"。2010年下半年起，每款天伦按摩椅都可以在其官方网站上下载应用程序，不同的程序配合不同的音乐，伴随美妙的音乐，消费者可以体验不同的按摩手法，"一款按摩椅永不过时"！

天伦在按摩椅上的非常之道还在于，夏光义甚至将其做成了充满美感的家装饰品。考虑到家庭装修的不同风格，简欧风格的按摩椅一律采用巴洛克式的艺术雕花，中式风格的按摩椅则在材质上选择厚重红木……

如今的天伦拥有22条国际先进的生产流水线，按摩椅年产能达6万台。

未来3年内，天伦将投入3亿元资金进行品牌传播，打造150万平方米的销售终端，成就行业第一。"天伦将打破传统渠道格局，实现城市旗舰店、商场体验店、KA卖场、社区体验中心、美容院、汽车4S店、酒店、机场等全线覆盖。"目前，天伦已和家电巨头国美电器达成全国全线品牌战略合作关系，天伦按摩椅将成为行业首家挺进国美终端的品牌。

（七）最反感人家说"这件事你肯定干不好"

2009年，天伦的产能突破12亿元。当初反对做按摩椅的高管们纷纷竖起大拇指："这一步真是走对了！"天伦在按摩椅市场的重拳出击后，国内外大客户纷纷要求代理，此举反而促使天伦拥有了小型按摩器的定价权。"对方若是不要我们的小产品，那我大的按摩椅就不给他了。从被动到主动，一举两得。”“我们非但没有在金融危机中受伤，反而给自己蹚出了一条新路。”天伦国内营销负责人汪友桂这样说道。

现在夏光义几乎天天都会受到政府部门的邀请，去市内各大企业演讲，题目是“如何走出金融危机”。对于中国民营企业而言，老板的性格往往意味着企业的性格。温州企业尤其如此。

几十年来，夏光义最讨厌听到的是“这件事你肯定干不好”。他对自己说：“这一辈子，我们不能什么都没有改变，就这样一年年地老下去！”

夏光义就是这样一个人，对于认准的目标充满攻击性，排除万难也要攻克城门，但与温州企业家不同的是，他不爱热闹，不去夜总会，也不打高尔夫球，他甚至将家搬到了办公室楼顶。他最大的爱好便是拉着一帮高管到家里喝啤酒。“酒在肚子里，事在心里，酒淹到心里去，把工作中的矛盾全都说出来。”

他是一个爽快人，他称自己最享受的是决策成功后的喜悦感，每次收到胜利的战报，他都要拿瓶啤酒一口气喝下去：“吹瓶！”

在企业内部，他的权威和决策不容丝毫侵犯，但对部下又视若家人，大碗分金。一名基层员工母亲生病，他立马拿出 7 万元让对方先回家。那名员工等母亲病好后，带着一家人来到公司，“扑通”一下跪倒在夏光义面前。他戒了烟，但每次出国都会带回不同的香烟，然后悄悄放到高管们桌上。他穿 100 多元的衬衫，但每次买衬衫都会买六七件，身边陪同的员工一人一件。他不善表达情感，两个小孩见了他就哭，但对员工他又显得细致入微。每年除夕晚上，他都会亲自打电话给高管的父母拜年。曾经一位高管在公司团年的时候流露去意，他听说后立马从车里钻出来，一把抱住对方：“是兄弟的话，明年就早点来！”

夏光义 14 岁只身闯荡温州，历尽常人难以想象之艰辛，33 岁放弃理发用品转战保健器材，40 岁再次挥师进军按摩椅市场。年轻时他锋芒毕露，为尊严而战斗，但随着年龄增长，他又变得沉稳宽容，对昔日所受的白眼报以感恩心态。

夏光义对记者说，企业家首先应是战略家，其战略管理能力往往对企业发展起着决定性作用，而战略管理必须围绕三个维度去构建：战略、策略、战术。战略上要有前瞻性的眼光和超人的胆识，不断创新商业模式，策略上要形成立体的战略解码组合，形成企业持久的竞争力。精准的战略和策略依然不足以保证企业的成功，战略执行的能力尤为重要。企业的旺盛生命力源于其领军人物的思维格局和开拓精神，成就于整个团队的系统建设。

是的，浸淫商海28年，苦难、摔打、收获，足以让一个少年青丝染霜，也足以磨砺和修炼出一个男人全新的人生境界。“云在青山水在瓶”，说的不单是一种心境，更是源于这种心境的伟大战斗力。如今，42岁的夏光义已经拥有了掌控自己人生命运的智慧和力量。

魏建军：铁血长城

2009 年，金融危机的余波尚在蔓延，全球经济持续受其影响，可这也为一批优秀的民营企业家提供了机会。在全球汽车企业销量不济的情况下，长期由外资和国有企业占据的汽车产业受到影响，一批创业者顺势涌现出来，创造了可观的利润，中国汽车销量也首次超越了美国。而“铁血”的魏建军正是其中之一。

关于魏建军的“铁血”，有一个细节可以佐证。

2013 年 5 月末，长城汽车科技节现场，魏建军刚一现身前排座席，各路媒体便蜂拥而上，“长枪短炮”几乎贴到他的脸上，这令他很是不爽。

接下来的事情出人意料。板着脸的他猛然从座位上蹿起来，一个箭步上前，同时大手用力一挥，惊得媒体如同被大风刮过一样，连忙踉跄后退。这有点像武侠片里的情景，大侠使出了降龙十八掌。

在中国民营造车界，比起高歌猛进的吉利和起伏跌宕的比亚迪，魏建军的长城汽车，更像是一支纪律严明的军队，循序渐进，终成霸业——皮卡和 SUV 两大品类占据国内市场第一。

（一）保定车神

长城汽车科技节开幕式上，一部短片让魏建军有些动容。短片讲的是一个山村小孩，在父亲的支持下，追逐汽车梦想，成为长城员工的故事。

某种程度上，这也是魏建军的故事。

魏建军的父辈，是保定当地的第一代企业家。1984年，魏建军的父亲魏德义退伍回乡，创立太行设备厂，从事排水设备制造，后来发展成资产近亿元的太行集团。

同年，魏德义的兄弟魏德良创办长城工业公司。这家注册资本80万元，在保定市南大园乡注册的集体所有制企业，主要从事汽车改装业务，也就是长城汽车的前身。

那是一个中国民营汽车工业开始兴起的年代。在中国东南部，鲁冠球转向制造万向节，曹德旺创立福耀汽车玻璃，两者后来都成为各自领域中的“霸主”。

身处保定的魏德义，同样看到了汽车工业的机会。他发现，汽车独立前桥这一零部件都靠进口，有很大的市场空间，便决定进军这一领域。

1989年，魏德义分别从德国大众和日本丰田买来了一部拥有独立前桥的面包车，组织技术人员一起拆开来研究。这种买来进口车拆解研究的方式，几乎成了民营造车业通行的起步秘籍。后来魏建军造长城汽车时，买来上百辆外资品牌的汽车进行研究，各式各样的汽车停满了整整一层车库，堪比国际车展。

一年后，第一台国产独立前桥在魏德义手中研制成功。然而就在此时，创办长城工业公司的魏德良因车祸去世，保定南大园乡政府接管了长城工业公司，但很快陷入亏损困境。

1990年，长城工业公司资产负债达200万元，南大园乡政府无奈开出优惠条件吸引人承包。26岁的魏建军站了出来，与南大园乡政府签订了5年的承包合同。当时，人们用一种复杂的目光注视着这位开着拉达汽车上班的年轻总经理。

一位生于保定的长城老员工回忆说：“当时有不少人怀疑，他毕竟太年轻，但也有不少人认为，他背后有魏氏家族企业，问题不大。”

实际上，性格刚烈的魏建军事前并没有告知家人。他执拗地认为，叔叔开创的事业，理应由他来继续下去。在接下长城之前，年轻的他已经在北京通州微电机厂、保定地毯厂及保定太行水泵厂等家族企业里做过厂长。虽然这些工厂都跟汽车不沾边，但在父辈的影响下，他跟科技节短片中的那个山村小孩一样，从小酷爱汽车。

由于家庭条件优越，他是当时保定年青一代中少数开得上汽车的人之一。因为曾经在保定机场表演过精彩的汽车特技，在当时保定的年轻人中，他被戏称为“保定车神”。

“保定车神”很快适应了长城工业总经理的工作。走马上任后，他几乎每天和技师、工程师在车间里拆解各种类型的汽车，研究汽车内部构造，逐渐对各大品牌汽车的技术特点了如指掌。

但是，孱弱的长城工业如何扭亏为盈？魏建军回忆说：“我们当时只能在大市场里找一些小机会。”在做改装车的基础上，他找到当地一些冷冻厂和石油公司，为他们定做冷冻车和石油用车等特种车辆。长城工业的经营状况由此逐渐好转。

（二）剑走偏锋

1993 年，29 岁的魏建军决定造车。这在当时是一个很超前的想法。

同一时期，30 岁的李书福拿着造冰箱赚来的几千万元，远赴海南炒房，结果全部赔光。而 27 岁的王传福在北京有色金属研究所里，凭借对电池的研究，出任研究所旗下比格电池公司的总经理。造车对于他们来说，还有些遥远。

此时的魏建军，依靠父辈的技术积淀，已经能够触及造车梦。而他并不满足于长城工业的改装业务，更希望制造出自有品牌的汽车。

魏建军首先选择了门槛较低的农用车，但项目上马几个月后，他发现农用车市场非常低端，且鱼龙混杂，不仅难以树立品牌，而且每辆车只有几百元的微薄利润。于是，他忍痛叫停了这一项目：“如果干了农用车，就没有今天了。”

这种不断试错又不断纠错的实践，几乎贯穿了长城汽车的发展过程，或许这也是一无所有的中国民营车企面对外资和合资品牌的突围之路。

船小好掉头。停掉农用车项目的同时，魏建军转身进入轿车市场。在家族企业的前桥和悬架制造技术的基础上，他买来了别人的底盘，手工拼装出长城轿车，售价仅10万元。

为了打开销路，他请来生意伙伴王凤英出任销售总经理，把长城轿车卖到了东北市场。此后20年里，王凤英历任长城汽车总经理、总裁，她与董事长魏建军，一个负责市场，一个负责制造，成为国内车企界的一段佳话。

初出茅庐的长城轿车卖得不错，短短半年就获得几百万元的销售收入。但是，毁灭性的打击突如其来。1994年，国家《汽车工业产业政策》出台，汽车生产开始实行“目录制”管理。长城轿车上不了目录，也上不了牌照，顿时成了“黑户”。

“刚冒了个芽，就被一脚踩死。”魏建军郁闷至极，只得停掉轿车项目，长城工业的收入立马缩小一大半。

出路在哪儿？在长达一年的时间里，魏建军跑遍了市场，苦苦寻找这个问题的答案。彼时的轿车市场，早已是合资品牌的天下。1994年，上海大众年产能力已扩大到30万辆，其桑塔纳轿车风靡中国。

但天无绝人之路。1995年，魏建军远赴美国和泰国考察市场，当时在国内还比较少见的皮卡车型就此进入了他的视野。在美国，用途甚广的皮卡车非常流行，而在泰国，皮卡更是满大街随处可见，受欢迎程度甚至超过轿车。

魏建军脑海里灵光一现：“中国跟泰国市场相近，皮卡的潜力应该很大。”他一回到国内，便立即进行市场调研。

当时，国内市场上共有3个模具厂，但都不生产整车，只生产配件。这给很多厂家生产皮卡提供了基础平台。魏建军发现，当时生产皮卡的厂家很多，但这些竞争对手大多是一些中小型国有企业，其体制较封闭，机制较僵化，营销很落后。他们生产出来的皮卡价格高，技术差，消费者并不买账。

“我们列出了竞争对手的财务数据。有的销售量大，但负债率远比我们高，贷款包袱很重。一辆车要摊 8 000 多元的利息，怎么会有竞争力呢?”分析结果给了魏建军很大的信心，他觉得市场潜力巨大，竞争对手较弱，自己完全可以放手一搏。

于是，他从保定当地的田野汽车厂挖来技术人员，从绵阳新晨厂采购发动机，从唐山齿轮厂采购变速箱……轰轰烈烈地拉开了制造皮卡的大幕。为了给自己树立标杆，他还买来一辆日本丰田皮卡，停放在车间中央。

1996 年 3 月，第一辆长城皮卡迪尔（Deer）下线。魏建军的市场策略是，先把价位降下来做上量，以规模效应降低成本。迪尔锁定于小企业主和个体户，价位在六七万元，低于当时皮卡 10 万元的主流价位，让长城皮卡迅速在市场上站稳了脚跟。

当时国家政策对于社会单位购买轿车有严格限制，这让不少社会单位转而选择皮卡。魏建军恰好抓住了这个历史机遇，长城皮卡在私营经济发达的沿海地区，如广东、福建、浙江和山东等地大受欢迎。

“长城皮卡，3 个月一小变，一年一大变，老是保持着新鲜感。”王凤英认为长城汽车引导了中国市场的皮卡潮流。1998 年，长城皮卡产销达 7 000 多辆，成为国内皮卡霸主。

（三）垂直链条

剑走偏锋，出奇制胜。但胜利却来得让魏建军有些不敢相信。

1999 年，长城皮卡销量翻番，达到 1.4 万辆，将其他对手远远甩在身后。与此同时，经过一系列的改制，长城工业公司更名为长城汽车集团，魏建军也从承包人变成了拥有 46% 股份的控股股东，其余 44% 归南大园乡政府，10% 归公司工会。

在这一剧变下，魏建军的“不敢相信”更是一种焦虑：长城汽车品类霸主的地位能够延续多久？下一步又该怎么走?

这样的焦虑不无道理。产业形势风云变幻，风暴随时可能袭来。

1999年5月，保定国有车企田野汽车陷入困境，工厂几乎停产。田野汽车是河北省、保定市两级政府重点扶持对象，保定市政府试图让长城重组田野。但是，老国企很难放下身段接受民企的改造，魏建军跟田野汽车谈了几次，都没有达成一致。

半年后，田野汽车跨地区与华晨汽车闪电合资，将核心企业60%的股权转让给对方，组建河北中兴汽车。这一消息令魏建军震惊不已。长城的发动机是从四川绵阳新晨发动机厂购买的，这是华晨控股的工厂。而田野和华晨合资，华晨就成了长城的竞争对手。“当时只要华晨一句话，我们就没有发动机了!”

魏建军立即决定结束这种担惊受怕的日子。他动用保定企业界的人脉，与两位保定商人合资成立长城内燃机公司，自己占股51%。长城内燃机公司花巨资引进日本、美国和德国的先进制造设备，利用专利到期的发动机技术，生产出智能化多点电喷发动机，解决了长城汽车的后顾之忧。

2000年，由于合资资金没有到位，企业毫无起色，华晨退出了与田野的合作。田野回过头来希望长城接盘，但此时的魏建军已经对田野失去了兴趣，他转而斥资8 000万元，收购了位于河北高碑店的国有企业华北汽车厂，更名为“长城华北汽车有限公司”，并先后投入3亿元对其进行改造，形成了5万辆的年产能力。

与此同时，为了避免在供应链上受制于人，魏建军仔细研究了欧美和日本汽车厂商的供应链发展历史。他发现，几乎所有的知名厂商都经历过或延续着供应链垂直整合之路。比如，通用汽车的德尔福、福特汽车的伟世通，以及丰田整合的300多家供应商。

尽管后来一些厂商脱离了垂直整合的供应商，但不可否认的是，在很长一段时期内，这种供应链确实是这些知名厂商快速发展的坚强后盾。由此，魏建军认为这是自主品牌的必经之路，“有人认为垂直整合就是造了多少发动机、变速器或座椅，但它的准确定义是由主机厂主导的组织，主导就是绝对的掌控”。

魏建军通过并购和合资，甚至让父亲的保定太行集团参股等方式，建立了一条能够生产发动机、车身、前桥、后桥、内饰件和空调器等重要零部件的供应链。对于所有的合资项目，长城汽车都坚持控股 51%，其产品必须先满足长城汽车的生产需求，然后再积极开拓外部市场。

为了防止供应链垂直整合带来的僵化，魏建军在每个环节都引入第三方供应商，与自己控股的供应商公平竞争，这让长城体系内的供应商时时刻刻感觉到无形的压力。一位供应商告诉记者："我们产品升级的频率，必须比行业快，自己的单子都接不下，还怎么混得下去？"

（四）"夹着脑袋做人"

一位历史学家说，恐惧是推进人类历史的动力。魏建军和长城汽车的传奇，无不是出自巨大的恐惧感。

即使掌握了一条垂直整合的供应链，魏建军仍然感到不安。长城皮卡确实生猛，自 1998 年以来从未让霸主宝座旁落，但鸡蛋不能只放在这一个篮子里。

在一次出国考察中，魏建军接触到了对全球企业界产生深远影响的定位理论。他惊奇地发现，长城皮卡过去的成功，正契合了这一理论，这让他产生了强烈的共鸣。他随即研读了市面上所有关于定位理论的书籍，尤其是定位理论创始人艾·里斯写的《聚焦》。

此后，"聚焦"二字便成了长城汽车的战略核心。2002 年，魏建军决定运用定位理论，再聚焦一个品类——SUV。

当时，国内轿车市场已经趋于饱和，外资和合资品牌把持了中高端市场，而本土品牌则挤满了中低端市场。但在 SUV 领域里，外资和合资品牌占据着 20 万元以上的中高端市场，10 万元以下的市场还是一片空白。

魏建军瞄准了这个市场空白，延续了长城在皮卡领域的成功经验，运用一步到位的低价策略，以销量迅速占领中低端市场。2002 年，长城汽车定位于城市中那些追求时髦、钱包不鼓的年轻人，推出价格 8 万多元的 SUV 赛弗。上市一年间，其销量即突破 3 万辆。

2003年，长城汽车推出另一款SUV赛影，打出“赛影是进城的皮卡，生意人理想用车”，以及“8万余元7人座，乘客载货两相宜”的口号，一举创下了单月销量3 000多辆的纪录。仅仅一年时间，长城便一举登上SUV市场霸主的宝座。

2003年，长城汽车成为国内皮卡和SUV市场的双料冠军，分别占有35%和25%的份额，年销售额达53亿元，净利润超过6亿元，均较2002年增长100%。

这一年，长城汽车赴港上市，获得682倍超额认购，冻结资金1 043亿港元，募集资金15亿港元，成为当时港交所反应最热烈的新股。与此同时，长城汽车在保定市郊投资15亿元，占地面积达2 900亩的新厂区正式开建。

至此，偏居保定的长城汽车开始频频出现在媒体的镁光灯下，魏建军也被推上了造车生涯的第一个高峰。保定市政府更是把长城汽车视为当地经济支柱之一。一位市领导来长城厂区视察时，对魏建军说：“你可不能骄傲啊！”

魏建军回答说：“我一直都夹着尾巴做人啊。”事实的确如此，他本不善言辞，很少接受媒体采访。有一次上海车展，难得接受媒体群访的他，干巴巴的回答让现场气氛十分尴尬。公司做公关的人希望抓一些热点做宣传，他却眼一瞪说：“说什么说，干就是了。”

然而，即便如此，市领导仍进一步要求他：“夹着尾巴还不够，你要夹着脑袋做人。”领导的话让他一下子乐了：“您这有点调侃我吧。”但后来他仔细一想，这话确实很有道理。“夹着脑袋做人的意义，在于理念上的认识，因为思想一变，尾巴就翘。”

夹着脑袋做人，说到底就是忧患意识。在长城汽车总部园区内，许多道路被命名为“风险路”“生存路”和“危机路”。长城汽车每年都会召开三四次“反省大会”，大到公司战略，小到日常管理，专门找各种不足之处。

没有任何先天优势的长城汽车在与跨国巨头和国有企业的竞争中，的确没有大把的试错机会。魏建军专门在总部大楼门前立了一块名为“前车之鉴”的石碑，上面刻着决策层历来的所有失败，意在告诉全体员工：“即使是公司领导，也必须自省。”

石碑上的第一条“失败”是：2002 年，对客车行业经营特性分析不充分，盲目进入客车市场，导致客车项目经营失败。

（五）车界铁军

严格来说，长城折戟客车，算不上决策失败。

当初，魏建军一头扎进客车领域，造出了品质一流的客车，却发现在客车销售过程中极易产生腐败。这违背了魏建军做人的原则，于是长城汽车忍痛壮士断腕。

一个企业的文化，就是这个企业创始人的气质。魏建军高度遵守纪律与原则，建立了一系列铁腕制度，并将其植根于长城汽车的基因里。

长城汽车的工人大多来自保定郊县，文化水平相对较低。正式入职长城汽车之前，他们必须经历长达一个月的军训，军训不过关不得入职。员工升职时也要接受为期一周的军训，不过关亦不得升职。这样一来，一个普通员工升至总监、副总，也就成了半个军人。

军训毕业仅是一个开始。每名长城员工必须把一本 24 页的员工手册倒背如流，其中的几条守则是：长城员工要有狼兔精神，像狼一样主动进攻，像兔一样机敏求生；为求和气，当老好人，放过问题，是掩耳盗铃，是软性腐败。这些规则还会通过反复的闭卷考试，来检验员工的记忆效果，考试成绩不足 80 分，还要罚款和补考。

魏建军的这种军事化管理，甚至细化到员工行为的诸多细节上，严苛得有些“变态”。比如，长城总部大门装有一个测速器，员工早晨上班走进工厂，步速达不到“5 秒 7 步”的标准，就会被记上一次警告。

严苛的行为准则，甚至延伸到了员工的业余时间。长城汽车规定，员工婚丧嫁娶，不得跨部门邀请，本部门参加人数也不得超过 20 人，每人礼金不得超过 50 元。

纪律带来效率，原则决定风气。魏建军痛恨企业内部腐败，为此他秘密成立了“经营监察本部”，一个类似于特务组织的机构。这个部门异常神秘，员工们戏称之为“锦衣卫”，“他们就像影子一样，无处不在，但又看不见摸不着”。

关于监察部的神奇，流传着诸多传说。比如，在夜幕掩映下，两辆轿车错身而过之际，一个包有回扣的信封从一辆车的车窗飞进另一辆车里。但即使是这种像地下党式的秘密受贿，竟也被监察部查了个水落石出。

当然，监察部直接向魏建军和王凤英汇报，不轨者一经查处，决不姑息。在长城总部“前车之鉴”石碑不远处，还有一块“警钟长鸣”石碑，上面刻着历来最严重的贿赂案件：2009 年，研究院原 IT 部长某某某，因在 IT 设备招标过程中，收受北京某供应商巨额回扣，被判处有期徒刑 5 年；2011 年，动力事业部技术员某某，因在招标工作中索贿受贿，被判处有期徒刑 5 年……

无处不在的监察组织，以及指名道姓的公开曝光，这些铁腕无情的反腐手段，在长城汽车的员工中产生了巨大的震慑力。员工们也把长城汽车的廉洁制度执行到了极致。比如，在与经销商或供应商等外部合作方的接洽中，长城员工绝不会喝对方的一杯水，抽对方的一支烟。

原则极致到“变态”，却实现了魏建军的初衷。“连一杯水、一支烟都不能接，更别说吃吃喝喝，甚至受贿。要把脑子里这根弦拧到最紧。”

（六）精益狂人

一个疑问是，魏建军为什么要推行如此苛刻的管理制度？

逻辑的起点，其实是精益管理。“价值链上，任何浪费都不允许，任何精益求精都是为客户创造价值。”尽管精益管理在车界并不鲜见，但很少有人像长城汽车一样，将其做到极致。当然，这一切的源头还是魏建军。

魏建军最大的业余爱好，就是和朋友打乒乓球。“这项运动成本低。”每次开会，只要桌上的矿泉水没喝完，他都会在会后顺手带走。

2011 年 9 月，长城汽车回归 A 股，要办一个宴会答谢股票承销机构。手下征询魏建军的意见，办100桌行不？魏建军斩钉截铁地说，就办1桌，一人发一个长城的车模。节约已成为魏建军的习惯，自然也渗透到企业管理的各个细节。

比如，在长城汽车16层的总部大楼里，电梯按规定只停8层、13层和16层，员工们在8层或13层下电梯，然后走向各自办公的楼层。而16层是魏建军的办公室，只要不出差，每天早上7点，他都会出现在这里，处理一些文件后，他会到车间巡视，让一线员工时刻感受到压力。

在长城汽车内部，每周四都会召开“评价对策会”，魏建军几乎从不缺席。在他的召集下，公司高层、工程师、技术员甚至供应商等上百人全部到场，先是针对上周会议发现的问题，追踪处理进度；然后再汇报市场上反馈的问题，商讨解决方案，结果必须在下周会议上呈现。

市场反馈信息大多来自经销商或市场调查，但魏建军也会亲自出马。长城汽车是保定当地出租车的主力车型，有很长一段时间，魏建军打车上下班，以收集出租车司机对长城汽车的意见。

会议的最后环节是，各个参会人员亲自驾乘刚下线的车辆，从客户的角度，指出产品的不足。这也是长城研发部门最为担惊受怕的环节。如果他们没有事先发现并解决问题，而被其他人挑出毛病来，便会遭到魏建军极为严厉的批评。

“魏总经常在会上发火。”一位长城汽车的技术员透露。在前不久的会议上，总裁王凤英发现某款汽车的座椅角度会对驾乘者造成一些不适感。魏建军当场斥责了研发团队：“王总都能找出来的问题，你们搞技术的，干什么吃的?!”

实际上，这种“评价对策会”在精益管理中被称为“PDCA质量管理循环”，即通过计划、执行、检查和处理四个循环的环节，持续改进质量。而长城汽车的精益管理，不仅存在于内部，还延伸到渠道。

国内车企的渠道模式通常是，在各个城市建立销售分公司，管控当地的经销商和4S店，车企对经销商的要求往往是“先车后款”。而长城汽车则不建销售分公司，而是对当地经销商充分授权，以更大的利润空间吸引经销商，但要求“先款后车”。

这样一来，长城汽车省去了建分公司的成本，抵销了一部分让利，从而保证了现金流的健康，避免呆账、坏账。经销商虽然资金压力大，但在充分授权和更大利润的诱惑下，加上长城产品的畅销，仍会与长城汽车合作。

在对经销商的选择上，长城汽车避开那些旗下拥有多个品牌的大型经销商，专门找个体户，将其培养为品牌专营商，只代理长城汽车，与长城汽车共同进退。如果经销商做强做大，长城汽车还授予其增加店面、区域扩张的优先权。“他们代理一个品牌、开多个店面，比代理多个品牌、开多个店面还要赚得多，而且物流成本和管理成本更低。”总裁王凤英告诉《商界》记者。

唯一的问题是，在充分授权的同时，如何管控经销商？这就回到了魏建军的铁腕制度上。

长城汽车在每个 4S 店里装上高清摄像头，通过总部监控室，实时监控经销商的状况。比如，选择 10 个关键时点，监测经销商的销售情况；在 10 个售后服务环节，监测经销商的执行到位情况。

此外，长城汽车还派出检查人员，飞赴全国各地突击检查经销商。更绝的是，长城汽车还会让一些客户在经销商完全不知情的情况下，将进店购车或售后服务的流程拍摄下来，寄给公司领取奖励。

这一系列明察暗访的结果，都会影响经销商的得分，得分高的经销商，将享受更优惠的返点，得分低的经销商，则很可能被淘汰。这让经销商无时无刻不处于巨大的压力中，不敢有丝毫作奸犯科的想法。

实际上，魏建军严苛至极的铁腕制度，有效保证了整条产销价值链的精细化——不讲人情关系，没有潜规则，更没有腐败，一切只能靠品质说话。这条精细化的产业链，生产出长城汽车高性价比的产品，连续取得高增长、高利润的业绩——长城皮卡年销量十五连冠，长城 SUV 年销量“十连冠”。

（七）冠军之上

冠军就够了吗？还可以做什么？

魏建军认为，车企发展需要经历制造、技术和品牌三个阶段，而长城汽车还处于第二个阶段。“国内企业做汽车较晚，品牌不行，这才是它的增值部分。我们并不是不做品牌，而是在现阶段，就是要比研发技术，不谈别的。”

从小在父辈的工厂里长大的魏建军，确实对技术有超出常人的狂热。这种狂热有时候甚至过了头，而主抓营销的总裁王凤英，这时候则会站出来与他争执。“时常会拍桌子瞪眼”，这种技术派和市场派之间的冲突，构成了长城汽车发展史上的“试错与试对”。

比如 2007 年，长城汽车欲切入轿车领域。魏建军抱着“技术领先、性能出众”的目的，执拗地将紧凑型小车“精灵”造出了中级车的性能，当然其价格也高于其他紧凑型小车。这遭到了王凤英的极力反对：“购买紧凑型小车的顾客，最在意的是价格，而绝不是性能多么好。”

但魏建军不服气：“这是‘杠杠’的一个车，市场上再也找不出更好的了，卖不好就是营销的责任。”结果，杠杠的“精灵”市场反应惨淡，魏建军认识到了自己的失误。最终，这一切被刻在“前车之鉴”石碑上：“2007 年，因为对顾客价值识别不充分，导致精灵车型定位不准确，市场销量低，生命周期短。”

2010 年，吸取教训的魏建军推出腾翼 C30 轿车，畅销市场。“10 万元以下的价格，顾客对品牌关注度很低，重要的是性价比，C30 跟新赛欧同时上市，定价还比它高一点，但销量高出 30%，尽管它有雪佛兰商标，而我打长城品牌。”

在“试错与试对”的过程中，魏建军加深了对市场的理解，但他仍然将技术视为安身立命之本。

几年前，长城汽车有一个柴油发动机项目，外方的技术转让费高达 1.5 亿元，而且排放只能满足国三标准。长城汽车希望把价格砍到 5 000 万元，对方不同意，长城汽车就自己干。三年不到，长城汽车做成了国内最好的柴油机，噪声控制得很好，排放可以达到国五标准，而研发费用只有 3 000 多万元。

2013 年，有两件事情让魏建军感到高兴。第一件事是，投资 162 亿元、规划年产能 50 万辆的徐水基地即将投产，加上保定总部基地和天津基地，至 2015

年，长城汽车产能将达到180万辆。与此同时，投资50亿元、具备国际领先水平的新技术中心，已经初具框架，技术团队已扩充至7 000人。

魏建军经常对王凤英说："技术要走在市场的前面，消费者看不到那么远。"这就像福特发明汽车时说："如果我问客户，他们要什么？他们的回答一定是，一匹更快的马。"

除了大量基础性能的研发，长城汽车更着眼于许多自动化、智能化的应用技术。比如，安全系统会主动感知车主在疲劳驾驶，并鸣响警报，散发提神气味；又如，SUV的全地形模式能通过声呐技术，判定前方30米地形，自动进入沙滩或冰雪等行驶模式。

然而，一个问题是，长城汽车的铁腕制度是否会扼杀创新意识？王凤英认为，铁腕制度与创新意识并不矛盾。"制度的推行是一个先僵化、再活化的过程。先不僵化实施，就会被置若罔闻，到自律意识提升到一定阶段，就可以活化。"

事实上，不仅是研发团队，长城汽车每一层级的组织，都有一项创新费用，用于在工作细节中尝试新的办法。"新东西总会一半成功，一半失败，只要不是人为犯错，创新上的失败都由公司承担。"

令魏建军感到高兴的第二件事是，2013年达喀尔拉力赛，长城哈弗车队凭借第三代哈弗赛车，继2012年获得第六名、创下中国车队历史最佳成绩后，再度获得第六名，成功跻身由宝马、大众和丰田等巨头占据的达喀尔第一军团。

与此同时，长城汽车将"哈弗"作为一个专业SUV品牌正式独立出来。魏建军的目标是：全球SUV销量第一。

冠军之上，还有冠军。

康敬伟：中国最大的IC元件交易商

康敬伟大步穿过硬蛋体验厅，径直坐到了我们面前。旁边充当茶几的，是一个举着托盘的机器人。

康敬伟语速很快，夹杂着英文单词，手势飞舞。采访，更像他极具个人风格的演讲。一个问题抛出去，他便用理科生的严密逻辑展开、延伸，再总结、点题。

同样如理科生一般，他不想讲故事，甚至有点抗拒拍照——数据、理性、分析。“先想通商业逻辑”，是他的座右铭。

在这个华为、中兴、TCL、腾讯、研祥等科技巨头林立、大学类科研机构星罗棋布的深圳市南山区，无论从知名度还是体量来看，康敬伟和他的科通芯城都不那么耀眼。然而，数据仍是有力量的。

科通芯城已经成为国内最大的IC元件交易平台，只用了3年时间，GMV（商品交易总额）就完成从0到100亿元的华丽飞跃。其旗下孵化的硬蛋科技也只用了两年时间，就攒下1万多个智能硬件创业项目和800多万名粉丝，充当着全球创新企业的连接器。

科通芯城的前身——科通集团创办于1995年，2004年登陆纳斯达克，此后被视为中国电子制造业的晴雨表；10年后的2014年7月18日，科通芯城赴港IPO，融资达15亿港元，创造了IC元件电商平台最大融资额。如果硬蛋科技从科通芯城分拆上市，那将是康敬伟的第三家上市公司。

而科通芯城与硬蛋未来最大的意义在于，将向全球输出中国制造业产能。

康敬伟的故事并不像风口的互联网创业公司那样惊心动魄，令人血脉偾张，它更像一本理性而务实的说明手册，涉及如何迎接风口、梳理关键战略逻辑，以及如何在跨界中寻找边界。

（一）站在风口上是什么感觉

康敬伟不想再讲述当年的故事。好在我们仍可归纳出他人生的几个节点。

康敬伟出生于1970年，父母都是工人。他在华南理工大学读书期间就萌生了创业念头，批发香烟到老家重庆售卖，毕业之后“偷渡”深圳，从车间工人做起。1995年，康敬伟创办了科通集团，正式进入IC元件领域。之后，康敬伟人生故事的节点便与科通的发展、商业时代的变迁交织在一起了。

2010年之前，科通集团一直扮演着IC元件分销商的角色，上有英特尔、微软、博通等一线供应商，下有华为、中兴、联想、比亚迪等100多家工业巨头客户，靠赚中间差价过着衣食无忧的日子。移动互联网大风刮起之时，康敬伟开始尝试第一次跨界——打造一家面向中国中小企业的社交电商平台。

当时，中国IC元件市场规模约2万亿元，品牌商有10万家，卖给500万家制造商。大客户向供应商和大代理商自行采购，中小客户由于采购量小而分散，往往只能通过华强北和中关村这样的集散中心采购，不仅无法保证产品质量，采购价格也毫无优势可言。

但康敬伟仍然担心阿里巴巴要做IC元件B2B的生意，为此还找过马云。他问马云：“你干不干？你干的话我就不敢干了。”

马云沉吟半天，说法有些模棱两可：“好像我们也不能干成这事儿吧。”

康敬伟后来分析，马云的考虑是，阿里巴巴属于平台逻辑，并不愿意做有库存的事，而且IC元件领域需要重度参与供应链上下游的仓储、物流、调配，模式明显更重；彼时懂互联网的人大多不懂IC元件，开发一个新客户需要半年甚至一年时间，懂 IC 元件的传统企业业务主要在线下，对 B2B 并不感冒。

相比 B2C，B2B 应用场景太过复杂。B2C 是消费者从头到尾一个人决策，而 B2B 的商业决策是由一群人来完成，要经过一个从方案筛选、价格谈判，到下单、交货、付款、验收的漫长过程；并且在 IC 元器件领域，传统的中小企业主不太喜欢坐在电脑前指挥公司，康敬伟要把 IC 采购业务搬到线上，难度非同小可。

彼时互联网传播渠道是微博的时代，小米依靠微博做得风生水起。康敬伟明白，IC 元器件不像手机这类大众消费品，用微博营销明显不够聚焦。2012 年 3 月的一天，康敬伟和张小龙聊天，希望微信能够给科通芯城开放一个服务入口。微信这时刚刚兴起，张小龙正在探索除了社交之外的商业性链接，爽快地答应了康敬伟的提议。

不久，科通芯城开发的一款名为“芯云”的 CRM 管理系统在微信上线，后台回复关键词或语音就能够收到精准的 IC 元件信息和产品。之后，作为微信的六个行业应用之一，芯云被微信当成样本大力推广。

“我们抓到了一个千载难逢的机会，就是微信。如果没有微信，我们也起来不了这么快。”康敬伟直言。

一方面，康敬伟做地推来获取企业关键决策人的微信 ID，向其提供精准的信息服务；另一方面，通过免费服务维持长期积累的大客户关系，再带动海量的付费的中小客户。事实上，这一模式脱胎于腾讯。腾讯一位高管曾告诉康敬伟，在 QQ 6 亿多用户中，付费用户只有 13%，但如果没有 87% 的免费用户，付费模式是无法成立的。

在科通芯城身上，还能隐隐看到其他企业的影子。比如，京东采取自营电商 + 第三方商家入驻的模式，主要针对 C 端消费群体；科通芯城与其有点类似，不同的是，科通芯城针对 B 端中小企业。科通芯城与美团的 O2O 模式也有类似之处，特别是其线上下单、交易，线下实现开模、方案设计等。但京东和美团并不具备社交功能，康敬伟先从组建社群入手，再考虑交易场景。

商业逻辑理顺了，就是万事俱备，只欠“引爆点”。长期以来，中小企业面临的采购困境是：高端IC元件市场由赛灵思、英特尔、博通等几家大型品牌供应商主导，大供应商走的是分销商层层代理模式，并不会花费高昂的代价专门维护中小企业；链条过长使得中小企业采购成本过高，而中低端供应商的产品质量无法保证。

在IC元件领域浸淫十余年，康敬伟自然清楚这一点，很快就打出了“假一赔十”的口号。“客户在科通芯城采购，不管是方案设计还是产品质量，我都拍胸脯帮你解决。因为我卖的是微软、英特尔的东西，出了问题他们比我更着急。”康敬伟说，中小企业通过科通芯城可以享受到华为、中兴同样的产品和服务，这是之前不敢想象的。

科通芯城将大量中小订单捆绑成庞大采购量，在与微软、英特尔等供应商谈判时，具有了议价能力，大大降低了采购成本。

这套打法让不少中小企业趋之若鹜，科通芯城交易量开始井喷。上线短短两年，就积累了300多万名中小企业主和大型企业关键决策人，第三方供应商也争相入驻科通芯城。

数据最能说明一切：2013年，科通芯城新增一个客户的成本约为6 000元，而新客户年交易额约为120万元，转化成本相当低。2012年科通芯城的营业额大概为6亿元，2013年为40亿元，2014年近100亿元。

有人问过康敬伟：“科通芯城（的模式）到底像谁?”有人代答：“科通芯城=微信+京东+美团。”

（二）一切皆入口

互联网的精髓在于基于大数据延伸商业模式，提高生产、流通、交易等各个环节效率，科通芯城把线下IC元器件交易场景搬到互联网终端。康敬伟认为，传统企业应用互联网，并非做个网站、做做电商这么简单，而是思维方式的转变，即一切产品都是流量入口。流量进来便可建立社群，通过差异化和精准服务，形成交易、完成闭环，这才是真正的跨界和创新。

科通芯城这个交易平台产生了多少流量？2014 年之前，科通芯城共有 1 898 名回头客，占客户总数量的 69.3%，回头客产生的总交易额为 39 亿元；2014 年这一数据猛增至 84 亿元；2015 年，科通芯城注册客户达到 5 万多名，同比增长 65.5%。

成为入口后，科通芯城要用服务黏住客户，并创造新的盈利点。在科通芯城众多服务中，最为显著的就是供应链金融。

2014 年，在中国 4 000 多万家中小企业中，超过 90% 的中小企业存在融资难、融资贵的难题。银行对中小企业资产、厂房等有着严格的审查制度，贷款时间跨度有的长达 3 个月，甚至最后因种种原因无法拿到贷款，不少企业受资金掣肘不得不放弃订单。

在此背景下，康敬伟做起了供应链金融业务。用他的话说，科通芯城的供应链金融更像一个企业融资的团购平台和银行分销商。

“我们干了一件银行干不了的事儿，就是帮银行找到了没办法办理贷款的客户。假如你的客户是长安汽车，长安给你一个 100 万元的订单，我就在采购端给你 50 万元的额度。这个额度你不能拿去发工资，也不能拿去炒股票，你只能通过科通芯城采购 IC 元件，应收款直接用于抵押。”如今，科通芯城通过大数据分析，基本可以做到 2~3 天放款，贷款期限一般为 90 天。

供应链金融业务大受欢迎，上线仅 3 个月，科通芯城就获得近 2.7 亿元收益，占总营收的 3.2%。

类似情况多了，康敬伟便将订单进行整体打包，将银行贷款年息降低至 2% ～ 3%，再以 6% ～ 12% 的年利率放贷给企业。2014 年，科通芯城实现 84 亿元交易额，同比增长 115.4%。其中 81.7% 来自自营平台，15.1% 来自第三方平台，3.2% 来自新的供应链融资业务。2015 年，供应链金融业务收入占比为 10%。

另一个值得一提的服务是换货——利用较大交易量与供应商签署换货协议。同时，科通有几万家客户，对常用的元器件基本都有备货。假如一个客户需要某种元器件，正好这个货在仓库里有，但那是两个月后给华为的，可以先把这部分备货卖出去。

“外行做就不行了，因为要换货的话，能达到我们这个条件的没几家。”更重要的是，通过大额销售数据，科通芯城90%的订单按需生产，供应商可以更加精准地控制产能。数据积累越多，供应链的管控就更趋合理和柔性化，有效规避了库存风险。

2014年7月18日，科通芯城在香港上市，成为国内第一家赴港上市的产业互联网公司；两年后，科通芯城市值达到130亿港元，较上市前翻了近3倍，被纳入恒生深港指数之成分股。而在康敬伟的规划中，以供应链金融为代表的衍生服务，将成为公司未来净利润的增长点。

（三）智能硬件时代最“硬”的蛋

康敬伟频频向记者提到“跨界”这个词。

IC元件是中国制造的细胞，科通芯城以跨界思维做成行业龙头；而今“中国制造”向“中国智造”转型，智能硬件正被视为移动互联网的下一个入口。康敬伟要以什么姿态参与到这股火热的智能硬件创业潮呢？

康敬伟想做一个智能硬件创新创业平台，于是就有了后来的“硬蛋”。

一开始，康敬伟想把“科通”二字嵌入公司名称，使目标客户形成关联记忆。科通芯城CMO刘宏蛟和硬蛋总裁李峰则一致反对：“你可别再用‘科通’什么的，因为有很强的传统企业烙印，一定要用一个全新的名字。”

康敬伟被说服了，经过公司内部头脑风暴，员工们想出了四五十个名字，排名第一的是“硬蛋窝”。刘宏蛟念了几遍后，把“窝”字去掉了。

硬蛋能做什么？2013年12月底，硬蛋联合英特尔、微软、百度、360等知名企业，在北京和深圳发起“硬蛋·i未来创客大赛”，选拔优秀的智能硬件创业项目。最终，RecoWiFi智能插座、糖护士手机血糖仪、智能睡眠监测器等脱颖而出。

对，这招是跟《中国好声音》学的。

硬蛋创客大赛的成功，吸引了 1 000 多个创业项目参赛，主要可分为三类：第一类是真正的创客，第二类是创新型科技型企业，第三类来自传统企业。随着“互联网 +”的风吹起来，传统企业主开始意识到升级产品已迫在眉睫。

与此同时，硬蛋又分别开启了“硬蛋一号智能硬件先锋体验展”“硬蛋公开课”“硬蛋开放日”等一系列活动，大规模营造社群氛围。2015 年底，仅硬蛋主办的一项创博会就吸引了 300 家智能硬件厂商参展，累计 5 万多人参加。

这一招，康敬伟说是跟 TED（指 Technology，Entertainment，Design 的英文缩写，即技术、娱乐、设计）公开课学的。

康敬伟意识到，只做一个大赛是没有意义的，没有数据的沉淀就没有未来。硬蛋也许能做出一个比赛的品牌，但是欠缺商业价值和未来性。而打造一个创新创业平台远比做一款爆品更有意义，阿里巴巴的成功就证明了这一理论的可行性。于是，硬蛋最终被定位为一个智能硬件创业创新平台，提供以智能硬件供应链为核心的服务，帮助创业者把创意变成产品。

共享经济领域有一句名言：世界上最大的出行服务商 Uber 没有一辆车，世界上最大的房屋供应商 Airbnb 没有一套房。在互联网共享经济时代，谁能运用分享经济逻辑帮助创业者完成创业梦想，谁就占领了未来的制高点。

制造业也能共享吗？传统硬件企业做样机，是为大批量生产做准备，由此造成代工厂习惯于标准化制造：要生产新产品就要重新调整生产线，工厂必须考虑排期的问题。一条手环制板、焊接、成型的工期都需要 1 个月以上，更别提那些功能和外形独特的智能硬件了，有时候创业者一等就是好几个月。

科通芯城有着强大的供应链服务体系。硬蛋与科通芯城 8 000 多家供应商形成无缝对接，打造出一整套解决方案，主要包括电子方案、外观设计、结构设计、开模制造、制板贴片、组装测试、器件采购、辅料包装、检测认证、销售推广、专利申请。

康敬伟甚至还邀请了 100 多家媒体和知名投资人，形成了从媒体宣传到项目融资的一条龙服务。

在硬蛋官网上，“硬蛋供应链”页面包括了“IoT（物联网）超市”和“硬蛋Link”，创业者可以在线上超市选购各种元器件，也可以发布需求，比如“开模”。硬蛋收到需求后就会给创业者打电话，询问开模意图、报价多少，然后把需求变成数据，匹配相应的供应商。通常3～7天内就能推荐两三家适合的供应商或工厂供创业者挑选。

这是一种典型的O2O服务，科通芯城事业发展部总监祝丹葵举了一个例子：“比如创业者想做一个智能水杯，如果做下来卖5 000元，市场可能没戏；如果卖5元钱，成本又控制不下来；可能最后做出一个售价500元的杯子。要怎么达成这个售价与成本的平衡，我们就要找到合适方案，在用户特别了解的领域找到用户群，这是硬蛋面对咨询的一个服务功能。”

不仅如此，康敬伟还联合阿里巴巴前参谋长曾鸣在硬蛋平台上设立了“种子基金”，帮助优质项目弥补资金短板。2016年，硬蛋又以“服务换股”的方式从1万家创业公司中找出100个项目，为其提供VIP增值服务。

（四）“全民造车”与制造业优步

2016年5月13日，科通芯城（硬蛋）在重庆开了一场战略发布会，主题叫作“创新上山，制造过江”。

之所以选择在重庆，是因为重庆作为重工业之城，有着完整的汽车整车生产和配套设施，涉及发动机、变速器、制动系统、车身系统等。

硬蛋生态搭建起来之后，康敬伟决定造智能汽车。

“智能汽车一定要做，因为它是技术综合体。”康敬伟曾经对硬蛋平台上一款独轮平衡车钟爱有加，如今这辆平衡车已经取代了他的宾利轿车。接下来，或许能换上硬蛋孵化的智能汽车。

智能汽车的玩家很多。小米、乐视的逻辑是组建研发团队完成研发和设计，再与车企成立合资公司，进行整车生产；汽车之家创始人李想第三次创业之后，认为“造车一定要自建工厂”，模式同样较重。

科通芯城则选择了轻模式。利用供应链优势，只做资源匹配，不做重资产布局。出发点在于，截至目前，硬蛋平台已有1500多个与智能汽车相关的创业项目。

科通芯城副总裁胡丹妮表示，最初汽车电子在汽车的总成本里占比不到3%，“当时汽车最大的成本就是发动机、变速箱、底盘等部分，那时候和汽车电子没有很大的关系”。而现在汽车的成本结构已经发生明显变化，国内汽车电子占汽车的总成本达到了30%～40%。传统汽车由于前后端市场壁垒束缚，导致产品形式单一、智能化偏低。硬蛋布局智能汽车领域，就是要打破行业壁垒，共享汽车制造资源，实现“全民造车”。

硬蛋科技启动智能汽车生态战略——硬蛋CP计划（Car Partner，汽车合作伙伴）。首先，与互联网造车企业达成合作，为其提供智能汽车相关硬件、软件和云服务的全套解决方案；其次，帮助平台上智能汽车电子创新项目对接互联网汽车企业乃至传统车企，进行无国界合作。

目前，硬蛋已携手全球知名的半导体安全连接解决方案，供应商恩智浦、创新型互联网造车企业智车优行、自动驾驶龙头企业Mobileye，带领汽车产业全链条合作伙伴与重庆车企全面合作，发力汽车前装与后装市场。

除此之外，硬蛋还在香港成立硬蛋香港新材料研究中心，通过自主软件开发、技术整合，以及引进以色列特拉维夫大学的先进技术到硬蛋平台上，将全球最优秀的互联网企业、汽车企业聚集在一起。

或许可以这样说，完成智能汽车的制造，是硬蛋乃至科通芯城对整个制造业产业链资源整合能力的一次大考验。

依托于硬蛋生态体系，康敬伟开始在智能机器人、智能医疗、新材料及智能家居进行重点布局。这些行业都有一个共性，模式过于陈旧，亟待新鲜血液注入。

根据《2012—2020年中国智能家居市场发展趋势及投资机会分析报告》，

2018 年，全球智能家居市场规模有望达到 4 000 亿元，产业前景十分广阔。家居智能化势不可当，而全球智能家居市场需求最大的缺口便在中国。

瞄准这一风口，康敬伟把改造家居产业的第一站放在了小家电王国——广东顺德。2015 年底，举办了万物互联“芯火 +”系列活动。2016 年初，硬蛋空间体验厅也在顺德开业。

（五）中国制造“走出去”

长期以来，中国传统制造业饱受创新不足的诟病。物联网的到来像是一场海啸，对以低成本、粗放式发展的传统工厂造成巨大冲击。

而积累发展多年、一度成为中国经济引擎的中国制造并非那么不值一提。其优势在于市场成熟，拥有完善的供应链体系，任何一款产品在深圳及周边都能找到一大批配套生产企业。从某种意义上来讲，科通芯城及硬蛋的下一站，正是建立在中国供应链完备的基础上，将全球顶级的创新和科技嫁接在一起，从而向全球输出中国产能。

2016 年 3 月，硬蛋奔赴德国汉诺威国际信息及通信技术博览会。这是世界上规模最大、最具影响力的国际 IT 领域高科技品牌展会。硬蛋展示的一款曲屏产品备受关注，有了它，未来的手机可以像纸张一样被折叠或是卷曲，其厚度仅有 10 微米，相当于头发丝直径的 1/5。

2015 年 10 月，硬蛋推出 18 款智能硬件产品亮相罗马创客节，除展示中国创新创业实力之外，也向世界传达硬蛋的国际化野心。

如今，在硬蛋 1 万多个创业项目中，来自国外的创业项目已达到 20%。硬蛋线下体验店已经伸向德国、以色列、硅谷、东南亚等。每开一家体验店，硬蛋半年时间就能聚集 1 000 家当地创新创业企业。而在国内，硬蛋也已在深圳、北京、重庆完成布局。按照康敬伟的规划，2016 年，硬蛋至少要进入全国 20 个省市，逐渐在全球开设 100 多家智能硬件体验厅。

康敬伟看好的智能汽车项目，其实也可视作科通芯城及硬蛋国际化的一部分。硬蛋平台上对接的从事无人汽车相关产品制造的以色列企业 Mobileye 有很强的硬件水平，但产品每次更新换代都要到德国去做主体，再找到中国台湾企业去做部分零件制造，往往更新一次需要 3 ～ 6 个月。“放到硬蛋上来，运用中国这套体系，大概 3 个星期就做出来了。”康敬伟认为，这是一个共赢的方法，既能帮助以色列的研发公司，也可以帮助中国制造商，同时提升了整个市场的效率。

一方面，聚集创新、连接全球，另一方面，科通芯城也开始着手打造专利池计划。通过盘活专利资源，为遇到技术瓶颈的中国企业提供专利对接服务：引进大企业专利技术，向中国创业企业进行授权，从而形成商业化，真正实现双赢。

2015 年 11 月 3 日，微软亚洲研究院前副院长李世鹏正式加入硬蛋，担任 CTO。李世鹏看重的是，“或许能降低智能硬件创新创业的准入门槛”。

科通芯城模式也被解读为产业互联网创业的样本。“产业 + 互联网”的模式创新是一个从 0 到 1 的过程，也是从 1 到 100 的过程。“过去 10 年，我做过两个行业，一个是中国电子制造业，另一个是互联网，通过跨界和创新，把两个没有关联的行业结合在了一起。”康敬伟总结道。

自始至终，我们没能捕捉到康敬伟更多的个人故事。但据工作人员透露，康敬伟热爱极限运动，如赛马、帆船、滑雪。直升机把他一个人扔在山顶，大风呼呼地刮，雪很松软，不允许他有半刻停留与犹豫。康敬伟顺着山脊呼啸而下。这一刻，生意场、理性乃至生死，都被抛到了脑后。

陈志列：研祥特种兵

陈志列的故事，其实是一个中国知识分子通过开公司，在市场上跟老外“打仗”，最后称霸中国、冲向全球的故事。如果将这个故事放在“改革开放以来，中国民企大多起步于产业链低端并延续至今”的历史坐标下，它就成了一道关于“中国制造转型升级”的鲜活证明题。

（一）从一幅油画说起

早春的阳光洒进上海漕河泾研祥大厦，16层的中庭显得宽敞明亮。在采访陈志列之前，我仔细地端详着一幅铺满了整面墙壁的油画。

这是一幅描写朝鲜战争的油画。朝鲜军队居高临下发起冲锋，将山坡下的美国军队打得七零八落、死伤遍野。油画的风格极为写实，仿佛一场残酷的战争就发生在你眼前，枪炮声、喊杀声和惨叫声从画中传出来，充斥着你的耳朵。

艺术总是人们内心的一种表达。将这样一幅特别的油画挂在中庭最显眼的墙上，这又表达着什么？

49岁的陈志列身着笔直的黑色西装，手拿研祥出品的特种笔记本电脑阔步走来。看出我对这幅画感到好奇，他带着一点骄傲的神情说：“这是朝鲜三个功勋级油画家的杰作，你猜猜花了我多少钱？”

他对我说，他就喜欢看黄种人打败西洋人的场景。随即，摄影记者要他以油画为背景拍照，他拿起研祥的笔记本电脑，把它当成一挺机关枪似的，摆出端枪扫射的姿势，口中还颇有生趣地发出“突突突”的声音。

的确，每一个男人的心中，都有一片战场。

陈志列说，他的故事其实是一个中国知识分子通过开公司，在市场上跟老外“打仗”，最后称霸中国、冲向全球的故事。这个故事的另一个版本是，20年来研祥从四五个人的创业团队，一路披荆斩棘，发展成中国市场第一、全球市场第三的国际化大企业。

而这个故事的真正价值，在于它的历史背景：改革开放以后，中国民营企业大多起步于制造业和服务业。在人们的思维定式里，中国民营企业只能做一些“三来一补”的产业，只能做产业链低端，似乎只有这样才能生存下去。

最初，我问陈志列，从你本身的求学经历来看，你是一个不折不扣的“土鳖”，怎么能够率领研祥从一开始在技术上达到欧美企业的水平？

陈志列略带正色地说，这是大家认识的一个误区，认为只有留过洋，才能在技术上达到欧美水平。其实，不要忘了我们的“两弹一星”，也是一群“土鳖”造出来的啊！

2012年，在人民大会堂举办的关于“非公经济十大典型人物”的报告会上，陈志列作为入选人第一个上去发言，题目叫《中国人能够做到最好》。最后一个发言的，是收购了沃尔沃的李书福。陈志列私下跟李书福开玩笑：“你那个发言干脆叫《中国人能够做到最好》之二。”

其实是一种精神力量，鞭策着陈志列和研祥在特种计算机领域奔腾不息。

（二）创业本能

1992年夏天，深圳格外炎热。29岁的陈志列已经连续几个夜晚长时间躺在床上对着天花板发呆了。上个周末同学聚会的情景，如不可抑制的海潮般一遍又一遍地冲刷着陈志列的大脑神经。

那是在深圳很普通的一家大排档，四五位久违的老同学掏出各自的名片，陈志列接过来一看，吃惊不小。过去表现平平的同学们，竟然都成了某某总经理、某某董事长。邓小平南方谈话后不久，深圳成了这场变革的前沿与中心，各种机构和人才纷纷来到深圳投资创业，其中以服装加工和电子产品进出口最为热门。

陈志列内心有些失落。以往他一直是同学们中间的佼佼者，而现在还在合资企业里打工的他，仿佛一夜之间被下海创业的同学们抛下了很远。

1990年从西北工业大学计算机专业毕业后，陈志列被分配到北京航空部下属某设计研究院，从事工业计算机研究工作。一年后，单位和台湾一家从事工业计算机的企业在深圳成立了合资公司，由于精通技术又熟悉市场，陈志列被借调到了深圳。

本以为可以大展拳脚，可现实却让他不得不低头。在这个合资企业里，台湾人的地位很高，而大陆人不论能力有多强、职位是什么，都像是二等公民。陈志列的上级竟然是一个刚刚大学毕业不久的台湾人，既不懂技术也不懂市场。

一次，陈志列根据中国市场的特点，规划了一款工业计算机产品呈报上级。然而台湾人的回答却是：看不懂这个设计，不知道用来干什么。陈志列不得不向他们解释，这款产品应用面很广，市场的需求点在哪里。但台湾人讨论了一年半载，还是没有拍板，直到陈志列离职后，台湾人才发现这款产品的重要性，回过头来问陈志列该如何设计。

工作在这样一种氛围下，陈志列很是郁闷。举目看看这座已经沸腾的城市：罗湖区已经成为最繁华的商贸中心区；福田区正在积极建设核心商务区；南山区正在计划建设电子科技产业园区……到处都能看到忙碌的身影，到处都能听到五湖四海的口音。创业的浪潮拍打着每一个未来的英雄豪杰：任正非的华为已经通过代理赚到了第一桶金，并以此向自主研发转型；史玉柱的电脑产品已经热销市场，巨人大厦即将破土动工……

一个同学问陈志列："你看我们大小也是个老板了，你这样的'优良品种'也该下海试试啊!"陈志列心中仿佛有一座压抑已久的火山猛然喷发，再也坐不住了。

陈志列创业的决定，遭到了家人和领导的一致反对，为了挽留这个人才，领导甚至提出再开一家分公司，让陈志列全权操盘。可是，陈志列分析得很清楚：

第一，中国特种计算机市场还是一片广阔的蓝海，且随着改革开放带来的经济发展，市场潜在需求巨大；第二，自己已经在行业中小有名气，积累了不少客户资源，跟华为一样从代理起步，难度应该不会太大。

心中的火山一旦喷发，便势不可当。1993 年夏天，陈志列辞掉了月薪 2 500 元的“金领”工作，拿到了美国 IBM 特种计算机在中国的代理权，联合 4 个同学一起创办了研祥，即研究生的发祥地。

近 20 年后，在研祥上海装修豪华的董事长办公室里，陈志列向我回忆决定创业的那一刻，内心深处按捺不住地呼喊：“在我们这个行业，我觉得大陆人可能比台湾人甚至美国人还强，所以渴望有机会证明一下。”

（三）技术支持式代理商

功成名就之后，陈志列被各种机构聘为创业导师，时常被邀请到一些高校里给年轻人分享创业经验。一次，台下一位学子提问：“创业时该如何聘用市场总监、财务总监等职位?”陈志列笑了笑回答：“如果这样你就别创业了，创业者本身就应该身兼多职啊。”

1990 年，陈志列来到航空部设计院不久，就遇上设计院的市场部人事变动。领导看到做设计的陈志列脑袋灵光，就把他调到了市场部，可陈志列对于市场营销一窍不通。

怎样才能把产品卖出去？陈志列左思右想。工业计算机行业不比普通计算机，它并非面向大众市场，而是针对那些需要计算机来解决问题的工业企业、工程项目和科研机构。几乎是从零开始跑市场的陈志列，机智地选择了各个城市的科研所为首要目标。

他扛着笨重的机器，踏上南来北往的火车，看到大一点的城市就下车，然后挤上公交车问售票员，本地最大的研究所在哪里。通过研究所这个渠道，他又打通了与这些研究所合作的各个企业单位和项目工程资源。这种没有确切目的的随机拜访，让他找到了大江南北的潜在客户，也对中国市场做了一个较为全面的扫描。

由于陈志列精通技术，遇到客户的时候，他能非常透彻地给对方讲明，为什么要花钱买这个产品，它又能为客户带来什么，甚至他还能帮助客户解决不少技术上的问题。

一次，他来到济南某研究所，通过招待所的内线电话，找到了相应的科室，正好该科室的两个领导都在。陈志列不慌不忙地说自己是航空部设计院派来的，是介绍新产品的。随即，他围着机器里里外外给对方讲解了整个上午。隔了不到两周，该研究所就派了一批技术人员去北京考察，买了陈志列的机器。

就这样短短两个月，陈志列便卖出了6台设备，创下了研究院的纪录。之后，领导将他派到深圳的合资公司独当一面，这才有在深圳感受到时代脉搏，最终决定“下海”一搏创立研祥的后话。

1993年，陈志列的研祥已经在客户当中拥有了不小的知名度。美国IBM公司为了借助陈志列打开中国市场，采取先货后款的方式与他合作，这极大地减轻了陈志列的资金压力。

时任国务院副总理的朱镕基将国有工厂分为3个等级，升级的一个硬指标就是车间生产线的自动化，这就需要工业计算机来完成，再加上全国各地的写字楼、银行和加油站等机构也都需要完成自动化升级，这就产生了一个需求巨大的工业计算机市场。

虽然国内跟陈志列一样从事代理业务的公司有60家之多，但因为市场供不应求，又加上陈志列的团队比其他公司更精通技术，更能保障客户的售后服务，所以研祥的业务量节节攀升。创业两年后，研祥就赚了3 000万元，成为国内60多家工业计算机代理商的龙头。

陈志列既懂技术又懂市场的成长背景，造就了研祥涵盖技术支持的销售模式。正是凭借这个一脉相承的销售诀窍，研祥在后来与国际巨头的客户争夺战中屡占上风。

目前，研祥的销售网络遍布国内44个城市和海外11个国家，每个网点都会配备销售人员、技术人员和后勤人员。销售人员在与客户沟通时，经常会带上技术人员一起为客户解决技术难题。这对于研发人员远在海外的国际巨头来讲，几乎是不可能做到的事情。

有一次，华为有一个关于 3G 基站的大项目。华为与研祥谈技术方案时，派出了 28 个不同细分领域的技术人员。而令华为人吃惊的是，谈判桌另一端的研祥，竟然也拥有 28 个对应细分领域的技术人员与之接洽。

双方的技术人员一一对应，不到半天便统一了终端接口、频率参数等烦琐的技术规格。华为分管技术的老总向上级反映：“商务条件怎么谈我们不知道，你要再选其他家，我们就搞不定啊。”于是，第二天研祥就拿下了华为这个大项目。

（四）转型一战

1996 年秋天，陈志列找了深圳一家高档餐厅，请 4 个创业伙伴一起吃饭。这是一个决定未来的重要饭局。

当研祥坐上国内代理的龙头宝座时，与美国品牌的谈判话语权逐渐转移到研祥这边来，而美国品牌对控制了其大部分渠道的研祥产生了戒备心理，双方的关系随之恶化。陈志列对此并不担心，通过代理美国品牌，他逐渐发现，研祥在对一些产品线和国内市场的了解程度上，已经超过了国际品牌。

身为渠道霸主的研祥，已经具备了自己做品牌，并与国际品牌过招的实力。陈志列在心里做了一个决定：做研祥自己的产品！只是，他唯一的担心是，自己做产品需要将赚来的钱几乎全部砸进去，而创业团队中几个人的想法很可能不一致。

陈志列设下这个饭局，就是为了探一探大家的想法。4 个创业伙伴同为研究生毕业，心里都怀有一种理想主义色彩的民族情结。酒过三巡，5 个年轻人达成一致，放手一搏。

辛辛苦苦赚来的 3 000 万元，全部投入建工厂、搞研发上，陈志列已经没有退路，而前途仍是一片荆棘。

在普通消费市场，国产品牌与国际巨头竞争时通常采用价格战，以低价争夺市场。但在特种计算机市场，这屡试不爽的一招根本不管用。因为客户第一看重的是产品的可靠性，这关乎生产线，如果突然出现了故障，生产线断了怎么办；第二是售后服务，如果出故障，厂家能不能马上赶到解决问题；第三才是价格。

在市场中一路打拼过来的陈志列清楚：尽管自己掌握了丰富的客户资源，并与其保持着良好的关系，但产品性能这个东西却打不得半点折扣，要让习惯了欧美产品的客户们接受中国制造，只有在性能上达到甚至超过欧美产品的水平。再者，在技术研发的竞争上，欧美厂商拥有许多知识产权的壁垒，他们的眼睛死死地盯着后进的研祥，只要一碰红线，他们就会拿起法律武器，将研祥打入万劫不复的深渊。

“要做就做得比欧美人更出色！”背水一战的陈志列和研祥人全身心地扑到了研发工作中。1997 年春节，近一年没有双休的艰苦工作让陈志列疲惫不堪。大年三十晚上，在家里吃完饺子后，陈志列躺在沙发上看春晚，可没过一会儿就睡着了，等醒来一看，已经是初二上午了。

当 15 年后陈志列谈笑风生地向我讲述创业史时，我一直在想，究竟是一种怎样的信念，能让一群人废寝忘食、不分昼夜地奋斗不止？

1997 年秋，研祥第一款自主研发的产品问世。客户们都目瞪口呆，如果不看品牌和厂家，这款产品完全就是欧美货，大到性能指标，小到包装纸箱，都跟欧美的产品处于同一水平上。

研祥第一款产品的订单纷至沓来。站稳脚跟后，陈志列用自主研发的产品逐渐取代了代理产品线，最终完成了向品牌厂家的转型。

（五）一把榔头的决心

研祥深圳总部大楼大厅的展厅里，摆着一把普通的榔头。对于研祥人来说，这是一种特别的激励。

1998 年，陈志列带着研祥自主研发的产品，率队赴德国汉诺威参加国际电子产品展览。为了搭建展台，陈志列跑到附近的超市里买榔头。当地的售货员问他："你要质量好的还是一般的?"他说："当然要质量好的啦。"而后服务员的回答让他颇感意外："你要质量好的，就要买我们德国产的，进口的质量都不太好。"

这句话深深刺激了陈志列的神经，他把这把榔头带回了中国，把这个故事讲给员工们听，这个故事同样深深刺激了这群有着理工科背景、怀着民族情结的研祥人。"不仅要有自己的品牌，还要比欧美人做得更好!"

实际上，在研祥崛起之前，中国的特种计算机行业基本被海外厂家控制。这样的局面对中国经济发展产生了两大弊端。

第一，海外厂商在大陆没有研发生产的基地，昂贵的海运费用和关税，导致其产品价格明显偏高，客户无法购买到性价比合理的产品，这就严重缩小了国内特种计算机市场的需求量，拖延了特种计算机在中国经济体中的普及速度，进而延误中国经济的发展。

第二，当中国的用户们完全依赖海外厂家的特种计算机时，自己也就成了别人的傀儡。中国企业的研发路线，只能配合别人的研发路线，可海外厂家永远不会给中国人提供最先进的技术，中国用户使用的，都是别人淘汰的技术。

陈志列和研祥人决心改变这种被动挨打的局面。那么，"土鳖"研祥对抗海外巨头的突破口在哪里？为了跑市场，足迹遍布九州的陈志列清楚：突破口就在于，"土鳖"更懂中国!

绝大多数海外厂家的产品，都是根据国外条件优良的工况设计制造的，但中国的工况环境却不及国外。比如，在国外，供电电压严格要求在 220 伏，如果高过 240 伏，或低于 200 伏，供电部门要负很严重的责任；而在中国的现场工况里，最低有过 60 伏，最高有过 380 伏，海外厂家的产品遇到这样恶劣的工况就很容易出现问题。

于是，抗干扰能力的比拼，就成了研祥与海外巨头竞争的一大突破口。别人做得好，研祥一定要做得更好。比如，海外厂家的高温测试标准为 40℃下烤机 4 小时，而研祥的标准是 55℃下烤机 48 小时。

正面决战的时刻终于到来！2002年，深圳地铁一期计算机控制系统公开招标，研祥和德国巨头西门子站在了最后的擂台上。深圳地铁的工况环境非常潮湿，且电磁干扰非常大。两家对决的方式是，每家出10台设备，并用铅皮封闭起来，让人看不出哪台是哪家的，然后放在恶劣的工况里运转两周，谁的故障率低，谁就胜出中标。

对决前，一些老工程师按照传统观念认为，西门子是世界品牌，怎么都比国产的研祥可靠。西门子胜出的呼声很高。而陈志列的心里却是又紧张又激动，他知道这是一个证明自己的绝佳机会，为了这个机会，他已经准备了很久。

两周后，检测结果先是传出了一点风声，据说坏了10台设备。陈志列心里打鼓：如果四六开那就很值得高兴，最坏也只能是五五开的平手，绝不能输给西门子！后来，结果正式公布：10台出故障的设备里，西门子占了9台，而研祥仅有1台！

听到消息的陈志列一下子激动得从座位上跳起来，终于赢了！当晚他与项目团队一起设宴庆功，酒喝到一半，大家激动得拥抱在一起大哭。这一战让研祥在地铁领域树立了威名。后来深圳地铁从二期开始就只用研祥的设备，广州地铁从一期开始、北京地铁从五期开始也都只选择更加可靠的研祥。

有趣的是，这让陈志列形成了一个癖好，有时爱去地铁站的工作间跟站长说："我是研祥的，来看看你们用得怎么样。"对方回答："挺好啊。"然后打开工作人员通道，让陈志列免费乘地铁。"这不是省几块钱的问题，这就是成就感啊！"陈志列笑着说。

2003年，名声大震的研祥登陆港交所，彻底解决了融资问题。4年后，研祥以32.68亿元的年销售额坐上了国内特种计算机行业的龙头宝座。

（六）中国人也敢玩"Inside"

那天上午我与陈志列谈到了国际化，谈到了李书福收购沃尔沃。我问他："这场国际大并购给你最大的启发是什么？"他沉思片刻后说："从2000年开始考虑国际并购，到2009年拿下沃尔沃，经历了整整9年。为了一个目标，李书福竟然可以谋划这么远，准备这么久。”

成为一流企业家的一个门槛，即战略眼光。

1996年做自己的品牌时，陈志列决定用一个英文名字，这样看上去更能够比肩国际品牌。为此，他还颇费周折地找到北京外国语学院的几个老外，给了他们几个备选的英文名字，让他们通过字面意思来判断是代表什么产品。结果，几个老外在“EVOC”这个单词后面，注明了电子产品。

花一番心思，只为取一个地道的英文品牌名字，这在当时的国内商界并不多见。诸如，华为和中兴这样的巨头，至今仍沿用由汉语拼音延伸而来的英文品牌名字。

若干年后，陈志列带领研祥第一次登陆德国汉诺威著名的全球电子产品展览。当老外们看到带有“EVOC”标志品牌的展台里，全是黄皮肤黑头发的中国人时，感叹这个美国品牌喜欢雇用中国人。

虽然是误会，但陈志列的第一步已经迈出去了：让世界知道，中国品牌可以与优秀的国际巨头比肩。而接下来他要做的是：让世界知道，优秀的品牌也可以来自中国。

在全球科技界，有一个心照不宣的共识：最牛的品牌往往控制着最高端的技术和最核心的部件，然后通过将自己的品牌标志打在其他品牌的产品上，从而获得品牌推广的效果。比如，英特尔控制了最核心的芯片技术，其他电脑品牌要用它的芯片，就必须在自己的产品上打上“英特尔Inside”的标志。

2008年，陈志列推出“研祥Inside”战略，这意味着采用了研祥核心技术的设备，都将逐渐打上研祥“EVOC”的标志。

中国人也敢玩“Inside”这招？

“老外觉得一个产品你要写长虹、海尔什么的都无所谓，只要‘Inside’是我的，我就可以用最核心的技术来压制你。”陈志列对我说，“这个战略并不是冲着销售额去的，而是要让老外看看，我们有多牛！”

实际上，研祥的产品已经渗透到各行各业，关系到老百姓生活的方方面面。比如，航空航天、加油站机卡联动、城市轨道交通、石化能源开采、车间生产控制和金融ATM机……在“研祥Inside”战略下，这些设备都将在醒目的外壳上贴上“EVOC”的标志。

陈志列说，要在2017年超越西门子等国际巨头做到全球第一。为此，他已经把市场竞争的战火烧到了德国，全由外国人运作的研祥德国分公司，已经把研祥的产品卖给了北约。

谈话接近尾声，陈志列向我回忆起34年前，他选择文理科时的情景。当时他文理两科同样优异，一家人为他选哪科争论了好久。结果遇上了北京召开的全国科学大会，“学好数理化，走遍天下都不怕”的说法盛行起来。最终，他决定放下自己热爱的诗词，选择了理科。

至今，他还记得当时选理科后，填下的最后一首词：“今学数理就正循，四化誉满全球。”这首词在他心中驰骋了34年，并且奔腾不息。

◎**链接**

创业就是挨闷棍不回头

文/口述 陈志列

王利芬在创办优米网之前曾问我：“创业最重要的是什么？”我就跟她讲：“你就往前走吧，脑袋上忽然挨了打，你别回头看是谁打的。”

我的经历真的是这样，曾经有不少时刻痛哭流涕，甚至想死的心都有。

当时，我们在深圳市南山区开了第一家工厂，拥有自动化的生产线和先进的管理体系，整个看上去很有规模。与此同时，我们正在加紧生产一款在全球范围内都是最新的产品，准备抢先推出，夺取定价权。

然而，一个政府部门的科长接到线报，说我们工厂生产假冒伪劣的

“三无”产品，很可能是深圳市有史以来最大规模的造假案。很快，执法人员赶到现场，立即查封了我们的工厂。

听到这个让人莫名其妙的消息，我立刻带上营业执照、注册商标和我作为法人代表的相关证件，赶到现场向他们解释：“我们工厂有营业执照，又拿了注册商标，这就不能被说成是假冒的，而我们的产品是除我们之外，全世界都没有的，所以也谈不上伪劣。”

按理说，这个科长说我“有罪”，就应该出示我“有罪”的证据，但现在是他要我来证明我无罪，做无罪举证。每次我去他们的办公楼做证明，都要先在一楼登记，再上二楼审核、按手印，然后又上四楼向局长汇报。去一趟就要花一整天的时间，中午就在他们办公楼对面的公园里吃盒饭。

这种突如其来的闷棍，让我沮丧难过到了极点。想到好不容易建起来的工厂被查封，即将震撼业界的新产品被停产，而自己却人不能动、钱不能用，我端着盒饭难以下咽，眼泪不知不觉地往盒饭里掉。这种苦楚真的难以言喻。

就这样来来回回、拖拖拉拉耗了整整8个月，最终才证明这是一桩错案，我们是清白无辜的。然而，我们却因此错过了战机，对手率先推出了同类新品，我们价值600多万元的产品却还静静地被封在仓库里。

我创立研祥的过程中，还遭遇了各种各样的打击。比如，创业初期几个出纳和业务员带着货款突然消失得无影无踪；又如，客户拿了货不打款就跑掉了；再如，本来按照规定我们十拿九稳的单子，却最终被对手通过暗箱操作抢走，等等。

不过，创业就是这样，挨闷棍是一种常态。就像一个猎人穿越原始森林，被毒蛇咬了先别喊痛，而是想办法处理伤口，然后继续走出森林。只要走出去了，天地就开阔了。

第二章

数字中国 | 互联网的强国进军路

2014 年 2 月 27 日，中央网络安全与信息化领导小组成立，这标志着从 2014 年开始的中国互联网走上了从大国向强国进军的道路。

2015 年 3 月 5 日，在十二届全国人大三次会议上，李克强总理在政府工作报告中首次提出“互联网 +”行动计划。随着“互联网 +”的提出，互联网推动商业格局加速迭代。生态整合型电商、制造与市场纵向打通的新零售，将给商业格局带来巨大变化。

生态整合型电商平台为实体门店插上互联网的翅膀，使得传统商业能够更大范围聚合共生。制造业巨头对市场纵向垂直整合的新零售模式的企业以市场为导向，以大数据应用为支撑，以产品和技术标准为纽带，展开市场垂直整合，在生产者和消费者之间搭建起一条高效便捷的通路。这种制造与市场终端纵向打通、高效连接的新零售模式，为企业赢得了更大的产品定价权，也为商业体系反向提升制造业预留了巨大的空间。

马化腾：为中国人创造全新的沟通方式

我似乎不应该向出租车司机提起腾讯。车窗外，一幢幢高楼沿着深南大道逐个晃过去。出租车司机因为那幢“马化腾的大楼”触发了谈兴。他一边有腔有调地讲述深圳人眼中的马化腾，一边顺道嘚瑟起他 QQ 泡妞的故事。

是的，在中国，谁都能对这家企业说上一二。

它用了 12 年的时间，终于成长为压在中国互联网创业者身上的“三座大山”之一；它在一个亦步亦趋相互模仿的产业环境中，成为被其他抄袭者指责抄袭次数最多的互联网公司。

它拥有全世界最大的互联网社交网络系统，虽然它拥有 6.7 亿 QQ 活跃用户，业界对其评价却是“有用户，无粉丝”。

它被比作一头在瓷器店中长大的大象。出微博、推团购，再加上什么拍拍、搜搜、QQ 电脑管家、QQ 影音，没有东西是它不做的，堪称行业公敌。“大象”在 2010 年岁末偶然又必然地卷入了一场互联网狩猎。它不是宋襄公，玩不转“退避三舍”；也不是功夫熊猫，打架前先摆个 POSE 通知观众，它一上阵就逼迫用户二选一，它有点“傻傻看不清楚”。

如今，料峭春风吹酒醒。

关于 3Q 大战的正向作用，马化腾说：“是在 1 万多名员工中统一了思想，平衡了利益，把正确的事情加快向前推进。”

什么是正确的事情?

2010年12月5日，马化腾发表了《关于互联网未来的8条论纲》，腾讯宣布进入为期半年的战略转型筹备期。注意，站在行业的角度谈论纲，这在腾讯过去12年的历史中很是鲜见。远远望去，这个有着7条业务主线、1 000多个产品、超过1万名员工、2010年净利润达到80亿元、3倍于其他3家门户网站利润总和的巨无霸，正在学习成为领袖。

半年来，关于腾讯的新闻事件包括：连续10场国内各界专家云集的“批判会”，通过50亿元产业共赢基金（2011年6月15日马化腾宣布增容至100亿元），一口气投资高朋网、华谊兄弟、艺龙等项目，其数量超过过去12年的总和。

与此同时，腾讯先后宣布开放腾讯微博、腾讯朋友、QQ空间及即时通信QQ等平台。而截至2011年上半年，有近2万个合作伙伴已经或正在排队等待到腾讯“拎包入住”，合作伙伴一款应用拿到的单月最高分成已突破1 000万元。

从做生意到做生态，2011年必将成为中国互联网的开放元年。试想，随着人人、新浪、奇虎、百度等一大堆开放平台的出现，几个人的小团队都有可能做出几千万用户的产品。李开复称，中国互联网创业成本到了有史以来最低的时刻。

是的，尘埃与曙光已经翻过大山，更多的故事也将由此产生，只是主角，将不再只属于马化腾们……

（一）马化腾的普鲁斯特问卷

著名的普鲁斯特问卷由生活、思想、价值观及人生经验等一系列问题组成。2011年6月3日13分24秒，在深圳腾讯大厦，马化腾回答了这份问卷。从这样的切口看出去，或许可以更立体地认识马化腾。

独家问卷：

1. 你最希望拥有哪种才华？

演讲的才华。平面媒体还好，面对电视压力就大了。

2. 你最痛恨别人的什么特点？

吹牛，浮夸。

3. 你最恐惧的是什么？

谈恐惧夸张了。会有一些担心，比如担心团队不和谐之类的。

4. 还在世的人中你最钦佩的是谁？

比较老套了。乔布斯，很多人都钦佩啦。

5. 你最珍惜的东西是什么？

诚信、正直。

6. 你最喜欢的职业是什么？

产品研发。

7. 觉得自己最有底气、最自豪的能力是什么？

拍摄哈雷彗星，学生时代，1986 年。

8. 你对自己的外表哪一点不满意？

太瘦啦。

9. 你最喜欢女性身上的什么品质？

人品好吧，善解人意。

10. 何时何地让你感觉到最快乐？

在家里。

11. 如果你能选择的话，你希望让什么重现？

导致我腰椎间盘突出的那次事故不要发生。

12. 您身上有没有典型的天蝎座特征？

有吧。神秘？

（二）天蝎座的错觉

“你觉得自己有没有一些天蝎座的特质？”

马化腾思考了数秒：“比如神秘？”

如果不是身处互联网行业，他或许真会与公众彻底绝缘。同样姓马，相比马云煽动性很强的口才，马化腾似乎更愿意通过邮件来表达自己的想法。这位40岁的技术宅男从腾讯上市到“3Q大战”之前，几乎只在每年年底接受一两家平面媒体采访。身边人告诉我们：“有一年，Pony在年初的时候接受了媒体采访，出门后如释重负，对公关部门说，今年全年的采访任务提前完成了。”

同样是天蝎座，10月29日出生的马化腾与10月27日出生的周鸿祎、10月31日出生的张朝阳又有着很大不同。周鸿祎自比孙悟空，体现天蝎座攻击的一面，不打仗，不放炮，他会很憋闷；张朝阳则更张扬一些，你可以说他爱炒作、爱出风头，但第一代互联网企业家如果单靠玩炒作似乎也走不到今天。

马化腾更像是一个崇尚实用主义的技术人才。你如果将“时代精神”之类形而上的问题抛给他，他会告诉你：“我真没想那么多。虚的东西我不会讲。”但是如果你请他谈谈产品，他会自问自答地说出一大堆自己的思考。

一位腾讯公司的高层告诉我们：“Pony对产品抓得很细，细到一个PPT上有细节表述错误他都能看出来。我们有时劝他，不要这么细，这么细致的事情交给我们去做。他会花很多时间去看用户的反馈，看BBS，看博客，看别人对产品的感觉。我们并不是很在意做汇报的PPT要多好看，以及背景、动画什么的，这个不重要，有数据、有用户反馈就可以了。”

毫无疑问，如果时代没有将马化腾放在深圳，没有将他带进互联网，没有让腾讯成为一家公众公司，他肯定还会坚定不移地活在自己的世界中。他或许会是一名地理老师，或许会去天文台工作，又或许会走上其他的平凡道路。

他曾经在中学时代的日记中写道：“请父母买一台天文望远镜，如果不给我买的话，可能扼杀了一个天文学家。”而当我们在采访中问他，最让他感到自豪的一件事情是什么。他的回答竟然是，1986年在深圳中学生中第一个观测到了哈雷彗星。

当前，在目睹了 Facebook、苹果 App Store 的成功之后，整个中国互联网产业体系正急速地从封闭走向开放，从百度、新浪到阿里巴巴、京东，都在积极布局自己的开放平台战略。腾讯显然不能再做一颗孤独的哈雷彗星。

马化腾承认，自己已经意识到腾讯在发展了 12 年之后，开始遇到越来越多来自市场、社会和行业内的挑战。

2011 年 6 月 15 日，腾讯履行半年前做出的承诺，在北京召开规模空前的开放大会。开放大会上，各路英雄云集，场面蔚为壮观。

只是 5 月 31 日抢在腾讯开放大会之前，奇虎 360 也在北京举办了开放大会，周鸿祎除了高调宣布其“360 开放计划”之外，也不忘调侃马化腾。他将腾讯的开放称为“被开放”，甚至称：“今天马化腾所做的，都是两年前我给的建议。”

6 月 13 日，就在腾讯开放大会只差两天的时候，360 又宣布与人人网全面结盟，高调进军社交网络。

从 2010 年“3Q 大战”的恶性竞争，到今天在开放问题上暗中叫板。有公关界的人称，360 的开放大会在时间上是提前的。这不重要，重要的是两只本不在同一量级的“蝎子”，又一次被舆论锁定在一起，静静地悬挂在互联网的大幕之中。有人说，“3Q 大战”会有第二季。这依旧不重要，重要的是两家企业真会在各自的开放世界里走得好吗？

时针开始转动。

（三）基本假设的错觉

今时今日，你若问国内哪一家商业公司真正值得尊敬，答案都应是无解。

就像深圳街头那副著名的标语：“时间就是金钱，效率就是生命。”30 多年狂飙突进的重商主义，让我们拥有了若干商业明星，却并未拥有真正意义上的商业文明。无论是“3Q 大战”、百度面临的版权诉讼，还是阿里巴巴的支付宝问题，中国公司似乎都面对着“谁规模大、谁遭到质疑就大”的问题。

市场份额与受人尊敬的程度，的确不成正比。

让我们回到腾讯。2010前，马化腾发表了《关于互联网未来的8条论纲》。站在行业的角度谈论纲，这在腾讯过去12年的历史中很是鲜见。至于“论纲”这样的词汇，甚至更容易让人联想到1517年马丁·路德·金对宗教改革的《95条论纲》。

在这场演讲中，马化腾说：“垄断是一个令人烦恼的罪名，但有的时候确实是一个假想的罪名。”他说，腾讯开始步入为期半年的战略转型筹备期。

半年来，腾讯先后在全国各地举办了10场“诊断腾讯”的研讨会。从现场气氛看来，研讨会更像是批判会。马化腾在第九场会议的现场说：“我在网上被骂的机会很多，往往我在微博上说一句话就会有很多人骂，所以我的心理承受能力超过大家的想象。”

那场会议下来，他密密麻麻地记了3张纸，纸的背面都有记录。腾讯想要改变业内对它“抄袭”“垄断”的印象，这不用怀疑——即便在中国，也没有人愿意背着这样的名声。

事实上，互联网世界瞬息万变，生死转换往往只在一念之间。12年来，腾讯并未遇到真正意义上的“大地震”。马化腾从不掩饰自己的危机感，腾讯高管团队在创业初期同样有过靠炒股赚钱给员工发工资的窘迫经历，但若要把某种危机感传递到1万名员工心中，注意是心中——这便是一个系统性问题。

如陨石坠地，“3Q大战”成为激发腾讯系统性改革的关键点。

“只要我们用心做，就什么都能做好。只要把用户服务好了，就可以持续发展。腾讯团队以前会有这些基本假设。去年的事情，公司对于公众和行业的情绪起初很不理解，觉得自己没有错，为何会招致如此非议？但后来一想，我们基本的假设不对，这些是非曲直就都是浮云。”腾讯高级执行副总裁李海翔说。

可怕的是错觉。更可怕的是基于错觉产生的幻觉，以为奇迹的荣光会永远为自己开一扇大窗。

正如这样一个段子——弟子问师父：“怎样才能创造奇迹？”师父答：“你现

在为我烧饭，一会儿告诉你。”饭熟后，师父说：“你开始做饭的时候，是生米，你不断地添柴加火，就将生米煮成了熟饭，这不是一个奇迹吗？”

这是奇迹，但人不能永远活在奇迹中。

马化腾对腾讯高级副总裁张志东有过这样的表述：“腾讯团队有一股很浓的学生气质，这个团队的基因是不停地解数学题。做产品，不是做别的。我们五六年前这样去走，可能问题不是很大，可是不知不觉，我们在五六年里成长了好几次，也变成了产业的排头兵，但我们自己没有及时转换角色。我们发现，自己和外界的看法出现了很大的不一致。”

马化腾说：“（以前遇到问题）我们往往会在很多场合辩解、解释，说是什么情况，我们内部怎么样，甚至会给大家解释细节上的来龙去脉，希望取得大家的谅解和同情。但是，我们反思中也忘了一点，就是说之所以形成这样的很多的印象，不是一天一夜形成的，而是长期以来由很多很小的事件形成的。”

的确，在道德感本就模糊的互联网产业，腾讯凭借“我来了，我看见，我参与”的“八爪鱼打法”顺利成长为“全民公敌”，并非一日之“功”，其究竟存在什么问题呢？DCCI互联网数据中心创始人胡延平认为：“归根到底，问题出在腾讯核心决策层对于整个产业和市场存在一种错觉。在这种错觉下，业务布局、业务开展的方式都有问题，市场公关变成了消防员四处救火。”

因此，就算没有《狗日的腾讯》，就算没有360，也会有鲁迅所说的：“我的文章还没出来，就已经有人开始在愤怒地磨墨了！”

开放，势在必行；开放，势不可当。推动一只小帆船开放不难，要让一艘2010年净利润达到80亿元、3倍于其他3家门户网站利润总和的航母转向，这注定会引发行业生态的连锁反应。

但这是必需的。

（四）罗马大城的错觉

这是2011年6月3日，从腾讯总部39层望出去，窗外是一片繁忙的深圳港。

腾讯是座大城，城墙高耸，争议渐多。大城内的人与事，真真假假地流传于江湖，大家似乎听说过一点儿，却又无从印证，去了解整个真相。

关于马化腾是如何工作的，微博上有这样一种说法：一是一般凌晨三四点才休息，上午10点起床，经常深夜用邮件谈业务，腾讯由此形成了浓郁的邮件文化；二是关注腾讯1 700多个产品中的相当数量；三是不允许手下说技术上无法实现，能直接列举出各个部门技术高手的名字；四是对感兴趣的邮件内容会立即升级，然后拖一堆高管进来，推动事情进展。

对马化腾每天的工作习惯，我们并没有多问，只是他告诉我们，采访前的那天早晨他6点才睡。至于腾讯的邮件文化，在问答网站"知乎"上有一名腾讯员工讲的一个段子：

Pony经常回复的还是产品类的讨论。关于他的诸多身份传说中，"腾讯超级产品经理"一说是最切合实际的。

一次，他要求页面上加某种锚标功能，当用户对页面特定区域进行复杂操作之后，页面能够返回到原来触发动作的位置，免得从头再翻。我询问了技术人员，技术回答说：这根本实现不了。于是，我回复邮件告诉他说："在技术上不可能实现。"

大约两分钟之后，他回复了我："你说什么？"

我突然意识到自己说错话了，只能回信道歉："抱歉，我们去想想办法。"

过了一阵子，他回了一封长信过来：第一段里告诫我，在腾讯不允许说什么事情在技术上做不到。然后，他在信中列举了三四个部门里的html高手，列出他们的名字及其经理的姓名，要求直接去联络他们，请求他们给予技术上的支持。

腾讯在过去很长一段时间里有着内向的企业气质，这是毫无疑问的。据说在2007年左右，腾讯尚没有一个可以统一谈市场、品牌和公关方面问题的专职副总，而公关则只是总裁办下面的一个由几人组成的部门。

即便到了今天，腾讯公关部门也不过 20 多人，对于一家拥有 6 亿多活跃用户的互联网企业，这样的人力配置并不豪华。

12 年来，腾讯在中国互联网领域跑出了深圳速度，而公司上下也有着浓重的深圳气质。什么是深圳气质？年轻、活力、敢于挑战，也同样善于模仿，或者说抄袭。员工食堂是一个能够展现公司气质的地方，相比谷歌中国的食堂，腾讯的食堂在餐食供应上没有那么豪华，但是餐具却十分“咔哇伊”。几位年轻女员工拿着卡通味十足的餐具向我们介绍时的样子，让人印象深刻。

时至今日，提及腾讯，越来越多的人会用“企鹅帝国”这样的词汇。它能赚钱、市值高，势力庞大，堪称帝国，但帝国也有烦恼。

比如微博，“为什么现在成了一个独立机构？原来是 7 个部门一起做，每个部门都有自己的想法，我们开协调会议，7 个部门参与，都有自己的出发点。做 QQ 的部门认为，这是未来的方向，如果丢掉的话，腾讯就没有前途，自己的部门就没戏了，因为另一个部门崛起成了一个新平台了；做社交的 QQ 空间这一平台，按道理应该是最接近 Facebook 的平台，他原来觉得微博不能成型，最后看着别的部门做起来，觉得不太支持，或者觉得怎么和我竞争，把公司主要的资源给他了？”

腾讯需要信仰。比如，“以前很多时候，腾讯希望去官僚化，产品团队像小公司方式经营，这又导致团队在冲杀时如果犯了错误，比如模仿，容易给外界留下是腾讯蓄意而为的印象，导致整个公司被指责。现在，公司要求大家的一举一动必须传递整体的责任感”。

2011 年 6 月 15 日，腾讯开放大会在北京举办，现场 1 000 多个座位早早地被预订一空。马化腾履行他半年前估出的开放承诺——帝国开门。

刘强东：活出一个京东

2016年，京东成立X、Y事业部，相继投入大数据、云计算、人工智能和自动化技术等方面。

有此基础，2017年4月，京东物流独立，面向开放平台上的第三方及社会客户，提供从工厂大门到消费者大门的全套供应链服务，未来也将准备独立上市。

2017年“6·18”，在境外资本做空、国内友商围剿下，京东股价不降反升，交易额达到惊人的1 199亿元。

京东的故事，重点并不在商业权谋。

用刘强东的话来说，叫作“正道成功”，如今应该还要加上“技术引领”。这可能更接近中国商业逻辑的真相与零售业本来的底色。

（一）理直气壮得有一股邪性

刘强东有一种本事，经常让友商恨得咬牙切齿。上一次零售业出现同等“当量”的人是黄光裕。

在菜鸟网络与顺丰被爆关闭互通数据接口后，刘强东第一时间力挺顺丰，紧接着京东全面接入顺丰旗下的丰巢自提柜。

虽然微博简介上写着：低调，低调，再低调。但中国人讲究的中庸，在刘强东这里似乎不存在。每到京东召开财报发布会，媒体记者的长枪短炮都会对准这位以偏执著称的B2C大佬，就等着他亲口说出头条新闻的标题——国美、苏宁毫无翻身之日。

理直气壮得有一股邪性，这是真实的刘强东。

刘强东是穷苦人家出身，家里是跑船的，10岁时才第一次见到电灯泡，为此还震撼了一把。

1998年，马云正处在创办阿里巴巴的前夜，马化腾已推出QQ，李彦宏是硅谷公司的首席工程师。至于刘强东，他带着打工赚来的12 000元存款，在中关村海开市场租了一个4平方米的摊位，招牌上写着：京东多媒体。

柜台进货卖货，先批发后零售，这样的起点其实就是一名IT器材小摊贩。前缀“中关村”三个字，还有混乱、无秩序、充满欺诈等标签。但是，刘强东和大多数人都不同，根本不玩“城里人的套路”。

刘强东卖正品，开发票，还热情地提供技术服务。工商局“充满信心”地“围剿”村里各大电脑城，但遇到刘强东也没辙，没有逃税，没有水货，没有假光盘，周围人都称此人了得。于是，中关村出现了新的“套路”：客户来询价，这个宿迁人坚持明码标价，绝不讲价，客户悻悻而走；不一会儿，客户又回来了，还是这里的货真，价格也合理；口碑相传，“强子”那里成了正品的代名词。

多年的坚持终有回报。2003年，因“非典”来袭，柜台生意全死了，京东也扛不过3个月。刘强东与员工被迫转到网上发帖卖货。在CDbest论坛上，版主特意留言说：“这是唯一一家他认识的不卖假光盘的公司。”生意一下子打开了门路，积货一扫而空，刘强东挺了过来。

从当年的柜台生意，我们其实已经能够看到京东后来的章法。自采销售，是为了把控货源质量，拒绝假货；自建物流，是为了降低破损率，提高服务体验；转型电商，最终也是为了减少中间环节，让利用户。上述京东历史上最重要的三大战略，初提时并没有经过严密的商业规划，其出发点都是用户至上。

而且，那个时候还没有用户体验的说法，刘强东的观念也很朴素：我把用户服务好，客户会成为回头客，继续来。

2011年，中关村太平洋数码城倒闭，掀开电子器材零售没落大势。刘强东发微博说："你们做了多少偷梁换柱的勾当，卖了多少水货、假货，暴打了多少客户，这就是因果报应。"

从一开始就做对的，使京东始终充当着"挑战者""搅局者"的角色，骨子里就透着鲶鱼的基因。从柜台交易，到IT垂直电商，到全品类电商，再到开放平台，京东性情没变，只是挑战的对象变了。

刘强东的好命就在于，京东转型电商的时间虽然是"非典"逼的，但不早不晚，既没做"8848"的先烈，熬的时间也没有当当网长，刚好就处在互联网红利期，市场好，资本也愿意给钱。

而且，越往后，刘强东越强。

（二）底层逻辑与顶层革命

相比IT精英出身的友商们，底层出身的刘强东内心柔软，对弱势群体充满同情。同时，他也深谙江湖规则，并能反其道而行之。

京东扩张到深圳，要在深圳建站，于是刘强东找当地韵达快递站谈合作条件。站长同意了，第二天，他就带着韵达深圳站全部兄弟换了衣服，加入京东。

怎么谈的？京东愿意给他们装空调，韵达那里连电风扇都没有。

刘强东去视察宿迁即将投入使用的配送站和仓库，回来大骂配套宿舍是南方黑心工厂给工人住的，每间竟然要住4～6个人，还是蹲便器、淋浴器放一块。

随后，京东员工宿舍硬是改成了2人一间，工作满3年的员工单独一间，"二十五六岁的人了，都谈婚论嫁了，也不能出去偷偷摸摸吧。"被触及心坎的员工都对刘强东感激涕零。

其实，京东完全可以把物流仓储团队外包给第三方公司，这样每年都可以节省几十亿元的五险一金成本。刘强东怒斥了提出类似建议的高管，他说，那是耻辱的钱，赚多少都会让他良心不安。

近些年，京东一直被质疑，尤其是自建物流后运营成本太高。

但是，成本到底高在哪里，比京东低的又低在哪里，利益相关者很少会明说。因为模式的轻与重，一定程度上反映了商业担当的总和。

至少从目前来看，京东没有被拖垮；相反，它从商业逻辑的底层出发，挑战了许多人。

从线下到线上，刨除中间环节和店面成本，京东挑战了国美、苏宁，后两者也上线电商追赶。

从垂直电商过渡到全品类电商，京东挑战了新蛋、当当，全品类平台已成大势。

坚持自采销售，京东 B2C 走上与 C2C 平台完全不同的道路。

最后，京东自建物流改善服务，挑战了整个电商业连带快递业，顺丰与菜鸟网络是其匹配的对手。

关键是，刘强东总有办法达成自己的目标。

比如，要革国美、苏宁的命，京东至少应从厂商、总代理那里直接拿货才能真正让利消费者。但是，厂商看重的是规模，京东起初规模太小，根本够不着边，账期更是免谈。为此，京东首先从下面的经销商拿货，尽量多拿货压低进价，再低价卖出吸引客流。等到销售量翻到 2 倍、4 倍、8 倍时，再去找厂商、总代理谈，不谈也得谈了。

有一些 IT 总代理向厂商投诉京东扰乱价格，却又给京东供货保证出货量，再向厂商索要奖励。最后，厂商干脆自己找上门来，请京东销货。

其中最大的门道，就是规模。

以前做线下渠道，做到全国最大光磁销售商，但刘强东却睡不着觉，因为他每年都担心代理权问题。到线上后，直接面对用户，只要销量足够多，就能反过来扼住厂商咽喉——与传统线下渠道商不同，不是逼厂商延长账期、提高扣点，而是逼他们精简渠道，给用户让利。

这实际上就是挟流量以号令诸侯。但刘强东不是和百度李彦宏学的，而是在中关村悟到的——不管客户拿不拿货，他都天天给客户报成本持平甚至亏损的价格，客户再不拿就不划算，形成交易惯性，长期下来就不会亏本。

有一种观点认为，绝大多数互联网大佬都是"天派"，精于商业模式设计、上游布局。而刘强东是少有的"地派"，扎实、稳健，目光向下看，向行业中看。

京东近年的发展表明，向下看也正在被资本、人心认可。

（三）地派"偏执狂"

京东有 12 万人。1 万名白领，11 万名配送、仓储、客服岗位的蓝领。辰德资本合伙人梁宁认为，在京东身上能看到中国市场的投影。

在中国，包含电商在内的商业多身处二元结构：白领提供平台，蓝领负责落地；或者，上层设计平台，下层建设实体……大多数互联网公司其实只能照顾一头，即从上层整合行业。比如，小米整合"硬件产品群"，乐视设计"生态化反"。

多数产品也只能兼顾一边。罗辑思维主攻白领用户，快手收割蓝领市场；苹果是白领首选，三星、华为同样在此发力，而 OPPO、vivo 以渠道取胜，覆盖的正是蓝领们的空间。

京东则两者兼顾，既有模式又有落地。

刘强东能做成京东，有三个重要节点，它们反过来决定了京东现在的样子。

第一个节点：牵手资本

2006 年 10 月，今日资本徐新与刘强东第一次见面，一年后达成 1 000 万美元融资。

徐新是刘强东的贵人，她对刘强东最重要的建议是：做广告。

京东之前从来没有打过广告，仅靠口碑保持每月 10% 的增长。徐新给刘强东介绍了营销顾问徐雷，要求按照白领生活方式，在地铁、公交、广播、互联网投放广告。

须知 2007—2009 年，正是金融危机肆虐期，门户网站的广告很便宜。与当时的凡客一起，京东趁机造势做大，站稳脚跟。

刘强东一边心疼钱，一边欣喜用户数量的激增。2007 年的刘强东被资本“开智”，动不动就会把有价值的信息记在小本子上。

但是，刘强东的特别之处在于他反过来也“教育”了资本——不顾一切反对，自建物流，而且是全国铺开，既送又储，当时估计没有 10 亿美元起不了步。

在巨大的物流投入下，京东连续亏损。2011 年亏损 12.84 亿元，2012 年亏损 17.29 亿元……所以一直有一种观点：刘强东裹挟了资本。

真相其实是，刘强东自建物流前只拿到今日资本的投资，之后反倒融资不断。今日资本很早就开始相信刘强东的商业判断：自建物流将成为京东的护城河。

由于自建物流，京东库存周转只有 32 天，只是友商的 1/3 ～ 1/2；同时线下卖场费用高达 17% ～ 22%，京东只有 8%。所以，刘强东早已认准，自建物流成型后一定能赚钱，资本对此也心知肚明。

2013 年 2 月，第三方物流在春节期间爆仓停滞，京东却凭自建物流继续生龙活虎。

第二个节点：成为“独裁者”

2010 年 4 月，高瓴资本以 10 亿美元估值，投资京东 2.65 亿美元，后来又追加 5 000 万美元。这是当时中国互联网最大的一笔投资。

高瓴资本首席执行官张磊是刘强东的另一位贵人，他投资时有要求，创始人必须能够控制公司，这样投起来更保险。这促使刘强东最终获得董事会控制权，拥有超级投票权。

事后看来，这一安排非常明智。

2010—2011年，在全体投资人、过半高管的反对下，刘强东强推图书品类，主动挑起价格战，向当当、卓越亚马逊宣战。此役，京东借助单价更低的图书，拉低了新用户的门槛，同时重创以图书为主业的当当，当当股价下跌超过70%。

2012—2015年，刘强东不惜扩大亏损，又力排众议主导了对国美、苏宁的价格战。此役，京东从三洋、奥克斯等二三线品牌突围，严重冲击了一线品牌市场；到2014年，美的、海尔、西门子、三星等一线品牌纷纷倒向京东，京东电商家电份额跃升到50%以上。

但是，2014年京东巨亏49.96亿元，2015年亏损更达到94亿元，非有“独裁”方能疯狂。

其实，刘强东心里还是有数的。线下友商主要利润靠截留厂商货款进行现金流操作，京东的冲击则削减了这部分现金流。一个佐证是，线下友商近年频频增加银行贷款与发债。相反，京东营收每年都呈指数级增长，手中的现金流可以应付亏损和延期还款。

刘强东的长处就在于，底层的长期摸爬滚打，使他深谙厂商与厂商、厂商与零售商之间的利益瓜葛，一抓一个准。

2017财年第一季度，京东大赚14亿元，净利已经超过国美、苏宁之和。可以说，2010—2015年的“独裁期”，奠定了京东后来的江湖地位。

其中，从中关村就跟随刘强东的“草根派”，承受住了价格战前线的炮火，从资本、科技公司引入的“精英派”，从技术、管理与品牌层面，在后方提供了充足的弹药。刘强东自己还建立起了一支直属的管培生队伍，作为忠诚的生力军补充安插到各处。

几股人能聚在一起拧成一股绳，不断打胜仗，而未因办公室政治出现帮派林立，刘强东的决策控制权发挥了重要的作用。

第三个节点：开放平台

2013 年 7 月，京东正式提出在技术、物流、服务和财务方面扶持开放平台。至此，京东与淘宝、天猫接近趋同，商业模式上没有本质区别。

但是，京东与阿里仍然代表两种电商风格。

京东靠自营起家，为商家提供很多支持措施。淘宝、天猫以流量起家，品牌自主更大，走货更快。

但更主要的区别，还是渠道管控。

平台开放后，内部腐败、第三方平台堕落，都将导致京东平台出现假货，刘强东坚持快 20 年的“正品低价”将面临最严峻的挑战。

为此，京东建立了电商行业最严苛的“零容忍”制度。第三方平台一旦售假，京东将罚没 100 万元保证金，并向工商局举报，严重的会倾家荡产。京东员工一旦售假，将立即被公安传唤、刑拘。刘强东甚至搞起“保甲连坐法”，一人售假，团队开除；下属售假，上级有责。

京东还专门研发出“区块链技术”，将其运用在科尔沁牛肉、五粮液白酒等产品上，可以溯源防伪。

但是，刘强东还是为此付出了惨重的代价。

2014 年，京东与腾讯达成战略合作，将后者的 C2C 平台拍拍网收入囊中。可是仅仅过了一年时间，刘强东不顾各种场面上的考虑，竟又主动关停拍拍网。

腾讯做不好拍拍网，是因为腾讯虽然有钱，却没有电商基因；京东放弃拍拍网，则完全是因为刘强东认为拍拍网管控难度太大，假货太多。为此，京东宁愿赔本打脸。

正是凭借自营，尽最大可能保证全平台正品低价，再把没有人愿意干的自建物流揽下来，京东才能赢得“多快好省”的名声。

但是，这条护城河最终依然会面对规模瓶颈。

京东在过去 20 年，无论是全品类经营还是自建物流，本质上都是以规模投入换取规模优势，通过对一个个成块市场的占领与优化，获得资本积累与议价能力。

但是，增量市场、效率优化终归会有极限，战略向下看的“地派”思维一定会走到想象力枯竭的那一天。届时，京东的资本形象将在国内最大零售企业、互联网B2C电商与物流仓储企业间模糊摇摆，造成所谓的“集团折价”。

2017年五六月份，靠大数据、阿里云、新零售、支付宝等利好，阿里巴巴一个月的市值增长就超过整个京东市值，显示出“地派”思维相较“天派”思维的资本局限性。

庆幸的是，刘强东对京东的未来早有预判。他说，未来12年，我们只有技术。

（四）京东的未来零售

2016年，京东成立X、Y事业部，相继投入大数据、云计算、人工智能和自动化技术等方面。

在位于北京的京东智慧仓库，商品从入库、上架、出库、装车，竟然不需要一个人，搬运机器人、货架穿梭车、分拣机器人、堆垛机器人、六轴机器人、无人叉车等一系列物流机器人在人工智能、图像识别、深度学习等技术引领下就完成了全套动作。

据悉，京东无人仓的存储效率是传统仓库效率的10倍以上，机器人拣选速度可达3 600次/小时，相当于传统人工速度的5～6倍。目前，京东AI已经能对库存、价格、效率实施动态优化，实现智能补退货。到2018年，京东60%的补货都将由AI完成。

技术+物流，必将促进物流、供应链成本降低。对京东来说，物流在电商行业内无论规模、效率与成本，都占有绝对优势，但它不一定比传统快递巨头有优势，技术加持刚好能够弥补这块短板。

有此基础，2017年4月，京东物流独立，面向开放平台上的第三方及社会客户，提供从工厂大门到消费者大门的全套供应链服务，未来也将准备独立上市。

或许是善有善报。刘强东当初为提升服务背上物流这口“锅”，被嘲笑了10年，未料“锅”也会变成“金锅”。

这符合刘强东悲天悯人的个性，他所领导的技术也具有一种“普惠精神”，就宛如谈到雾霾时，他经常为一线快递员感到担忧，可是又不得不为了用户体验去牺牲员工体验。

2017年2月，在京东以“科技引领未来”为主题的开年大会上，刘强东表示，绝不会因为技术发展代替人力而辞掉一名员工。相反地，京东还会让这些室外工作的员工从事室内的设备监控、保养和维修等对身体损伤更小的工作。

与马云所提出的“新零售”（线上 + 线下 + 物流，趋于资源、数据整合）有显著不同，京东所代表的未来零售还是选择了更重的运营模式，重心是物流、科技、线上线下零售的实体存在。

京东面临的挑战是：重布局是否也能实现真正的开放与互通。

刘强东的计划是，未来5年京东将在全国开设超过100万家京东便利店。其中，将有一半在农村，要做到每个村都有。而京东已在2015年以43亿元入股永辉超市，2016年还将1号店、沃尔玛等拉入同盟。

可以预见，与菜鸟网络整合“三通一达”类似，上述线下实体应是京东的整合内容。尤其是便利店，用物流与供应链连接京东代购、物流中转、票务预订等业务，这将成为京东开辟农村市场的前线“堡垒”。

有趣的是，这些便利店的加盟要求让人看到了当年中关村的“京东多媒体”：必须自带营业执照，为确保正品，京东还要收取质保金，假一罚十。

刘强东常说一句话：“不妄想走捷径，不坐等天上掉馅饼，靠汗水才能赢机会，有价值才会迈向成功。”20年前，那个叫“强子”的摊贩最多只能影响周围几个中关村摊贩；现在，这位B2C大佬的影响力将要触及拥有7亿人口的中国农村。

考虑到阿里巴巴刚刚入股联华，拿下3 600家超市，我们的问题是，未来的零售业将会是小门店的战争吗？

事实上，无论是马云提出的新零售，还是京东将要挑战的便利店，最终目标都试图将零售业传统的“货、场、人”产销链条调整为“人、货、场”的新秩序，通过零售平台线上线下协同及上游厂商供应链的变革，实现个性化定制。

“6·18”前夕，刘强东主动披露了京东智能冰箱的研发进展：通过大数据与人工智能，可以提醒用户补货，进行推荐购买，甚至还具有一定的社交功能，为父母送去健康食品。

京东的战略是，基于京东云，打造连接管理平台和智能服务平台，通过与产业链中的芯片厂商、模组厂商、运营商、线上线下服务渠道整合，打造开放共享的综合服务体系。京东自主品牌dingdong音响所拥有的AI、智能叫醒等技术，目前已接入200多个国内外主流厂商的超过70个品类、1 000多种产品中。

因此，我们很有可能看到B2C电商的终结、全渠道C2B的崛起。

（五）刘强东的新角色

不过，与以往任何一次挑战不同，刘强东的“杀气”相较前几年还是温和多了。

这可能得益于2014年3月以后，刘强东与粉丝众多的章泽天相恋、结婚、生子，曾经只在圈子里活跃的“强子”，逐渐成为大众网红、“霸道总裁”，一言一行都备受关注。

刘强东似乎也很享受这种待遇，前两个月他就发了60多条微博，是圈子里的人中发得最多的。

如果超脱杀伐激昂的零售公司，京东就更像一家娱乐公司。除了最成功的产品“刘强东”，京东推出了京尊达配送服务，由一米八的大帅哥西装笔挺地配送Armani、Zenith等奢侈品；在校园里放置配送机器人，虽然走得很慢，但是在朋友圈里卖得一手好萌；京东甚至做起了“恶搞发布会”，模仿手机发布会的形式推出4款终结手机的另类神器，但目的还是卖手机。

从那个动不动就正义凛然的草根摊贩，到如今能一本正经地胡说八道“不觉得老婆漂亮”的娱乐大叔，刘强东在泛娱乐化的消费时代又适时地找到了时代赋予他的新角色。

过去的刘强东，可以理解为“轴”，也可以理解为“率性”。

刘强东对自己的定位有两条线：一条线是本我、自我，希望永远都不会发生变化，即便到了60岁还要简单、随意、随性。另一条线是管理线，很冷、很冰、很理性，必须不断学习、进步、成熟。

刘强东说，两条线并不冲突，一个理性、成熟的企业家，不代表一定要变得老奸巨猾。

须知，京东如今已是除淘宝、天猫外最重要的零售平台，创始人的持守，对依附于平台上的所有人都是最大的福音。

这些年，在仓储、物流、电商、金融服务等领域，刘强东每年都在放权，越来越偏向于找到合适的人，给其最大的授权。

我们可能会看到，京东的电商业务、物流业务、金融业务会形成相互独立的上市架构，带来“1+1+1>3”的结果。

走到今天，京东用了20年，最关键的时间其实只有10年。

刘强东的经历告诉我们，所谓不可战胜的秘诀并不高深，它就是每个人内心本来认为的那个样子。

李想：打造全球访问量最大的汽车网站

随着2009年汽车市场窗口期的彻底打开，除了传统的销售模式，厂商和经销商还将广告投放从电视、纸媒等大幅转向互联网，李想的汽车之家强悍的销售团队早已成熟，并等候多时。

李想买过11辆汽车，但他只喜欢一种驾驭感。

这种感觉像创业：白手起家的人，捕捉行业的风，相时而动地调整公司，快速发展的同时可能需要慢下来反思……然后超越竞争对手们，自己掌控着自己的命运，只为实现自由。

自由包括财务自由。他用6年时间将第一次创业的泡泡网做进行业前三名，用8年时间将第二次创业的汽车之家送到纽交所——2013年12月11日，全球访问量最大的汽车网站汽车之家上市，市值超30亿美元。

自由包括梦想自由。这个只有高中学历的昔日“80后”创业新锐，伴随着中国汽车产业的成长，终于实现了10年前网站创立之初的梦想：成为第一。

被问及买过的车中，哪个品牌最能代表自己的特质，李想选择了特斯拉。

一个具备互联网精神的创业者，选择了一个代表互联网精神的品牌，真的一点都不令人意外。

（一）隐身总裁与风口上的公司

在李想那个日均更新5条、粉丝47万的新浪微博里，有网友留言：想哥，你不研究哲学可惜了。

李想不研究哲学，而是总结了一套理论：相信常识、跟随用户、不说废话，这是总结自己。他顺便又总结了一套理论：了解自己、正确选择、高效执行，这逻辑适用于汽车之家的发展之路。

2004 年以后，李想几乎每天都生活在镁光灯之下，最夸张的时候，差不多每天都要接受一家媒体采访，因为需要。

度过了汽车之家创立之初的动荡，媒体关注无法再为其带来更多的品牌积淀和价值转化，李想便隐身幕后了，他对浮名虚利无感。

这给人们的认知带来一种断层，在此之前和之后听说李想的人，印象中是截然不同的两个他。搜索互联网上李想的照片，还是当年张扬叛逆的“京城四少”时的样子：刘海盖住额头，尖下巴，一脸青春痘。采访时，看见李想微博晒出的一张“杀马特”造型照片时，记者差点惊掉下巴：一向成熟稳重的他，竟然有这么放荡不羁的小时候！

其实，不只是李想，走过 10 年光景的汽车之家，现在也来到这样一个“蜕变”的时间节点。

2014 年，中国汽车销量达到 2 400 万辆，相当于 2013 年美、日、德三国市场规模之和。加上后续服务、二手车、汽车租赁，市场交易额达数万亿元。有人惊呼，除了房地产再也找不到汽车这样有前途的产业了。

行业的风口总会托起一些先行的公司。

据汽车之家 2014 年第四季度财务报告称，其 2013 年全年净利润达 7.487 亿元，同比增长 64.1%，高出同行业第二名近 3 亿元。而其 CEO 秦致透露，基于汽车之家 2015 年 1 月和 2 月的数据，其移动流量已经超越了 PC 端。

北京中关村电子大厦，从汽车之家所在的 7 个不同楼层眺望天际线，你能无比真实地一览中国企业的各种高度：优酷、联想、新浪、新东方们的霓虹 Logo，在或远或近的夜空中闪烁。

风口又来了，汽车电商、汽车后市场，汽车之家会不会再次成为那头飞天的猪？

（二）用互联网的速度横扫一切

2003年以前，挤在中关村唯一的355路公交车里，李想和同事们最大的“汽车梦”，就是把这辆公交车买下来。直到3月的某天，他拥有了自己的驾照，第二天就买了辆大众Polo。而这也是汽车之家的开始。

李想喜欢新东西，对于人生中的第一辆汽车格外看重。国内那些所谓的最新款车，其实往往是国外淘汰的老车型。他选的这辆Polo，是为数不多的跟国外同步上市的款型。对于中国消费者而言，汽车属于大件物品消费，需要长时间地搜索相关信息后，才可能做出购买举动。车市信息从何而来？汽车经销商市场分散、行业信息不透明，这无疑给了汽车垂直网站机会。

但浏览了上百家汽车网站，无论是门户网站的汽车频道，还是汽车类垂直网站，都让李想陷入信息洪流，且难辨真假。

汽车之家前媒体业务总监韩路对当时的行业生态非常痛恨：“汽车厂商给你10万块钱你就得闭嘴，该删帖删帖，该写枪文写枪文，双方就是一种简单、粗暴的买卖关系。”

对，这又是一个互联网式的创业开端：自己不爽，就做一个用户体验更好的东西。

彼时，李想算是第一次创业成功。IT网站PCPOP（泡泡网）当年的广告营收从50万元跃升至200万元，但行业地位始终徘徊在第三名无法突破。在赢者通吃的互联网食物链上，不做第一迟早会被淘汰。年仅22岁的李想无计可施了，他还不懂管理，抵触营销，错过了IT网站发展的窗口期，甚至竞争对手一夜之间就能挖走他几乎所有的编辑。找一个新的领域做到第一名，是李想经常思考的事儿。

李想曾考察过3个市场：房地产、旅游和汽车。房产中做得最好的是搜房网，旅游中做得最好的是携程。进一步分析，李想发现，搜房的核心武器是其遍布全国的数百个线下团队，携程的核心武器则是几千人的电话呼叫中心，凭PCPOP的100多号人，显然无法与之抗衡。但汽车行业尚未发力，处于卖方主导的市场，数百家汽车网站地位低下，不但没有话语权，对待用户也是粗糙敷衍。

最让李想看重的是，PCPOP虽然错过IT产品从卖方市场向买方市场转型的窗口期，但汽车产业的窗口尚未打开！他决定赌一把，赌窗口期到来时，自己已经做好成为第一的所有准备。

2005年6月，汽车之家上线。

那时，没有人听说过互联网思维或用户思维，但从高中时就在经营个人网站的李想却已具备相关意识，用他的话表述："用户需要什么你就干什么，别废话，也别讲理由。"

韩路在汽车之家的工号是8，他的成名作是一篇名为《首试速腾1.8T自动挡》的文章，那是刚刚崭露头角的汽车之家首次受邀参加新车试驾活动。至今仍可查阅，这篇文章的发布时间是24:47。

当时大家的普遍做法是，试驾一周后发布厂商给的通稿和图片，就算格外重视了。李想拍着桌子问：用户要什么？第一时间看到最新资讯，那么新闻就一定要连夜发。用户讨厌什么？全是千篇一律的通稿。那我们就得发原创文章和图片。

搞笑的是，同行成立了一个"不当日更新联盟"，当然，这无力阻挡汽车之家以一个真正的互联网媒体的速度横扫一切过时的激情。

之后，汽车之家做了互联网媒体应当做而同行没做的各种尝试，比如建立更完善的汽车数据库，周六、周日更新资讯。上线6个月后，汽车之家流量排名进入前五，两年后稳居第一！

李想感叹："这个社会还远不到拼天赋的地步，比别人多付出5%的努力，就有可能拿到比别人多200%的回报。"

（三）从深耕到生根

如今，李想早已转任公司总裁，主管内容及与用户相关的业务，且要向CEO秦致汇报工作。

创始人主动让位，这在任何一家企业都堪称奇观。但这里没有博弈、权谋与“背后的故事”，李想觉得一切理所当然：“创业者的第一任务是带领团队去赢，成为第一。我能做到第一，我就去做；我做不到第一，就去找能做第一的人。”

如果说李想实现了汽车之家的“从0到1”，那么实现其“从1到10”的人，正是秦致，一个补上李想短板的人。

当24岁的李想在北京买了一套100多平方米房子的时候，大洋彼岸，35岁的哈佛MBA秦致在麦肯锡谋了一个职位，每天做各种各样的PPT。有一次，经理要求他按照格式调整页码中的数字和圆圈，为此他花了整整两个钟头。“我读书吃了那么多苦，我上了哈佛，我进了麦肯锡，我就在这里挪泡泡?”

入职4个月，深感工作毫无价值的秦致回国了，入职蔡文胜的上网导航网站265.com。他与李想的第一次接触，也发生在这一时期。秦致发现，汽车之家是个质量很高的网站，有很多创新之处，但却丝毫没有推广和营销，这使得依靠用户口碑小有名气的汽车之家盈利能力十分有限。2007年，当265.com被Google中国收购后，秦致选择加入汽车之家，工号38，履新总裁。

秦致很快找到问题的关键：当年1—6月，汽车之家的广告收入只有100万元，而仅有的3人销售团队不但和PCPOP捆绑共享，其中1人还在休产假。事实上，不是汽车之家不能营销，而是李想本人压根就没想过这事儿，他只是单纯地想让更多汽车产品爱好者知道并喜欢汽车之家。至于盈利，不是有客户自动来投广告吗?

秦致做得最为影响深远的事情，就是迅速组建了汽车之家的独立销售团队。

在很长一段时间里，广告收入占据了汽车之家总收入的七成以上。那时，汽车网站的客户大多来自4A公司，当4A公司为各大汽车厂商做提案时，其创始人都会跟着一起去。秦致作为海归精英、资深职业经理人，不但在气质上显得气度不凡，还能用一口流利的英语直接与潜在客户沟通交流，更容易获得他们的信任。

效果显著。2007 年 8 月成立的独立销售团队，到年底时创造了近千万元的营收。而随着 2009 年汽车市场窗口期彻底打开，厂商和经销商将广告投放从电视、纸媒等大幅转向互联网时，汽车之家强悍的销售团队早已成熟并等候多时。

秦致做的第二件颇具影响力的事是，低价拿下了当时中国所有的上网导航站点，这是他在 265.com 工作时获取的经验。上网导航网站，是中国互联网发展史上独具特色的产品，最为知名的是 hao123。凭借这一举措，秦致入职半年后，汽车之家日均浏览量就从 1 000 万猛增至 2 000 万，将同类汽车网站远远甩在后面。

新官上任三把火，秦致的第三个举措是建立了汽车之家的科学管理体系。此前，汽车之家只有不到 30 人，李想吼一嗓子就能将任务布置下去。而要想更长远地发展，则必须将管理变成一项制度。秦致举了一个例子：两个酒店老板，A 在大堂看见桌子上的杂志未及时归置，会把相关员工叫过来骂一顿；而 B 则会回到总部，找来相关副总问："咱们的管理是不是出问题了？"

这些都是李想无法靠自己在短时间内完成的任务。

2012 年，深耕行业 7 年的汽车之家谋划上市。上市钟响的那一刻，如同为这 7 年一步一个脚印的奋斗做了一个交代。

（四）争夺阿拉丁

纽交所二楼小阳台，木槌敲响。

这是 2013 年 12 月 11 日，纽约最冷的月份，汽车之家上市了。很快，开盘价出来了，30.16 美元！这意味着汽车之家市值 30 亿美元，是行业排第二名的易车网的 2.5 倍。

李想沉默不语，悄悄发了条微博："天冷，心热。"

两年前，就在这个小阳台上，易车网敲下汽车网站上市的第一槌。那时，人们都以为汽车之家输了。此时，人们惊地发现：汽车之家的“落后”，其实只为了厚积薄发。

10年拼杀，在汽车网站江湖上，多少前辈、大佬或销声匿迹，或泯然众人。金字塔尖之上，稳健如汽车之家，激进如易车网，实则是汽车网站两个门派的征伐。

汽车之家是互联网派，简单一招“说人话”，就干掉了不少豪杰。那时，“技术流”是一种时髦。介绍一辆汽车，同行们纷纷将之解剖成直径、材质、磨损度等专业词汇，汽车之家用的句子却是“杯架能放下一瓶脉动或一瓶可乐”。网友们当然选择后者，谁看得懂“杯架8厘米”和“杯架10厘米”有什么区别。

彼时的大环境，门户网站尚未没落，垂直网站正在崛起。李想认准“内容为王”，吸引了一批气味相投的编辑、车评人和论坛版主加盟，“粗略统计，贡献了互联网80%以上的原创内容”。很自然的是，用户海量涌来，而且黏度极高，一度创下平均每人16.4分钟的访问纪录。

这些活跃度高、黏性强的用户，不但是汽车厂商、经销商的精准潜在客户，还能为他们投放的广告带来更真实的访问量，从而提高转化率。也正因如此，汽车之家的商业模式一直比较传统，主要收入来自广告，汽车广告、经销商广告分别占其总营收的60%、14%。广告之外的营收来自经销商会员服务，占总营收的26%。

易车网自然也不随大流，它的法则分外彪悍：不就为了挣钱吗，做什么劳什子内容，直接服务出钱买单的汽车厂商、经销商，岂不痛快？它直接把自己打造成汽车营销、咨询平台，主打数字营销和网络广告服务，闷声发大财。2006—2009年，短短3年内，易车获得了4轮共计3 787万美元的融资，终于在2010年成为业内第一家上市的汽车网站。

汽车之家和易车网，一个成了流量第一，一个成了盈利第一。然而，蛋糕做得再大，也有极限。

根据第三方产业调研公司LMC Automotive的统计数据显示，按照新车销售量计算，中国早已成为全球最大的乘用车市场。汽车厂商营销预算直线上升，并且更大比例地向互联网公司投放广告。要更大份额地抢夺蛋糕，流量成为汽车网站取信广告商的重要砝码，大战一触即发。

抢夺“阿拉丁”，是汽车之家和易车网的第一次正面交战。

所谓“阿拉丁”，可以简单理解为百度的流量交易项目。2014 年，很少为流量花钱的汽车之家突然斥资 2 亿元，与该项目达成合作。这意味着，百度将在搜索页面的最上方独家展示汽车之家提供的车型、图片、评论和经销商信息。而在这之前的 3 年，与百度进行独家合作的是易车网。与之相关的解读迅速出炉，有人称“阿拉丁事件”标志着汽车之家和易车网的彻底“换位”。

值得一提的是，汽车之家的“逆袭”并非“阿拉丁事件”的结局。当天，易车网宣布获得阿拉丁移动端的独家合作权。

竞争手法的变化，往往预示着企业和行业均发展到了一个新的节点。

（五）下一步与一段路

2013 年初，李想说：“是时候了，我们应该搞个大的。”

复盘国内垂直网站的发展，我们能清晰地看到一条相仿脉络：先做大基础平台，再发力价值服务。无论是 58 同城的“58 到家”，还是美团的“猫眼电影”，莫不如此。对于已经完成用户原始积累的汽车之家，下一个引爆点在哪里？

事实上，能够产生爆炸效应的方面有很多：访问量排名第一的资讯（导购信息）、高质而精准的海量用户（潜在消费者）、上万家合作服务的汽车经销商（供应链）……李想的选择是汽车电商。

这一年的 11 月 11 日，汽车之家发起第一届“疯狂购车节”，通过彼时还未成气候的 O2O 模式，成就一个串联起经销商和消费者的交易平台。筹备期很短，仅仅 5 个月，耗资 5 000 多万元，汽车之家 5 名高管带着 300 名员工专职投入。

首先，他们要取得汽车经销商的信任。2014 年，国内经销商全行业亏损面达70%以上，虽然该数字并不被业内全然接受，但多少能反映出行业发展的困境。汽车之家的电商平台通过预付定金、短信确认等方式，能为困境中的经销商带来转化率最高的精准消费者。通过一家一家的争取、谈判，最终，有7 000多家4S店参与进来。

其次，要赢得消费者的支持。一直以来，购车市场信息不够对称，价格不透明。秦致举例，一辆车标价19.2万元，但最终成交价可能是20万元，其中还包括了脚垫、套装、洗车打蜡等服务，而实际上所有这些服务在另一个店可能只需2 000元，“互联网的消费者并不在乎这个东西是贵还是便宜，他在乎的是不要被骗。多花6 000元，用户就会很心痛”。而线上订车，信息显然透明得多。

在一边争取经销商、一边赢得消费者的同时，汽车之家重金投入，营造“节日氛围”。从当年9月开始，陆续投入3 000多万元，将广告砸向搜索、网址导航等互联网入口；继而又拿出1 000万元采购了上万张价值千元的加油卡，以奖励参与“汽车双11”的消费者。

最终，在11月11日的24个小时里，汽车之家卖掉了15 000辆车，交易金额达22亿元。这相当于30家4S店一年的销售量。

真正的成功来自第二年的第二届“疯狂购车节”。有了前一年的经验，汽车之家对活动进行了迭代升级：第一，和厂商、经销商签订更严格的协议，保证信息透明度；第二，打造全款购车的概念，彰显交易真实性；第三，搭建一套连接汽车之家和经销商后台的交易系统，更直观地检测库存和交易额；第四，上线专门的汽车交易平台“车商城”，并与京东开展合作，互相导流。

这一次，汽车之家不但实现了25 229辆汽车的销售量和39.31亿元的惊人交易额，投诉量几乎可以不计，更为关键的是，获得了上游汽车厂商的重视。

那晚，一汽丰田相关项目团队一直守在电脑前，检测交易数据。没想到，凌晨时分，他们的车就被卖光了。经过紧急开会讨论，丰田追加了一笔预算。不料，没过几个小时，库存又被卖光了。他们又紧急加钱。一开始，丰田觉得这不过是个事件营销活动，第二次加钱时，他们的态度大变，明确表示要考虑长期与汽车之家合作的电商销售模式了。

汽车线上销售对整个行业影响深远，对汽车之家又意味着什么？

汽车之家以前提供的是汽车销售前端服务，而现在，李想是在尝试将服务更进一步向汽车销售后端延伸。汽车电商不过是其纵深化发展的第一步。

第一步成功了，道路也随之出现了。

（六）捕风者的素质

对于很多人而言，2013 年是一个云淡风轻的年份，但是在中国互联网领域，这一年被称作“汽车电商元年”。

如今试水汽车电商的玩家主要分为四类：以汽车之家为代表的汽车垂直网站；以天猫、京东为代表的 B2C 平台；以一汽为代表的汽车厂商；以新浪为代表的门户网站。四大玩家依托各自的资源展开角逐，或是单兵作战或是合纵连横，一时间高潮迭起、精彩纷呈。

当然，汽车电商仍有很长的路要走。汽车毕竟不是手机，它的服务链条更长、更复杂，汽车电商在库存、价格、支付、物流、提车等每一个环节都有问题需要克服，且难以绕开这些汽车厂商或经销商。秦致也提到，他们其实是将 4S 店成本最大的一部分搬到网上，从而节省成本提升服务质量。因此，汽车电商真正的未来，包括汽车之家，还在探索中。

李想没有一味等待。在汽车电商尚处于试水区的时候，又一个卖方市场向买方市场转型的时期出现了，一切如同汽车之家诞生之初的样子——汽车后市场。

所谓汽车后市场，是指汽车销售以后，围绕汽车使用过程中产生的各种服务，涵盖了维修、保养、零配件、保险等领域。据中国连锁经营协会发布的《汽车后市场报告》，2015 年中国汽车后市场规模已达 6 000 亿元。

汽车之家发布“养车之家”App，可视作李想发力汽车后市场的尝试。目前，这款 App 的服务范围还只限于北京地区。按照秦致的说法，汽车之家将在 2015 年实现全面移动化和电商平台的搭建。

事实上，此时的汽车之家已经不是那个仅仅靠“内容为王”取胜的垂直媒体，它正试图用更多的产品线，打造起一条“导购—交易—支付—社交”的闭环链条。现在的汽车之家，已然是个媒体型电商平台。或者，按照李想的说法，用户需要什么，汽车之家就是什么，无论是媒体还是电商，网站还是移动，“其实，我们是家互联网公司”。

值得注意的是，汽车之家诞生于门户网站向垂直网站过渡的年代，而现在的移动互联网时代，风口存在于更垂直、更细分的领域。而在每一个细分到极致的市场里，都有可能诞生一个赢家通吃的颠覆性企业。例如，在汽车之家刚刚切入的后车市场移动端时，就有获得500万美元融资的e保养、刚拿到1 200万美元A轮融资的易快修等。

这就是身处商界的宿命，不停捕捉风口，不停改变方向。互联网的今天催生一夜暴富的新贵，互联网的明天也将埋葬他们，所以李想曾把自己创业的第一个网站叫作泡泡，泡沫的泡。

10年过去了，李想把自己的公司做到行业第一，推到了纽交所。如今，他又面临新的考验。

李想式回应也来了:“布什么局？一个人必须有胳膊有腿，用户需要的我们就去做，这事儿对我们就去做。”

李想把未来总结完了。

罗永浩：一个商人的自我修养

2014 年，随着互联网在产业中的飞速渗透，在政策和市场因素双重作用下，互联网行业正面临着前所未有的机遇。

面对创业路上层出不穷乃至惊心动魄的问题，创业者需要拥有哪些基本的能力和心态？

愿景和情怀，韧性与较劲，高尚与庸俗，罗永浩的锤子之旅充分说明：一个满怀腔调、自觉品位极高的书生撸起袖子来从事商业时，想不庸俗，那是不可能的。创业是条“塑形”之路，即便硬得像块石头的罗永浩也不得不面对商业的风吹雨打。相比认真，另外的品质同样重要，比如系统性的管理能力，比如面对人情世故时的平衡和妥协能力。

罗永浩是这个互联网时代的“话题星球”。

回到今天的罗永浩，回到今天这个剧烈变动的时代，彪悍、叛逆、幽默、独立、诡异的罗永浩，究竟能够给这个全民创业的时代带来何种思考？

（一）“情绪基本稳定”

一年多以前，位于北京望京的摩托罗拉大厦迎来了新的租户，从中关村搬来的一队人马，开始将这座大厦的第 7 层和第 10 层渐渐填满。

搬家那天是典型的北方初夏，轰隆隆的雷声响彻城市天空，雨点“啪嗒啪嗒”地拍在落地玻璃窗上。联想到硬件通信领域的巨头跌落，发生在商业舞台上的风云对决，并不比自然界来得温柔。

搬进大厦一年多，锤子科技仍然没有更多的装修，摩托罗拉以世界各大城市命名的会议室依旧原封不动地保存着，据说连地毯都没有换。但入口处前台醒目的锤子LOGO，以及办公室墙上贴着的“你只管认真，我们帮你赢”的粉丝签名海报，都在强烈地提醒来访者，这不是一家平静的公司。

最近的一场风暴是关于产品降价。

自锤子科技官方微博正式公布降价开始，网络上已经炸开锅，曾坚称锤子手机“定价如果低于2 500元，我是你孙子”的罗永浩，被一些网友抓住不放，戏谑他自己“打脸”。

2014年10月27日，一方面，罗永浩忙着向公众说明锤子手机降价的原因：错过了产品的销售黄金期，准备清理3G库存；另一方面，却有江湖传闻说锤子科技最新一轮融资失败，已经顶不住了。10月30日，Smartisan T1在天猫旗舰店正式降价开售。

10月31日，罗永浩与他的公关团队浩浩荡荡赶去某知名网站“解决一些问题”。车上，罗永浩又读了一篇关于锤子科技的最新报道，内容是：有未经证实的消息称，锤子科技的ROM团队集体辞职。身边人形容，看完报道“老罗情绪基本稳定”。

11月1日，情绪基本稳定的罗永浩接受了《商界》杂志的专访。他穿着那件标志性的黑色衬衣，略有些疲惫。

“我们一下子降了1 000元，导致早期用户心理上不能接受。另外，我平时很嚣张，有人喜欢看我栽了。我降价他就觉得我栽了。”

锤子手机大概是有史以来在最激烈争议中诞生的国产手机，因为其创始人是在最激烈争议中斯杀的罗永浩。

抛开其他，罗永浩和他的手机已经成为互联网时代的一个现象。

公布的两次融资共计2亿多元，B轮融资后，公司估值达10亿元。两年出产的第一款手机Smartisan T1定价3 000元，在发布会后，以预付款300元方式的订单量在 48 小时内达到了 5 万部。

调价开售 12 小时内，3 个版本的 T1 手机在锤子科技天猫旗舰店共卖出 15 000 余部。“双十一”促销当天，共售出 12 792 部，在天猫购物节的手机品牌旗舰店中，排名第四。

这些数字和同行相比看起来没什么分量，但如果我们展开国产手机行业血腥拼杀的背景，意义就丰富多了：据工信部统计，到 2013 年，已备案的国产手机生产企业超过 700 个，叫得上名号的对手，如小米、魅族、联想、华为，要么是硬件出身，要么是资本大佬，且都已经迭代了 4～5 款机型，合计销量占 90% 的市场份额，这是一个几乎没有生存空间的红海，但后来者锤子科技却硬生生地开辟了一条通往彼岸的航线。

在这个谁都能做手机的时代，罗永浩究竟是成还是败？

（二）“这并不是我想要的结果”

罗永浩本想象自己与“约架”而来的王自如在摄影机前谈笑风生，自己会有理有据有节地指出王自如负责的手机测评机构 Zealer 对锤子手机测评的不实之处，然后两人握手言和，笑眯眯地退场。

第二天，罗永浩在公司管理会上做了检讨。

他没忍住。在演播室门口一见到王自如，“我第一冲动就是想把他拉到墙角打一顿”。

所有看过直播的人都知道，罗永浩没“赢”。他以雄辩的口才和大量的事实击溃了王自如，但辩论之前，王罗两人的网络支持比为 1∶1，辩论之后也仅为 1∶2。老罗在气势上的咄咄逼人，使得网络注意力偏了题。大家记住了“约架”，忘记了锤子，更有人偏向了“弱势”的王自如。

当天晚上，锤子公司硬件副总裁钱晨没有和公司其他员工一起围在电脑前观战，他在家默默地看完了视频。“看完以后，我心里有一种凄凉。”

罗永浩曾跟钱晨讲过他小时候和哥哥打架的事。每次哥哥打不着他，他就喜欢在旁边说话气他哥哥。“看到别人来劲儿的时候，他就喜欢用气人的方法去解决问题。”钱晨说，“这是一种非理性企业家的劲儿，有时候不一定能得到掌声。”

这种“非理性”，恰好是罗永浩混迹江湖的最大风格——你骂我，我就狠狠骂回去。

一点就燃。在创办锤子科技之后，罗永浩陷入了关于其本人、锤子手机、其他国产手机等话题旋涡，凡有不利的言论，罗永浩见一个“灭”一个。有网友说，老罗是不断地在给锤子手机“拉仇恨”。

这次与王自如的“互联网第一约架”，本是锤子一次难得的正名机会。这个8月，是锤子科技成立以来的一个艰难时期。

在这之前，2013年3月，锤子出品的ROM（手机操作系统）在发布会现场演示时出错不断、真机发布时间不断跳票……漫长的调试时间过去后，罗永浩终于等来了成功的T1手机发布会和大量的订单。

但在准备交货的2014年7月，产能又出了问题。在交货和解决产能问题的双重压力下，罗永浩非常焦虑。

8月，Zealer的T1手机测评出炉。针对测评视频中“说错的和有意歪曲的部分”，锤子科技的工程师列了一条长长的清单。老罗准备将之写成长篇文章在社交媒体上进行回应，埋头写了一大半，感觉不对劲。

Zealer的测评视频点击量通常在百万左右，观众基本都是锤子的潜在消费群。“即使我们的回应文章被1 000万人转发，也不能消除测评视频的负面影响。”

更加焦虑的罗永浩召开了一次高管会议，讨论做现场对质的可能性。高管们支持、反对各占一半，最终达成一致：“如果现场处理得当，就会加分。”

现场的工作自然由罗永浩一力承担。罗永浩花了两周时间备战，与此同时，公司的大批工程师驻扎在工厂里没日没夜地处理产能问题。

终于，面对摄影机，当着30万在线观看直播的网友的面，罗永浩的暴走像一次情绪宣泄。一场本是用事实说话的理性对质，变成带着个人情绪的尊严之战。凡是涉及锤子的问题，就是触碰了老罗的底线。老罗这个“爆点”曾是锤子手机最大的招牌，或许正在成为公司最大的软肋。

晚上回到家，罗永浩点开重播，发现自己“很凶恶”。他说：“这并不是我想要的结果。”

（三）一个“战士”的尊严

罗永浩看重尊严，这意味着“体面”。就连说起自己和哥哥，都以此为标准：“我惹的是体面的麻烦，我哥哥惹的是难堪的麻烦。”

比如说，兄弟俩上课看课外书，老师请来家长，罗永浩看的是《罗马帝国衰亡史》，哥哥看的是《金瓶梅》。兄弟俩和外人打架，哥哥经常惊动父母去医院；而罗永浩平时有些积蓄，该赔钱就偷偷在外面赔了，一般的事捅不到家里来。

老罗为什么要下海？也是因为“知识分子要活得有尊严，就得有点钱”。

在演讲中说起自己，他从 1990 年至 1994 年先后做过摆摊、期货等生意，甚至走私过汽车。

但是，这些都没有让他“有点钱”。当然，很多人还知道老罗在商界待过：当年这个“社会闲散人员”凭借一封万字求职信，向新东方争取到“百万年薪”的英语老师职位；与人合伙创办牛博网，虽没盈利但社会影响力巨大；改行创办“老罗英语”培训学校，在第一年就亏了 300 多万元。但老罗英语的退班率是 5%，且之后招生每 100 人里就有 12 人是老学员推荐的。3 年后，公司盈利了。

更多人不知道的是，罗永浩通过经商意识到了，即使不懂人情世故，不与同行一起“耍流氓”，生意也能做得下去。这就是“有尊严”。

这种已然具备的“尊严感”，支撑着老罗成长为一个“战士”，见“不平事”随时奋起，毫不嘴软，也带来了不少“铁粉”。一位在麦肯锡待过的朋友对罗永浩说：“如果你做一个品牌，瞬间就能起一个很大的量。”

罗永浩不负众望地选择了所有朋友都反对的手机。在这个“产业链太长，操作起来复杂性极高，资金门槛也高”的行业里，罗永浩用两年时间发布了第一款产品。他的过往经历和个人鲜明的风格造就了锤子品牌的高起点。

一场新品发布会，成了罗永浩最为成功的“演讲”，观众们为那句“我不是为了输赢，我就是认真”而掌声不断。会后，锤子科技在两个月内接到了总计近10万份已交300元预付款的订单，其中还不乏全额付款订购的用户。

这是否是罗永浩找到“尊严感”的顶峰？之后，外界对锤子的质疑不少，对老罗来说，这就像是挑衅甚至践踏一个“匠人”的尊严。

对，老罗将自己定位于一个做手机的“匠人”。他有一幅海报让人印象深刻：在摆满图纸、画标、零件的桌子前，罗永浩戴着眼镜，弓着腰，埋首案头雕琢写画。

当然，他还有一幅海报更加深入人心——背向观众，手握锤子，红色头巾飞扬，杀气腾腾。

哪一个才是老罗心中的自己？哪一个才是大众眼中的老罗？

（四）“罗粉”与正规军

“你是一个有物欲的人吗？”

2012年的一天，朱萧木接到罗永浩的电话。从牛博网时代起，老罗就是朱萧木的偶像，后来在美国学建筑设计的朱萧木还特意回国，准备跟着老罗干，成为老罗学校的英语老师。

朱萧木表示没听懂。“你喜不喜欢精致、精巧的东西？”罗永浩接着问。朱萧木答“是”。罗永浩又问：“喜欢手机吗？有没有兴趣来一起做？”

在新中关大厦的12层，老罗英语隔壁的一间小屋里，朱萧木佩戴上工号0001的工牌，锤子科技便正式成立了。此时公司仅两人，罗永浩是“大产品经理”，朱萧木是“小产品经理”，两人把市面上主流的智能机全都买回来，摆满了办公桌。

最初的锤子科技，似乎确实是“罗粉”和“英语老师”组成的。

罗永浩招兵买马，首要的目标就是建立顶尖的设计团队。他在国外著名的UI设计论坛Dribbble潜水多年，上面人气最高的中国设计师肖鹏当时还在百度工作，老罗直接跑到百度楼下约肖鹏吃饭。聊了几次，肖鹏就过来了。他不但过来了，还说服了一帮优秀的设计师加入。

而软件工程师却让罗永浩碰了壁。一听说哪个工程师不错，罗永浩就会去聊。但他发现，"动之以情，晓之以理"也搞不定这帮人。

最初，仍然是"罗粉"填补了空缺。罗永浩通过网络招聘，一个来自上海的工程师向他坦白：你这个项目我不太看好，但也不是完全看衰。我愿意陪你试一两年，如果做黄了，我就去重新找工作。

从几百份简历中，最终面试留下来的六七个工程师，基本都带着这样的心态。然而，正是这批因为共同价值观而走到一起的"罗粉"，形成了锤子最初的凝聚力。在后来具有丰富软件研发经验的蔡辉耀通过投简历加入锤子之后，这些元老工程师都成了蔡的下属。

最初仅十多人的团队，在罗永浩的带领下跌跌撞撞地摸索。每天8小时的产品会后，后半夜通常是例行的夜宵和老罗为大家鼓劲的演讲。

朱萧木记得，老罗滔滔不绝的时候，大家都是埋头猛吃。但每个人都很兴奋，期望一起"做一件很不一样的事"。

现实总是残酷的，由于缺乏经验和人手，在2013年3月的ROM发布会前，不管是ROM本身还是现场演示，在临近最后一刻仍在仓促地准备中。发布会一结束，朱萧木立刻打开手机，查看微博的转发和评论。

"被骂蒙了。"后来他发微博说，"直面这成千上万的百分百差评狂潮，第二天没敢看手机。"然而，就是这样一场被外界"百分百差评"的发布会，却打动了现场的另一群观众。

钱晨就是其中之一。

3年前，钱晨向他工作了10多年的摩托罗拉递上辞呈，离开那天晚上，谷歌宣布收购摩托罗拉。摩托罗拉的时代结束了，他想，也许自己应该退休了。

在此期间，罗永浩这个“比较专心、做事比较用脑的胖子”纠缠了他半年。在锤子ROM发布会之前，钱晨给自己在摩托罗拉的老同事打了一圈电话，邀请他们去观看发布会。

这群代表了摩托罗拉时代最顶尖技术的硬件团队，突兀地坐到了一群狂热的粉丝中间，他们为粉丝的热情而咋舌。事后，钱晨让老同事们谈谈看法，要不要到这么一个创业公司里去干点事？

2013年7月，钱晨领着这群观众走进了罗永浩的办公室，罗永浩打趣说，来了一帮正规军。

对于自己不懂的领域，罗永浩采取了完全放权的管理方式。按照钱晨的要求，罗永浩后来在摩托罗拉大厦10层为硬件团队划分了一个独立区域，放手让他们“按照摩托罗拉一条几十年摸索出来的、比较成熟的研发流程走”。

硬件团队以一种“摩托罗拉节奏”快速地拉动了锤子的前进，到2014年3月，“我们回头一看都吓一跳，这么小一个团队，做了摩托罗拉400人团队做的事。”钱晨说，那时锤子的供应链部门只有2个人。

正规军的节奏终究也避免不了小公司的问题。“公司底子太薄，小厂商和新厂商在供应链上不吃点苦头是不可能的。”钱晨说。在产能出现问题之前，他已经反复给老罗打了预防针，但问题真正出现时，钱晨才意识到，锤子在供应商那里没有摩托罗拉那样的话语权。“我们胆子也很大，老罗提什么要求，都敢答应他。”

8月，钱晨带着30多人的硬件团队，集体睡进了富士康，整个部门在工厂里熬了3个月。钱晨很感慨：“在工作上我是一个很霸道的人，但光我霸道不行，还得有一帮配合霸道的人。”这是他在摩托罗拉很难体会到的。

（五）砸向锤子的罗永浩

在中国手机市场，高端品牌代表苹果通过软硬件的极致用户体验，打造了封闭却精致的“五星级套餐”；小米手机则用大资金、大规模、大销量，依托互联网营造生态，提供的是超高性价比的“超级盒饭”；锤子是另一种小而美的“私家菜”——锤子的形象如此棱角分明，因为其是在国内少见地把个人性格与品牌性格直接关联的产品。

“私家菜”的重点在于情怀，这种模式是否成功，言之过早，但或可追溯到中国人从国外品牌营销得到的一点启发。任何品牌大多和生活方式有关，关键是如何把产品和生活方式联系在一起。在中国，一种品牌要营造一种生活方式、生活态度，是颇为冒险的行为。

罗永浩就爱冒险。情怀模式的关键在于，第一，老罗能否把自己性格中的优点与产品结合。比如，在这个被磨平三观的社会里，锤子手机成为联络暗号，聚集起一群三观棱角分明、有“尊严感”的人。第二，锤子的软硬件设计风格都深深地嵌入了罗永浩的个人印记。比如，锤子手机正面有三个实体按键，要保证美观和手感舒适，工艺难度非常高。为了按压的手感，下面控制按压力度的配件也需要筛选。锤子的运营副总裁王岳几乎找遍了全球的供应商，当大多数硬件工程师已经觉得造出来的产品按压手感不错时，老罗依然认为“还不是理想的效果”。直到王岳找到了松下一个用于医疗器械的配件，才让罗永浩满意。

而软件方面，罗永浩每天使用锤子手机的体验都伴随着对软件部门的“折腾”。单他的意见，日历 App 修改了 20 多次。

我们很难讨论这样的“大费周章”是否必要，因为对锤子的评价标准不再是其本身是否符合优质智能手机标准，而是人们是否喜欢罗永浩打造的产品。这种偏好同样是组成情怀的一部分。

潜伏于前两点之下的关键点还在于，情怀之外，需要在商言商，包括渠道、生产线、产能、工艺成本与定价等方方面面。

关于严谨的测试。业内人士颇有微词的是，小米和魅族的第一款产品，都经过小范围公测，并在公测时获得了很多的反馈。相比之下，锤子的生产就显得有些仓促。锤子手机在内部测试后未经公测，而是送了几部给媒体朋友评测，顺便宣传，然后便面向大众，之后便是锤子的一些问题被曝光。

关于媒体沟通。在智能手机这个全然陌生的领域，蜂拥前来采访罗永浩的不再是他以前熟悉的文化、社会类媒体，科技、财经媒体正在用一些冷冰冰的数据测量他的情怀。连罗永浩自己上阵搞营销都被质疑：真正踏实做事的老板哪有那么多时间刷微博？

当任何一个环节出现问题，老罗在锤子前期为产品造的势便反扑冲击着锤子。老罗秉承着一贯的寸步不让，却让个人形象和锤子手机的品牌形象从“有个性”滑向“傲慢”。而傲慢的事物，总会带来更多的偏见。

这是罗永浩给锤子造就的“旋涡”。曾经同在“开炮式营销”旋涡中挣扎过的，还有周鸿祎。“红衣大炮”在商海洗礼中懂得了妥协与弹性。

老罗的下一步，正是要抛开相声演员的偶像包袱，开始学习做一个至少大众眼里正常的CEO。

（六）老罗告别老罗

国庆长假期间，罗永浩到日本的海边度了一次假。此时，锤子手机的产能问题已经解决得差不多了，但对于数码产品的销售时期来说，已经有4个月之久。7月初开始发货时，锤子手机预订用户中订单的逃单率仅2%～3%，但到9月中下旬时，逃单率已经达到了80%。很多退单的用户给罗永浩留言：实在等不了了，希望能买你们的T2。

然而，更多围观的消费者却对“罗永浩”这个标签望而却步。有人在锤子科技的微博下留言：“我不是认真，就是为了黑一把罗永浩。”

在柔软的海风和浪潮声中，罗永浩天天失眠。

回来之后，他与钱晨长谈了一次。钱晨说，你要做大事，就要有大心。你有大心，但如果由着性子来，就是还没意识到你在做大事。罗永浩在房间里走来走去，他很焦虑，“看起来甚至有点悲伤”。

在钱晨看来，罗永浩其实已经改变了许多。“他以前会在公司里乱骂人，说到生气处就开骂了。”在公司内部，这并不新鲜。大家统一采取冷处理的办法，如此一来，罗永浩发现，自己发起火来大家都会停下来等他发完火再继续，这会严重影响讨论进度或决策效率。他开始控制自己。

在对外上，罗永浩曾自信能处理锤子科技的一切营销和公关问题。“如今要做一个新的数码消费品，你没有宣传上的巨额资金投入和成本，又要迅速扩大知名度……我的宣传对我们公司在初期是至关重要的。”起初，罗永浩甚至把团队刻意“藏”起来，不轻易接受外界采访。

于是，锤子手机是由“一群英语老师和罗粉生产”的猜测满天飞。一个朋友提醒他，锤子科技的微博评论都说锤子手机好，但你的微博评论都是说锤子手机差。

10 月 19 日，罗永浩发布了一条微博：“从来没有一个如此美好的产品和品牌，遭遇过如此大规模的误解、诬蔑和诽谤。”老罗说：“我要对这个结果负全责。”

他还转载了一条“未管住自己嘴巴惹众怒的 9 大 CEO”的微博，说以后很多观点不会再公开讲了，这是职业身份带来的责任。

有朋友说他肯定憋不住。老罗说，为了锤子，他想安静多久，就能安静多久。

今年 12 月，罗永浩的第四场“一个理想主义者的创业故事”将在北京开讲。老罗说，这可能是最后一次。

演讲门票的背面，印着那张罗永浩坐在工匠台前的著名海报图，但图里只剩下了一个工匠台，罗永浩不见了。

王兴：百战成王

如果问王兴喜欢什么歌，他会条件反射地反问：“你指听的歌，还是唱的歌？”

这显然是理科男特有的逻辑思维方式。

王兴喜欢什么电影呢？

答案居然不是《星际穿越》，而是《教父》和《七武士》。

如果将王兴领导下的美团发展历程看作一场宏大的战争，其中确实充斥着无数场关键战役——这里充满现实世界的人性观察与成败进退。

从2010年创立美团开始，王兴以他精密如电脑的头脑“连续做出最正确的选择”。美团这个原本仅有10余人的团队，仅用4年的时间，便成长为人数过万、年交易额达到460亿元，占据行业市场60%以上份额的庞然大物。

乱世名将，百战成王。但这会是王兴的未来吗？

（一）种子已经埋下

王兴顶着他标志性的短圆寸头，戴着圆框眼镜，走进美团位于北京望京总部的办公室。

想与孩子搭话，最好带上糖果；要引起王兴的注意，你则需要一款电子产品。王兴一眼看到记者随身携带的 kindle，伸手把玩，头也不抬："这是个好东西，能改变传统书籍购买和阅读习惯。"

是的，这位美团 CEO 不想与记者过多讨论美团刚完成新一轮总额 7 亿美元的融资——借助这笔生活服务电商领域有史以来金额最大的融资，美团的估值达到 70 亿美元，成为当时中国 O2O 领域估值最高的公司。他对传统问题的讨论兴趣不大，很快就心不在焉，但是要说起可穿戴设备、智能家居或是外太空，他就会不由自主地眉飞色舞、语速飞快。

所以说，王兴更像一个互联网极客，从长相，到行事风格。

在过去的 10 年中，王兴被扣上一顶褒贬不明的"连续创业者"的帽子。他带来了中国版 Facebook 和 Twitter——校内网与饭否，这两者其实是极客王兴对互联网创新事物的直接反应与试验田。他沉迷于 0 与 1 构成的虚拟世界，细抠产品的每一个像素。但兴趣产品落脚于真实世界终遭遇挫折，如今校内网已归属他人，饭否一度被关闭。

只是种子已经埋下，SNS 社交网站深刻地影响了民众的上网习惯。对王兴本人而言，他一直相信互联网能改变一切，科技是第一生产力，只是需要找到一个发力的角度。

终于，团购这个堪称完美的模式出现了。

团购网站帮助商家推出低折扣商品，消费者如果看中团购内容，就下订单付款，马上手机会收到团购网站发送的唯一密码。消费者拿着这个密码在指定时间范围内到店家处直接消费。在这个链条中，消费者不用承担风险，体验成本降低，商家也能够精准投放宣传，而团购网站更没有物流成本，盈利主要靠成交费的差价和销售抽成，可谓彻底冲击了传统买卖模式。更重要的是，团购模式是互联网极少见的预付费、能立即见到现金流的商业模式。2010 年美团成立前后，各路竞争对手裹挟着资本一哄而上，从"百团大战"打到"千团大战"。

5 年时间，团购行业经历几次洗牌，幸存者寥寥无几，美团却杀出一条血路。公司总部的会议室习惯于用城市来命名，从最初仅有北京、上海等几个城市名牌，到如今已有200多个会议室，还有另外800个城市名牌“无地可挂”。

5年时间，也果真如王兴坚信的那样，互联网势不可挡地改变了一切。比如零售业，信息的不对称性格局被打破，同质化的强调功能性的产品走向没落，拥有一流用户体验的产品脱颖而出；比如餐饮业，用户点评的力量被放大，餐馆各个环节运营效率优化……这股潮流，所有人都是亲历者，美团和王兴，是顺势而动者，更是推波助澜者。

（二）论一个CEO怎样“连续做出最正确的选择”

资本对某种商业模式的青睐，其实是柄双刃剑。

一方面能佐证该模式前景广阔，另一方面又注定了这个市场上的拼杀一开始就来势汹汹。团购的发展之路就是最好案例。2010年1月满座网上线，3月4日美团网正式上线，3月15日窝窝团上线，3月18日拉手网上线，6月糯米网上线，而早在2003年4月成立的大众点评也于当年6月从点评类媒体转型进入团购市场……背后都依靠着大大小小、或早或晚进入的资本力量，团购网站几乎成为烧钱的代名词。

铺天盖地的广告战首先打响。举目各大城市的公交、电梯间皆是战场，甚至在美团网上海办公室电梯口，别家团购网站的广告轮着播放。

王兴按兵不动。

你们是不是没钱了？融到钱也不打广告，是不是公司亏得太厉害了？这是王兴当时遇到最多的追问。

的确，钱是个问题。拉手网和大众点评等对手早已获得3轮融资，坐拥数亿美元资金。美团仅有来自红杉资本的1 200万美元，但王兴思考的关键是，线下狂砸广告真的靠谱吗？

用户在线下广告中得知了团购模式，仍需要在网上进行搜索。导流网络流量这种技术活，正是王兴团队擅长的。结果美团的钱花在哪里呢？美团购买了“团购”等关键词，并与hao123、团800等导航页进行合作，只要消费者在线搜索团购，出现在最显眼位置的必然是美团首页。相比传说一年线下广告投入过亿元的拉手网，投入最少的美团，反而用守住网络入口的方式截留了消费者。

扣准枪的扳机，显然比找准哪把枪重要。

如果说广告竞赛只是团购网站烧钱的初级阶段，那么线下市场份额的占领，则成为团购网站疯狂抢夺的核心所在。

与做高毛利生意、抽成可达到40%的美国团购网站Groupon不同，中国式团购每次交易只从商家抽成5%～10%。为了提高毛利和迅速聚集人气，很多团购一度把重心偏向实物商品团购。

王兴很清楚，在实物商品团购上，已经有了淘宝这个庞然大物，美团不可能建立起自己的核心竞争力，所以美团网仍坚持以提供低毛利的本地生活服务为战略重心。

为了抢到优秀单子和商家，团购网站不惜祭出包销战术——网站提前预付一笔款给商家，让商家把优惠单子放在自己网上销售，以垄断优秀货源和商家。无数团购网站趋之若鹜。

王兴要求：美团暂不参与。

实际上，如果没有精准的数据分析和预判能力，包销模式风险极大。很多团购网站为了拿到单子，都没有明确签署假如卖不完如何自保的条款。这样很可能出现支付了1 000万元给商家，却只卖了500万元，那剩下的500万元亏损只能自己消化。直到2011年8月，王兴完成对包销模式风险的评估，才开始推行此模式。

同年，除了打广告，资本助力下的疯狂兼并和高薪挖角继续造就了团购行业“大跃进”的繁荣景象。窝窝团连续收购了数十家地方性团购网站，拉手网高调提交了IPO文件，计划于11月在美挂牌（后因故推迟）。

同年，中国互联网信息中心出具了一份团购报告，称团购行业2011年市场规模涨了 1 倍，但市场推广费用涨了 10 倍，投资涨了 10 倍，人员规模涨了 10 倍，成本涨了 10 倍。

市场泡沫，总有被刺穿的时刻。

(三) 王的战争

冬天很快就来了。

2011 年 7 月，是团购市场的分水岭。牛哄哄的资本市场骤然跌进冰川时代，团购从资本的宠儿沦为弃儿。曾经一度拥有 5 000 多名员工的对手们陆续开始裁员，人数直降一半。靠包销支撑起的市场规模，由于资金跟不上，销售额急剧下降。团购网站拖欠员工工资，甚至倒闭的消息不断传出。

对手们终于出现了破绽，美团却未动摇根基。一退一进，差距就拉开了。到 11 月，美团网业绩比上月增长 40%，成为行业第一。

团购网站洗牌惨烈，源于大多数人选择了通过资本力量先圈地，再回头深耕经营客户的道路。只是，一般这样想的，到最后也不会回头深耕。而美团的崛起，不仅在于王兴的“有所不为”，还在于王兴更多的“有所为”，用他的话来说，“团购的本质在于服务。价格只是一时的，消费者最终需求还是回归到服务上”。

在同行激战正酣时，王兴干了什么呢？他没有忘记改进 IT 系统以驱动美团的发展。当时很多团购公司的员工，一个月里有好几天都在用计算器算自己的提成收入，然后与分站和总部算分成，而美团开发的业绩计算软件已经可以通过输入金额直接得出提成收入了。

更重要的是，美团开发了上单流程、商家数据中心、自动结款等系统，帮助商户和消费者提升服务体验。

王兴的大招还不止这一个。比如美团推出的“过期退款”政策，便是动摇了行业的“潜规则”。顾客在团购时通常是预先线上支付，商家活动通常有一定时效性，顾客在有效期内没有消费则宣告交易作废。这笔滞纳的资金不会退还给消费者，而是归平台所有，很多中小团购公司正是依靠这些过期订单带来的资金沉淀进行运转。美团的釜底抽薪断了这条财路，却赢得了消费者，并迅速成为行业标配。

通过一次次“清洗”，2013 年底，仍正常运营的团购网站仅有 213 家。团购已经从原来商家为打广告的非常态化秒杀手段，变成了清仓、促销和找新客的常态做法。美团在 2012 年的交易额率先超过 50 亿元后，一路攀升至 2014 年的 460 亿元。

一如王兴的判断，团购其实是一个双向市场，一边是商家，一边是消费者。团购网站自己不提供服务，提供服务的是商家，消费者也不是买美团的东西，是通过美团买商家的产品。双向市场的重要特征是，一边越多，另一边效果就越好。

如今的美团，进入了双向市场的正循环。从某种意义上来说，美团似乎已经不再是一个单纯的团购平台，可以被看作一个信息的入口：用户想要吃饭，先拿出美团查一查餐馆的装修情况、菜单及口碑评价，然后才用美团完成交易。这背后的价值或许已不是几百亿元的年交易额能完全体现承载的了。

美团，就此可以稳坐“风口”了吗？

（四）猫眼看“危 · 机”

美团 2014 年的年会主题是“危 · 机”。

回望年初，团购市场发生两件大事：百度全资收购糯米网，正式进军团购行业；腾讯完成对大众点评的战略投资，占股 20%，由此大众点评接入微信和 QQ 入口。这意味着，美团的对手从曾经的团购同行变为百度、腾讯等重量级对手。

王兴在年会中直指公司当下所面临的环境：机会来自一个数万亿元规模的 O2O 市场；危险不只是巨头的加入，还有潜藏在水下的未知。“冲击来得越来越猛，冲击和冲击之间间隔的时间越来越短。”

王兴是清醒的。4 年时间的发展让团购已成为平常事物。平常，代表它已经不够“新”了，在更新换代迅猛的互联网行业里，这意味着随时会被更新的模式淘汰，且团购模式也有一定局限性——其确实是迅速聚集商户、用户的利器，但撬动的一直是价格敏感型用户，转化困难且黏性低。做大团购之后，怎样提升用户黏性，怎样切入更可持续发展的道路，成为王兴必须考虑的问题。

在王兴的构思中，美团将被打造为一个“T”字。团购业务为其中最重要的“横”向基础平台，同时在垂直领域加强“竖”的部分——有别于以往“广撒网”的服务模式，美团选择专注某一区域，将用户进行细分，再根据目标客户的需求提供更专业的服务。多个“竖”单点打透之后，再“并联会师”。

其中的试点，就包括猫眼电影。

至于为何选择电影行业作为突破口，不是源于直觉，因为这明显有悖一个理科男的逻辑。王兴每天都守在后台数据库前，随时监测用户流量趋势及每天点击率最高的团购板块。他发现，最受消费者欢迎的板块是电影和饮食，这两项业务占据了美团一半以上的流量数据和营收金额。

何况，中国电影市场每年30%的增长速度决定了市场消费频次高，用户基数大，同时售票、排片系统IT程度较高，与O2O电商模式结合更为紧密，加上美团自诞生不久就开始运营电影票团购业务，有固定客户和资源。将电影当作美团垂直化试水，再合适不过。

但猫眼电影要提供怎样的服务，才叫“打透”市场，才够“垂直化”?

负责这一项目的是王兴的老部下徐梧。“我们当即决定把猫眼电影分为两个业务。一部分提供影讯、电影资料和评价体系等信息服务，另一部分负责日常售卖及团购等特殊促销活动。”

信息和服务的结合如同“媒体＋电商”，让消费者提前得知自己想看的电影水准如何，是否值得观看。

比如，在电影评分方面，猫眼用户和豆瓣电影用户有非常明显的区别，豆瓣的用户是资深影迷、文艺青年，而猫眼面向大众电影消费者。比如《小时代》这个在商业上极其成功的片子，票房接近5亿元，豆瓣评分只有两三分，在猫眼上是 7.4 分。但王兴和徐梧相信，未来会有越来越多的大众电影消费者走进电影院。

在线售票，猫眼抓住了两个痛点：一是在线选位，二是足够多的出票机，足够稳定的出票系统。这算是彻底解决了“懒人”们不用排队买票抢位的需求。

宁浩新片《心花路放》发布会上，猫眼传出捷报。王兴宣布：“猫眼电影在短短十多天预售中，创造了 1 亿元预售票房。”

因猫眼能为消费者提供完整的观影服务，从查询、选座、交易到评分和交流，同时，猫眼作为国内最大的在线售票平台的能力也被片方看中，被邀成为独家网络售票渠道。

在影片上映半个月前，猫眼电影把《心花路放》的资料发布在官网上，以预告片和花絮的方式让影迷提前欣赏其中的精彩片段，页面点击量达到数千万次。从某种意义上讲，这些点击量代表着有数千万个潜在观影者，这远比片方在线下投一个广告来得精准。

猫眼随即开通预售功能，等于让片方在影片上映之前就成功收回部分成本。更重要的是，预售带来的数据，改变了以往片方只有到电影上映前几个小时才知道上座率、票房反应的传统模式。那些精确到某个区域的发行销售数据，能让片方和院线及时调整在该区域的营销策略和排片情况。从某种意义上来说，预售不仅在帮助片方做宣传，也在帮助院线更科学地排片，实现利益最大化。

数据对王兴来说同样重要。美团已积累了很多数据，如用户信息、评价等，怎么把这些数据进一步整理、运用好，或许猫眼的成功预示着某种方向。

《心花路放》最终的电影票房成绩显示：在 10 多亿元的票房中，猫眼电影贡献了近 5 亿元，几乎占据半壁江山。

徐梧统计过，猫眼用户和团购用户重合度为 20%~30%。用户间实现互通，黏性增加，美团电影会不会成为电影行业一股新的力量？

在美团网年会上，王兴说，美团电影已经占据全国总票房的 17%，截止到 2014 年底的贺岁档，全国每 3 张电影票中，就有一张是美团网卖出去的。

（五）"要么牛逼，要么滚蛋"

在王兴的"T"形战略中，美团酒店是美团继猫眼电影后在垂直化电商领域的又一次发力。

2012 年，携程、艺龙推出酒店团购业务。当时负责移动业务的陈亮也注意到，移动端的用户对酒店等旅游类新单的点击比例很大。移动代表未来趋势，这是王兴的一个基本判断，他决定让陈亮组建一个酒店产品团队。

跟美团之前切入的餐饮团购领域不同，酒店行业已经存在着庞然大物般的在线电商平台。"携程、艺龙都干了十几年，它们于 1999 年成立，市值都很大，我们那时候还很小。"陈亮说。

王兴决定另辟蹊径，开拓新的蓝海。他发现，携程、艺龙尽管推出了团购，却是针对商旅需求的产品，而"年轻人自己掏钱"的市场是一个可以挖掘的巨大市场。"我们关注到了之前行业完全忽视掉的一群商人和消费者，他们不是高端的商务用户，但他们有非常切实的住宿需求。"陈亮说。

针对个人消费的经济型酒店，便成了美团在酒店领域的切入点。这个人群也与移动端使用人群高度重合。

另一方面，由于携程、艺龙等服务商都是以预订为主，用户可能随时取消，这会导致酒店无法确定真实的入住情况，"现在看卖出去 50 间，但晚上到 6 点到底有多少人会来，心里没底"。而美团是预付款模式，整体上把一些不靠谱的需求过滤掉了，因此美团的入住率是酒店行业最高的，能达到 80%，这会有效提升商户的运营效率。

很快，美团酒店就在巨人的身影下迅速成长起来。2014 年，美团酒店交易额达到 55 亿元，间夜量（酒店在某个时间段内房间出租率的计算单位）达到 4 500 万元，仅次于携程网，成为国内第二大酒店分销平台。此外，美团酒店交易额有超过 80% 来自移动端，是全国最大的移动订房平台。

接下来，美团外卖成为王兴拓展的第三个新兴垂直领域，这也是美团增加消费者和商家黏性的关键尝试。

在王兴看来，外卖能和团购进行完美互补：团购针对出门消费的顾客，外卖则针对宅男宅女；团购满足顾客省钱的需求，外卖则满足顾客便利的需求；团购解决商家短期营销需求，外卖则解决商家长期销售需求。两者的组合能让美团在O2O餐饮链上更为完整。

2014年3月，在北京、上海、成都等城市各大高校附近，每天都有人举着硕大的牌子派发传单，告诉匆匆而过的学子们：美团外卖来了。

校园市场是美团发力的第一站。通常一个城市的大学都集中在一个区域，人群和订单量相对集中，让美团在配送上节省出大量时间和精力。另外，相对白领群体每天只消费一顿饭、一周最多只有5顿的外卖量而言，校园用户食宿都在学校，每周很可能达到14顿饭的外卖量，显然比前者更具价值。

当然，对王兴来说，真正的价值仍要落脚在互联网对传统外卖商家销售模式的改变上。

改变源于对商家痛点的察觉。众所周知，食材的采购和存放一直是餐馆最大的问题。由于客人的不确定，导致餐馆在购买菜品时具有极大的随机性。而随着客人的点餐，很容易出现部分菜品迅速售罄或部分菜品滞销的情况。

美团外卖根据消费者在线预订等情况，进行前期数据的采集与分析，帮助商家提前预判菜品的销售情况，从而让餐厅的管理采购链条更合理。

在传统点餐模式中，商家所遇到的最大问题是因电话漏接或占线而错失订单。在接到外卖订单后，商家还得手抄记下客户备注、送货地址等信息，极其麻烦。

“互联网将会彻底改变这种落后。”美团所推出的互联网接单软件，让所有人工环节都由系统代劳。王兴很清楚，这套餐饮管理系统是中小商家急需的，一旦渗透到其日常运营管理中，将具有不可替代的黏性。

但另一方面，在线外卖市场是个竞争更激烈的市场。饿了么主要发力更重视服务和体验的白领市场，点我吧从物流环节入手，还能在送餐之外配送商超的小货品。各种小型外卖O2O公司有的推出“厨房店”的概念，有的专做火锅外卖……各外卖平台间的竞争，从肢体冲突到挟资本抢占布局，屡见不鲜。

这背后争夺的，除了大家都能看到的高频度的黏性消费，更可能是未来本地生活服务产业的某个入口。对美团而言，还是能否将团购业务中餐饮领域的资源（B端商户）导入在线外卖，创造更大价值的转化关键。

即使在美团外卖上线一年时间里，日订单已突破150万单，王兴仍然不能松一口气。

作为美团的“最强大脑”，王兴面前的台式机总开着二十几个浏览器窗口，笔记本电脑开着中国地图。要建立起与用户和商家的黏性关系，美团已经找到了很多垂直的“竖”：团购、酒店旅游、电影、外卖……每个单点都对应一个广阔的产业，拥有无限可能。但要各个击破，实现并联，之后全面切入O2O本地生活服务这个更为广袤的市场，并不是一件容易的事。

美团还在路上，似乎初具了巨头相。对于正在发生的、未来将要发生的更多硬战，王兴的回答有理科男式的简洁，也有战士般的冷酷——“要么牛逼，要么滚蛋”。

这句标语被贴在美团网办公区的墙上，随处可见。

张小龙：社交之王的商业与孤独

张小龙很少公开露面。

这一次，为了微信的战略性一步，半个月内他罕见地登台做了两次演讲。一次是小程序的预告，另一次是小程序的发布。

“这么多年了，我还在做通信工具。这让我相信一个宿命，每一个不善沟通的孩子都有强大的帮助别人沟通的内在力量。”

如今，张小龙已经被无数程序员与产品经理奉若神明。从线上互联网世界，到线下商业王国，功利主义者都在试图从张小龙的只言片语中获取感化人心的密码，而理想主义者从张小龙的逆袭中又重新捡起了极客的尊严。

对依附在微信社交生态中的数以百万、千万计的企业与创业者而言，他们更迫切地想了解张小龙这个人。毕竟他的一举一动经由平台力量放大，已经足以影响到大部分商业生态。

以张小龙为始，我们或许该反思那些曾经“颠扑不破”的商业旧识了。

凭借一款超级 App，张小龙成为近年来改变中国商业社会最多的人，更是实际拥有中国人可支配时间最多的互联网“顽主”。

（一）上半场：你怎么还没被饿死呢

如今，许多人把微信的成功归结于张小龙的文艺，以及他对人性的把握。当腾讯内刊的记者把这个评价抛给张小龙时，腼腆的他显然有些被吓到了。

张小龙说："这是不对的。做好产品首先需要的是理性的能力。"

这样的回答符合张小龙的"上半场"：有人的地方就有江湖，但他不属于江湖。

张小龙是一个绝顶聪明的人，却又严重不接地气。华中科技大学的同学都"恨"他，因为他学什么都快，软件、硬件皆通，同时他又不食人间烟火，宁当无业游民也要从旁人艳羡的事业单位辞职。

他只适合天马行空的生活，不愿意待在一个大公司中，为一个软件数以千万行计的程序写其中的若干行。

1997年，张小龙利用业余时间，以一己之力写出了免费共享邮件客户端软件Foxmail。这是一部神作，简洁而易用，风靡一时。Foxmail最辉煌时拥有200多万用户，而同时期腾讯只有10万用户。

但是，Foxmail千好万好，就是不赚钱。

1998年的秋天，抱着对Foxmail的崇拜，时任方正软件研发中心副主任的周鸿祎到广州拜访了张小龙。出乎意料，周鸿祎见到的是一位木讷、潦倒的程序员，就连卖盗版碟的商贩也敢肆无忌惮地"宰"他。他不但不会砍价，每次还都买一样的碟。

周鸿祎好心地告诉张小龙，Foxmail要有商业模式，要加广告，要盈利。张小龙说，为什么要那样呢？只要有用户、有情怀不就好了吗？每次类似的争执，都以张小龙长时间的沉默而告终。

在"一切向钱看"的时代里，张小龙无疑失败透顶，格格不入。

当马化腾、张朝阳与风投携手驰骋江湖、扬名立万之时，空有最多用户数量的张小龙只属于那一个个望不到黎明的黑夜。他孤独地维护着百万级的用户，改进、推新，亲自浏览回复用户的邮件。每到绝望、崩溃的边缘，用户的鼓励与鞭策又不期而至，他收拾好情绪继续苦撑，满肚子的牢骚却无人诉说。

照着Foxmail留下的地址，时任金山CEO的雷军曾向张小龙问价。张小龙报了一个自我抛弃的价格：15 万元。可是，金山的具体谈判人员认为自己人也能做 Foxmail，竟然又放弃了谈判。

就连当年采访过张小龙的记者都开始担心起他的温饱问题，把他称为“饿着肚子写程序的极客”。张小龙曾指着汽车杂志上的一部越野车，告诉朋友自己喜欢。朋友没给面子，冷冷地说：“这个理想有点远吧！”

在当时大众的认知里，张小龙一定会被饿死。他甚至成为一种“讽刺”——同样是“免费”，周鸿祎后来也依靠“免费模式”成功了，杀毒服务积攒的海量用户，构筑了搜索、游戏、导航等盈利的单元。

因此，不难理解周鸿祎后来的自嘲：我怎么也想不通，会是张小龙做出了微信。

一切的转折，开始于 2000 年的春天。

（二）被供养的天才

如今看来，张小龙还是做出了一个错误的决定：他把 Foxmail 和自己“打包出售”给了并不知名的互联网公司博大。当时，博大已经错失冲击纳斯达克的第一波浪潮，为之后的没落埋下了伏笔。

在博大，张小龙“荒废”了整整 5 年。虽然拿到了 1 200 万元收购款，终于买了自己喜欢的车，去了一直想去的西藏，但是相比这些钱，他错过的是李彦宏、丁磊、周鸿祎等人引领资本市场的大时代。

但是，张小龙还是拥有真正的收获。他告诉朋友：与其一个人写程序，不如组织一大堆人写程序。

被博大收购之前，张小龙只是一位赶潮的产品艺术家，却并不在潮中。是博大公司的企业家把孤独的张小龙拉进真正的互联网圈，并强迫他与圈子发生关联。哪怕只是被商人供养，却也结束了他颠沛流离的生活，给予了他被商人围绕的环境。

这至关重要。过去，张小龙只有做产品的天分，之后，他的商业智商开始

“上线”。

张小龙甚至提出想去微软学习商业运作。虽然最终没有迈出实际的步伐，但是他确实那样想了。

2005年，博大又把Foxmail和张小龙卖给了腾讯，天才的供养人变成了马化腾。这不是预定计划，但却是最好的安排。

马化腾是一位集产品天分、商业天分于一身的程序员。但是面对旗下烂到连自己都不想用的QQ邮箱，他决定还是找位列“中国十大程序员”、有过Foxmail成功经历的张小龙来主持邮箱研发。

如今看来，QQ邮箱正是张小龙从极客转型到产品经理的关键一环，他的主要产品哲学均发轫于此。不过，他在腾讯的初次登场只能用“惨败”来形容。

新一代QQ邮箱选择了模仿MSN和Gmail，加上Foxmail之前的客户端思维，QQ邮箱笨重无比，速度极慢，甚至比之前“更烂”了。

可能其中一个原因是，初入大公司的张小龙被周遭人的市侩、功利带偏了。

2006年初的一天，张小龙指着迪拜帆船酒店的画，对团队宣布，要做一个最好的邮箱，七星级邮箱。会场里没有响起掌声，只传来零星的笑声。有人窃窃私语，张小龙在博大废了，马化腾看走了眼。

然而，所有人都错了，这次失败只是炼成之前的试错。

（三）下半场：在孤独中放下了漂流瓶

那次会后，张小龙渐渐变成了像乔布斯那样的“办公室独裁者”。

他会穿着短裤在办公室中游弋，站在程序员的背后看着他们写代码，一旦出现问题，他会毫不留情地指出。事实上，张小龙把QQ邮箱的内核全部都推倒了，他要求团队重新开始搭建，并且不得借鉴。QQ邮箱新的方向是快速、简洁，而内在逻辑是用户需求。当时，张小龙提出了一个极为严苛的“1000/100/10”法则，要求每个产品经理每个月要去论坛看1 000个用户体验反馈，并回复、关注100个用户博客，做10个用户调查。

在一次头脑风暴会中，张小龙抓住一个用户痛点，即邮箱发送大文件时速度很慢，使得上班族工作效率大打折扣。很快，QQ 邮箱率先升级到 2G 超大附件发送，并利用中转站功能节约用户上传、下载的时间。

这次改变激活了大量休眠账户，QQ 邮箱一跃进入一线行列。2008 年，QQ 邮箱荣膺腾讯七星级产品，张小龙在腾讯站住了脚。

与 Foxmail 的文艺、上一代 QQ 邮箱的市侩不同，张小龙找到了情怀与功利之间的那个平衡点，直击用户需求，同时效果一步到位。

这次寻找花了张小龙很长时间：Foxmail 的 3 年，博大的 5 年，腾讯失意的前 3 年。

张小龙曾经总结，一个亿级用户的产品经理，无须做到透彻思考人性和产品的所有方面，但需要在极端现实主义和极端理想主义之间取得平衡。做产品力求简单美，要满足用户“贪嗔痴”。

哪怕这种平衡存在矛盾，硬要把文艺与功利牵扯到一起，也一定要平衡。张小龙说，去掉其中的相对性，就丝毫不会觉得其中的矛盾和冲突之处。

这样的产品哲学既是唯物的，也是唯心的；有人相信，也有人嗤之以鼻，毕竟六根不净的人放不下心中的纠葛与矛盾，全身心为了别人的“贪嗔痴”而卖力。

事实上，其他人很快发现，张小龙曾经的孤独才是最弥足珍贵的宝藏。

2009—2010 年，QQ 邮箱上线了阅读空间、邮箱广播，以此满足用户社交需求，但是都不成功。

这时，张小龙联想到了自己大学时代失败的社交经历，在那个男女生比例高达 7:1 的工科院校里，他和室友们苦闷不已。

那一瞬间，张小龙通过自己的孤独，感同身受地抓住了大多数人内心深处的孤独。他想到通过陌生人交友迎合大众需求，而他曾经幻想的对孤独者最舒适、安全的沟通方式，就是“我在大海中扔了一个瓶子”。

2010 年 9 月，QQ 漂流瓶上线，直击人们骚动的内心。漂流瓶每天发送量很快就突破1亿次，直接把QQ邮箱送到全国用户数第一的位置。

直言不讳地说，之前的张小龙更关注技术；漂流瓶之后，人性需求成为其产品哲学的内在核心。

张小龙说，移动互联网的时代变化太快，旧有的产品分析模式已经落伍，产品经理更应该依靠直觉和感性，而非图表和分析，来把握用户需求。

他又说，产品经理永远都应该是文艺青年，而非理性青年。

因为喜欢《蓝莲花》这首歌，张小龙向许巍买下版权，把歌与同事小女儿的涂鸦一起挂在QQ邮箱的入口。此后还有海子和马丁·路德·金的诗。

从某种意义而言，张小龙又重新回到了那个做穷人却又很文艺的人生“上半场”。但是已经没有人再质疑他了，因为他已经和最多的人，以及这些人的审美站到了一起。

（四）我要赢得这场胜利

QQ邮箱成功后，张小龙又开始“荒废”了，闲了很长时间。

如果张小龙不是张小龙，QQ邮箱往往已是一位40岁程序员的终点，他可以躺在故纸堆里安度残生了。

可是，张小龙就是产品天才。他的互联网前辈已经开始谋划充满荣耀的墓志铭，他的同辈已经进军实体商业与金融帝国，而他却只是做出了两个邮箱，他怎会甘愿如此草率地总结自己的人生？

事实上，在张小龙彷徨的时刻，马化腾已经急需这位天才的支援。2010年9月，3Q大战爆发，QQ被360逼入死角，腾讯几乎到达历史上最危急的时刻。

张小龙也到了真正证明自己的时刻。

2010年10月，移动即时通信软件Kik上线，15天斩获了100万用户。张小龙认为，类似Kik的App极有可能在移动互联网时代挑战QQ，这种威胁不亚于360的冲击。于是，他连夜给马化腾写了一封邮件，建议腾讯补做一个类似的App。

也就在一两个小时后，没睡的马化腾便回复了邮件：马上就做！

显然，微信的开发初衷极具功利主义与现实主义，它最初只是腾讯的一个“补丁”，并照搬了他人的创意。甚至为了尽可能周全，马化腾同时上马了3个相似的App研发项目。

然而，与另外两个研发小组不同，张小龙的这一个最渴望成功，也最肆无忌惮。

尽管当时仍然只是腾讯权力体系中的边缘人物，张小龙把微信的域名最初定为了next.qq.com，似乎表明他就要“抢班夺权”了。据传，看到这个域名后，马化腾把张小龙请去“吃饭”，罕见地“训诫”了一番。之后，域名才变成weixin.com。

事实上，论人脉和资源，张小龙的微信研发小组是最不可能成功的，内部人都不看好。但是，开始研发后，张小龙整个人似乎打了鸡血：他每天会花六七个小时的时间逐条查看用户的帖子，从中体会用户的感受；他会对按钮的位置，一个图像的几个像素做出具体的安排，甚至为会话列表每一行高度减少两个像素安排了一次更新。

所有人都明白，张小龙已经浪费了太多的时间，错过了太多的风口。即便拥有Foxmail、QQ邮箱这样的成功，但对如此技术天才而言还是虚度光阴。

在张小龙疯狂推动下，他身边的十几名程序员亦陷入了疯狂。他们挤在一个狭窄的办公区，时刻待在屏幕前，不停歇地敲击着代码，吃饭叫外卖，累了点支烟，或者做几个俯卧撑。

有人曾以此批判张小龙，以牺牲程序员的健康达到目的。然而，这也从侧面说明，微信不是一次性成功的。张小龙说，一万小时定律同样适用于产品经理，他们需要超过千次的产品实践，才能称得上是了解了产品设计，拥有解决问题的能力。

事实也确实如此。

微信1.0版本的“免费短信”根本没有触及用户的痛点，因为中国人连运营商的包月套餐短信都用不完；微信 1.2 版本转向“图片分享”，可是市场反应冷淡，并未符合“图片为王的移动社交”预想；直到微信 2.0 版本，张小龙上线了“语音通信”，微信变成了免费电话，市场才突然被引爆了，用户数出现井喷式增长。

但是，带有语音功能的微信无疑动了运营商的蛋糕，据传他们通过腾讯高管转达了不满；就连腾讯内部似乎也出现了对微信项目的阻挠，导致另外两个项目组迫于压力而结束研发。

最后，只剩下张小龙，事实上他选择了不管不顾。

或许，历史确实是由疯子创造的。就在微信 2.5 版本发布的前一天，张小龙升任腾讯副总裁，一个他以前从未企及的位置。

（五）只有一个张小龙

张小龙喜欢汪峰的一首歌：《一百万吨的信念》。

他曾想在微信启动页面上放这首歌。但是，熟悉这首歌的人应该清楚，它的歌词太黑暗了，腾讯不可能有人同意放它。

不要相信电视广告，不要相信排行大榜……不要期许好人相助，好人都在挖煤倒土……你可以相信最为糟糕的事情，它每天都在我们周围接连发生，你至少需要有一百万吨的信念，也许或可能勉强继续活下去……

在一次内部演讲中，张小龙开场前就放了这首歌，与几百名观众安静地听完。他说，这首歌和微信一样，都发现了社会的某股暗流。

我们完全可以适当地揣测，张小龙是听着这首歌，在绝望中坚强，在坚强中守望，顶住了所有的风波。同时，在义无反顾的激情中，他为微信融入了他所理解的人性、文艺与哲学。

就在微信的竞争对手米聊天真地认为微信将抄袭其大获成功的涂鸦功能时，

微信 3.0 版本出人意料地提供了“查看附近的人”与“摇一摇”。

查看附近的人使得微信接入 QQ 及邮箱用户数据，目的性直接的强推，促使微信用户一举突破 2 000 万，奠定了领先地位。

“摇一摇”则是张小龙孤独体验的又一次实践和复制。“摇一摇”的动作、摇后取自《反恐精英》来复枪的声音，以及页面分开一下出现的裸体大卫图片，都是张小龙团队尝试无数遍后的设计。它们的组合要达到张小龙所要求的感觉，向弗洛伊德致敬，体验到“性的冲动”，或谓之“爽”。

在一次大学论坛上，张小龙说，对这些设计他感到非常满意，微信绝对是市面上同类 App 中最爽的。

准确地说，张小龙已经不再是那个给雷军报价 15 万元的不自信的张小龙。随着微信用户数的逆天增长，他开始充满信心，并按部就班，步步为营。

在竞争对手抄袭“摇一摇”后，马化腾曾忧虑地表示微信是否需要增加一些功能。

对这位成功到无以复加的老板，张小龙说了不。他的产品哲学里反感功能复杂，以及一切增加用户选项的设计。他甚至拒绝个性化，并把它称为产品经理不自信的炫技。

因此，张小龙才以乔布斯的口吻定义道：极简才能不被超越。

种种迹象表明，张小龙进入了他自己的“道”。

一部分“道”源于孤独者的相惜，对弱者及脆弱人心的心灵捕捉。

比如微信没有“已送达”，那是因为张小龙认为“已送达”会给接收信息的用户带来无形的压力。

包括微信朋友圈对发送文字的“不友好”，也包含张小龙为用户考虑的仁慈：让一个人“写好”是很难的，获赞更非易事；如果鼓励发送图片，朋友圈将降至哪怕一个农民工也会使用，获得比新浪微博更多的受众。

另一部分“道”，则可能源于一位极客、天才、艺术家对产品的偏执与热爱。

微信 4.0 版本推出后，朋友圈、公众号陆续上线。虽然在马化腾的数次“劝说”下，张小龙才同意在朋友圈中出现广告，但是他设置了每次1 000万元的门槛，只允许有实力、做得漂亮的人进来。

微信甚至会主动清理营销号和水军，把自己与营销渠道尽量区隔开来。

张小龙特别强调，这些举动不是因为克制，只是因为他觉得这个事不应该做或者做不到，所以不做。

进入2016年，张小龙甚至担心起微信会黏住用户，荒诞不经地提出了“用完即走”的产品逻辑。当他和同事吃饭、开会，他都会规定“不能看微信”。

张小龙把这些反思称为产品真正的人文表达——人文不是所谓的小清新，或是人们看得到的地方，而是影响每一个功能、贯穿产品始终的脉络，或灵魂之所在。

张小龙变了，也没有变，还是少有人能够跟随他。

所有人都在试图黏住用户，都在彰显自己对商业变现的渴望。张小龙则希望达到一个境界：用户需要我才想起我，想起我一定离不开我，商业价值自然而然地到来。

这是一种典型的上帝视角。上帝说，水往低处流，它就一定会往低处流。微信的野心不能再以App来定义，而是整个世界，一个可以满足用户社交、情感与自我实现的地方。

因此也不难理解，张小龙会把他的产品哲学用到现实的招聘里：必须读过《乔布斯传》和《失控》，必须喜欢摇滚乐。

CTO中的大拿冯大辉说，没有张小龙，当然成就不了微信，但是尽信张小龙则不如没有张小龙。“张小龙+微信团队+腾讯”才能成就微信，才能成就那些其他人想都不敢想的产品哲学。

终于，张小龙再一次与这个世界格格不入。

张小龙为微信5.0版本专门加上的打飞机游戏，简约、爽快而又尽兴，越到后面越是考验玩家的耐力与技巧。这和他充满曲折、险境与机会的独特人生相似，少有人能够在孤独中坚守如此之久，最后又如此畅快地宣泄。

（六）入世的极客

有人问：乔布斯的成功说明了什么？张小龙答：说明纯粹也能成功。

极客是纯粹的，但在 20 年前极客不可能成功。20 年后的今天，美国有一位极客乘风口而上，一跃转型为企业家、资本家，获得了前所未有的成功，他就是 Facebook 的创始人扎克伯格。

与小扎不同，张小龙没有完成那“一跃”。但是，正如 Facebook 对小扎的影响，微信也正在急速地把张小龙推向商业生态的前沿。

从 2014 年微信事业群独立，马化腾等腾讯首脑事实上已把微信商业化全权交由张小龙打理。有一段时间，仅腾讯内部就有 120 多个项目排队申请接入微信。

我们能够看到，三年来，张小龙从逃避，到试探，再到主动出击的变化。从轻易不把话说满、深居简出到不参加深圳总部例会的程度，发展到为小程序站台，明确地表达了“微信不做大、不做平台就会死掉”的态度。

如果说朋友圈、公众号、服务号实现了别人的创业，小程序则属于张小龙自己的创业，以致紧张到为此铺垫一年有余。

小程序首先是去中心化的自我救赎。

张小龙可能已经意识到，微信终究有一天，或已经与百度搜索、淘宝网一样沦为人们“厌烦的平台”。与其日后被他人革命，不如允许商家以小程序的形态，在自己身上各展其能地获取流量，连接可以连接的一切。

最终，所有人的努力沉淀于微信，所有商业价值生发于微信。

小程序更是张小龙决定颠覆一切的起点。

与互联网世界目前所依赖的 URL（网址）不同，小程序依赖的互联网入口是二维码。它甚至已经摆脱了浏览器、页面等传统互联网形式，不但能连接已经存在的互联网应用场景，事实上还能连接没有屏幕的真实世界，实现万物互联，“所见即所得”。

还记得张小龙在微信公开课上提到的一个小程序应用场景吗？扫汽车站二

维码就能购买车票，不用排队，不用注册，不用关注，用完即走。

2012年5月23日，张小龙在朋友圈里写道：PC互联网的入口在搜索栏，移动互联网的入口在二维码。

为了这一天，张小龙蛰伏的时间甚至比我们想象得更久。

拥有小程序的微信是否能够变革互联网世界，我们尚不得而知。但是，目前最具实力颠覆一切的，无疑就是腾讯，就是微信。

无怪乎李开复无奈地说，因为微信，腾讯应该是全世界互联网行业里最垄断的公司，同时也最看好他们。

显然，在许多人心中，张小龙已经走上神坛，孤独的神坛。

微信更新了很多代，但每次打开微信，人们都能看到一个小人孤零零地站在庞大的地球之外，遥望着蓝色的家园。

微信团队曾有人建议，再加一个人吧。张小龙说，不，人很孤独，需要沟通。

也许大家有所不知，那个小人就是他自己。

王小川：人生输入法

2006 年搜狗发布搜狗输入法，一举拿下国内输入法市场绝大部分市场份额；2014 年第三季度，搜狗营收破 1 亿美元，开始持续盈利；2015 年 3 月，搜狗欲赴美上市的消息不胫而走，估值超过 30 亿美元。

中关村的风很大，“中国硅谷”里变局丛生，每天都有新鲜的故事。

王小川快步走进了采访的会议室。白衬衣一尘不染，笑容干净。

这是一个在中国互联网领域赢得过尊重的人，作为众多大佬眼中国内最好的技术产品人才，他曾经多次以退为进，无招胜有招地左右了行业格局，并让这种影响延续下去。

王小川和搜狗有他们自己的生存方式。面对纷杂无常的互联网世界，这种带有坚韧、追求文明甚至显得超脱的方式，即“王小川式生存”。

他做到了。而伴随聚光灯而来的，是一段关于坚持和创造的故事。

（一）极客情怀

王小川身上有一种极客气质。骨子里，他热爱技术。

王小川曾以成都市第一名的成绩，考入走出 9 位“两院”院士的成都七中，后因数次在各类省级及国家级学科竞赛中获奖而保送至该校高中部。16 岁获得“亿利青少年发明奖”，18 岁获得国际奥林匹克信息学竞赛金牌，随即被特招至清华大学计算机系，是该系几大人物之一。

据王小川自己回忆，自从小学二年级第一次接触电脑游戏后，内心强烈的好奇心促使他去接触与计算机有关的一切。在过去的20多年时间里，他始终对计算机保持着超级旺盛的求知欲，几乎把所有的时间都付诸于此。

他也因此获得许多回报——大大小小的竞赛奖杯、搜狐CTO，以及五道口“钻石王老五”的称号。只不过，王小川对学霸、极客之类定性的形容并不感冒，他淡淡地回答：“其实我程序写得挺好的。”

现在，他也不过37岁。

37岁的王小川，用了十余年的时间孵化出搜狗传奇。与其他互联网创业者不同，他是在一家老牌互联网企业的母体里创造出这段故事的。如果从事情的难度上看，这种体内创业的困难程度丝毫不亚于独立创业，甚至有时候，前者需要打破和推倒的东西会更多。

总之，搜狗的局已经越来越大。王小川所创造的“三级火箭模式”——搜索+输入法+浏览器，成为中国互联网历史上的重大革命性创造之一，这也是一次并不常见的带有中国互联网公司烙印的，但适用于全球互联网的创新模式。之所以说它是革命性的，是因为猎豹移动和奇虎360在其基础上衍生出来的“三级火箭模式”，均大获成功，如今两家公司都已在纳斯达克上市。

一个事件可以佐证搜狗的影响。2015年4月，Apple Watch风靡全球，苹果中国公司鼎力推荐搜狗地图作为Apple Watch独家地图应用，最终被总部采纳。王小川有些兴奋，在苹果CEO库克开通新浪微博的当天，他就让下属PS了一张截图——其微博“搜狗地图，苹果的选择”，结果被库克转走。

如今，搜狗输入法以90%的绝对优势占据了中国网民的电脑，而在移动端，搜狗输入法活跃度位列第三，前两位分别是微信和QQ。

王小川说，搜狗输入法让中国人打字速度变得更快，让大家更容易去分享自己的智慧和经历，这是一件值得骄傲的事。

（二）“天天吃小炒”

在圈里，王小川的口碑不错。

高礼天使基金副总裁简江曾评价说：“小川同学是俺见过最有韧性的人（没有之一），受得了委屈经得住折磨，还能百折不挠、越战越勇。”

他人眼里的韧性，在王小川自己的叙述里，其实是潜意识里的“钝感”。关于他的段子很多，比如他早在学生时代就通过 ChinaRen 实现了财务自由，但直到此前数年，他还一直开着一辆捷达在中关村附近跑来跑去。在外人眼里，王小川的座驾和他的江湖地位并不匹配。但王小川不以为意：“捷达又皮实又好用，为什么不用呢。”

从 2004 年受命组建搜狐技术中心并带队研发搜索引擎开始，他已经被安放在了一名创业者的位置上，一切从零开始。

这并非王小川第一次创业，在 ChinaRen 兼职期间，他曾联合几名清华校友做了一款网吧管理系统，试图在最火热的时期，帮网吧提供一套从购买、使用与服务到完成支付的管理平台。项目在几个月内迅速起步并取得不俗战绩，但“蓝极速网吧大火”事件毁掉了这一切，相应的网吧管理政策先后出台，行业遭受重大打击。王小川明白大势已去，遂及时退出。

这一过程中，虽然亏掉 15 万元，王小川却赚到了创业的宝贵经验——了解如何从零开始操作一个项目。

当然，说搜狗是从零开始的似乎是不准确的，毕竟它背靠的是搜狐这家当时已经声名显赫的互联网大公司。但老板张朝阳除了给王小川一个指令和 6 个用人名额外，再无其他。

没有抱怨和退缩，王小川开着他的捷达上路了。他先到母校清华大学，用薪水减半的方式，把 6 个全职名额换成 12 名兼职学生。

事实上，王小川早年以兼职身份走向成功的故事早已在他的学弟学妹中传播开来，在那个“去互联网公司兼职天天吃小炒”的梦想激励下，王小川并不缺乏追随者。人才难题迎刃而解。

随后，他又从中关村买来桌椅板凳及其他办公耗材，亲自将东西运回办公室，一切安排妥当之后，他带着12名同事一头扎了进去。11个月后，他们做出了搜狗搜索。

“那是搜狐史上第一次上线未崩溃的大型技术系统”——时间过去10年后，想起这件事的王小川仍然抑制不住骄傲之情。其后，2006年搜狗发布搜狗输入法，一举拿下国内输入法市场绝大部分市场份额；2014年第三季度，搜狗营收破1亿美元，开始持续盈利；2015年3月，搜狗欲赴美上市的消息不胫而走，估值超过30亿美元。

搜狗搜索推出之后第二年，百度上市，霸主气候已成，其地位难以撼动。

显然，百度的老路搜狗走不了，也走不通，王小川寻思着另谋出路。输入法成了一个好的选择。

这里又有了一个经常被提及的细节。山西太原一个名叫马占凯的机械设计师给百度连续发了4封邮件，声称自己发现了天机：搜索引擎有一个人工整理的巨大词库，结果只是得到了“感谢使用百度产品”的回复。马占凯转而找到搜狗，而这正是王小川想要的。

次年，搜狗输入法面世，在获得用户的同时，将“搜狗”品牌成功推广出去，马占凯因此被搜狗认定为“输入法之父”。

输入法有巨大的用户量，但无法带来商业价值。搜狗搜索需要一个入口，王小川需要一款浏览器产品。PC时代，浏览器是上网最主要的流量入口，hao123为百度带来大把流量就是最好的证明。但彼时的搜狗买不起浏览器公司，王小川咬咬牙，回到了自我研发的艰苦奋斗中。

自此，输入法带浏览器，浏览器带导航和搜索的“三级火箭模式”形成，帮助搜狗成功扭转“只花不挣”的尴尬局面，也让王小川有了做下一步动作的底气。

（三）引资风云

王小川的下一步，是将搜狗独立运营。这既是他作为掌舵者的思考，也是搜狗更好发展的必经之路。

毫无疑问，搜狗的技术基因与搜狐的媒体属性之间的冲突会越来越明显，搜狗若想获得更好的发展，获得投资者青睐是必要的。

但谁会投资一家公司的一个部门呢？

周鸿祎打好了算盘，他试图说服张朝阳，给出的条件是：其一，搜狗浏览器归到 360，360 与搜狐共同出资成立合资公司，共同运作搜狗；其二，360 以流量入股，占合资公司 30% 股份。

但王小川不干，周鸿祎的如意算盘其实是将搜狗变成他自己的一枚棋子。“搜狗不能失去自己的有生力量”，王小川非常清楚浏览器的重要性。

然而，张朝阳对周鸿祎的提议似乎颇为满意，但王小川不想坐以待毙，他必须在血雨腥风的互联网丛林中找到替代周鸿祎的人，他想到了马云。

在知乎上，王小川详述了当时的经过：“2010 年 5 月左右去杭州和马云谈了约一个小时。马云对是否投资有三个条件：其一，投资对象是否可信任；其二，是否有机会做成；其三，做成了是否对他有好处。”

这三个问题有如下回答：第一，张朝阳是可信任的，一方面是价值观，另一方面是搜狗还有他的个人股份，从理念到现实都可相信；第二，是否能做成是最考验沟通的；第三，做成了能够对抗百度，自然对阿里有好处。

于是，2010 年 8 月，阿里巴巴、云锋基金及张朝阳共同出资 4 800 万美元战略投资搜狗，分别占股 10%、6% 及 16%，搜狐保留 68%。搜狗成为搜狐独立子公司，时任搜狐 CTO 的王小川兼任搜狗 CEO。

其后，独立发展的搜狗蒸蒸日上。2011 年全年，搜狗实现营收 6 300 万美元，同比增长 238%。

但这一过程同样凶险异常。2011 年 3 月，360 拿出 200 万美元现金和 200 万普通股吃下“世界之窗”，并将其改造成“360 安全浏览器”，矛头直指搜狗。

棋到中盘，王小川需要更强壮的盟友。

于是 2012 年，王小川主动提出回购阿里巴巴手握的搜狗股份，后者欣然接受。同年7月，双方交易完成，搜狐以2 580万美元的价格回收了阿里巴巴和云锋基金共16%的股份。

注资搜狗20个月后，阿里巴巴获得了超过千万美元回报，这亦成为阿里巴巴迄今为止最为成功的投资案例之一。

殊不知，张朝阳的老朋友周鸿祎再一次找上门。2013年春节，在张朝阳的游轮上，周鸿祎给出的条件是：360收购搜狗，张朝阳成为360第二大股东。到了年中，外界甚至开始猜测王小川的下家。知乎上有提问："听说王小川去了阿里巴巴，是真的吗?"王小川自己回复："假的。"过了几日，又有传闻说王小川接受了百度李彦宏的邀请。一时间，江湖流言四起。

（四）在大佬中间

流言终有消散的一刻，而当事者的行动是终结流言最好的方式。

事情最终的结果是：腾讯出资4.48亿美元，并将腾讯搜搜等相关资产并入搜狗，获得后者36.5%的股权。360再次竹篮打水一场空。

这一过程或许可以成为互联网历史上最大的一个悬案。尽管外界并不清楚王小川与马化腾之间到底谈了些什么，但事情的结果是，"腾讯+搜狗"与百度、360形成三足鼎立局面，王小川实现了自己"曲线救国"的计划。周鸿祎后来的一句"搜狗姓王不姓张"既有无奈，也略带愤怒，但反映了一个事实，搜狗的命运掌握在王小川手里。

"真正能够成功的人，还是要本着诚心，本着踏实，本着给社会做出贡献去做事。咱们不要光看一年两年的短暂过程，是金子会发光，正直的人早晚能够显现出他的价值来。"这是王小川在做客某媒体活动时所说的话，或许可以反映他内心最真实的想法。

放眼当时的互联网江湖，很难再找出一个像王小川这样频繁与大佬过招的互联网人物了。

在外界看来，搜狗的两次资本运作是巨头博弈的结果，王小川更像是活在大佬阴影下的小学生。而从结果来看，事情确实是在朝王小川想要的方向发展。比如周鸿祎在手握绝大部分股权的张朝阳和搜狐身上两次碰壁、悻悻地走，就是最好的例子。

当然，这并不能代表王小川和张朝阳之间出了问题。"公司层面的合并仅仅是基于利益的考虑，基于两个公司是否存在一致的价值观来考虑，无关乎个人。"王小川说。

张朝阳是王小川的伯乐，对于这一点王小川心存感激。起初，张朝阳把开发搜索引擎的重任交付给仅仅 26 岁的王小川，是出于一种天然的信任。在搜狗的发展过程中，双方有过甜蜜，有过争执，张朝阳曾因为搜狗输入法感到自豪而四处宣传，也因为王小川坚持浏览器开发而大为光火。

因为王小川执意要做浏览器，老板张朝阳曾经开出了"罚单"：让其他人接管业务，王小川几乎被解职。那是 2008 年，王小川 30 岁。同样也是在这一年，王小川还承受着父亲去世、女友分手带来的伤痛，人生痛苦达到顶峰。

那个时期，王小川擦擦桌子就有人以为他要辞职，毕竟在走出过古永锵、龚宇、李善友的搜狐，人们不会意外王小川的离开。只是对王小川而言，搜狗就像自己的孩子，他哪里都不想去。

在没有控制权、没有资源投入的情况下，王小川打起"游击战"，一边做着公司需要的视频 P2P 项目，一边从各个项目拉人做浏览器。有时候不得不承认，一个优秀的管理层哪怕在老板不支持的情况下，也要努力创造出看得见的可能。

王小川坦承："很多公司都向我伸出了橄榄枝，我认真考虑过，曾有那么一丝动心，但我和张朝阳之间的信任还在。"而在王小川暗地里坚持开发浏览器时，张朝阳假装看不见，并未再施加压力。双方在这种你来我往的博弈中，把原始的信任沉淀并巩固下来，形成一种更加坚固的关系。这也是王小川能两次说服张朝阳拒绝 360 的原因。

对于信任关系，王小川说："最终我把事情做好了，搜狗发展好了，我向他（张朝阳）证明了自己的能力和眼光，一切疑虑都将烟消云散。"

王小川从来不吝啬对自己老板的称赞，他在接受采访时曾这样评价张朝阳："第一，非常坚持，一直为搜索进行投入，从未动摇；第二，一个非常正统的人，没有坏心眼儿；第三，富有眼光，看中了游戏、搜索和视频，并将其发展起来。"

"我打内心里是信任他的。"王小川补充道。

反观张朝阳，则很少在公开场合评价王小川，但他用实际行动证明了自己的那份信任。在搜狗近几年一些重大的产品发布会上，张朝阳均会到场支持。令人印象深刻的是，在搜狗搜索 3.0 发布会上，张朝阳穿着 10 年前搜狗搜索首次发布时的服装——牛仔帽、冲锋衣，或许就是在向外界表明：信任一如既往。

王小川两次"伤害"了周鸿祎，周鸿祎也曾气急败坏地奚落过王小川，但两人并非像媒体报道那般势如水火，相反，据搜狗内部某高管透露，两人私交不错。尽管这种说法无从考证，但周鸿祎也曾表达过对王小川的欣赏，尤其是对后者的技术实力。

其实，最早想撬走王小川的人是丁磊。那是 2006 年搜狗输入法上线时，他曾开门见山地向王小川表示，将拿出足够的钱来支持他。王小川并未动心，一方面是因为天然的"钝感"，另一方面是搜狗对他而言是"喜欢的事儿"。

步丁磊挖人后尘的是百度。李彦宏在 2009 年频繁接触王小川，希望他接替前百度 CTO 李一男负责技术，王小川的回应是："要不整体收购搜狗吧。"不过，此事后来无疾而终。

据王小川自己透露，他最想合作的对象是腾讯，"因为它够大，意味着有很多可能性和足够的空间"。

但在 2013 年与马化腾会面之前，面对来势汹汹的周鸿祎，王小川先是找到马云寻求帮助。而对马云而言，相比搜狗，他更看重的似乎是王小川，于是才有了后来"王小川加盟阿里"的传言。

而在引入腾讯期间，马化腾曾向王小川提出问题："搜狗的业务指标和业务规划是什么样的：量有多大，收入多少？"这一问题涉及从搜狗的基础数据到用户量，再到最后的收入模式、增长潜力。王小川对搜狗的收入模式增长潜力如数家珍，甚至对于腾讯搜搜内部体系的了解也不亚于搜搜本身。双方得以重启谈判，并最终达成合作。

在与众多大佬的对话中，我们经常看到一个害怕选择，甚至不选择的王小川。最终，反而正是这种“不选择”，也即是他自己所说的“钝感”，成就了他。

（五）未来已来

在完成初步融合后，2014 年搜狗和腾讯开始进入了深度合作阶段。腾讯强大的社交资源逐步对搜狗开放，微信搜索、微信头条等产品相继上线。与此同时，搜狗也开始探索新的领域——智能硬件，并于 2013 年底推出首款自主研发的可穿戴设备——搜狗糖猫儿童智能手表。

在新的互联网格局下，王小川已明确表示：“我们已经具备向百度挑战的实力，我们拿到了差异化的优势，从现在起，搜狗要做对手所不能做的事情，要从追赶者转变为领导者。”

在公司内部，王小川正在紧锣密鼓地进行改组。为了保持创业公司的活力，他把部门尽量拆小，保持团队的轻便快捷，采取扁平化管理模式，这种结构能使团队在机会出现时迅速反应，降低沟通成本，提高管理和生产效率。

面对未来，对于搜狗的发展思路，王小川也逐步形成了一套系统的理论。他提出智慧战略，即通过技术的力量，把此前连接信息的互联网发展成连接人与人、人与社会、人与自然的智慧生态。

在他的思考中，未来的互联网将与人的智慧高度融合，在取得足够庞大的智慧数据后，互联网将更好地反哺人类，而搜狗在此间的作用就是尽可能地促成这个结果早日到来。因此，搜狗专门成立了人工智能研究院，并快速投入运营，据王小川本人透露，不久的将来将会发布几款令人激动、极具颠覆性的产品。

王小川是一个工作狂，在多次公开采访中，他曾表示自己与众不同的减压方式——加班。这并非玩笑。王小川就住在公司附近，搜狗就像他自己的孩子。

当然，以公司为家并不表明他是一个无趣的人，王小川有他自己的世界。

“我小时候第一个梦想是开一家玩具店，因为我想要玩具，而且我觉得里面的售货员是很懂玩具的，所以我想玩具店开了之后我就当售货员。”

王小川的偶像是史蒂芬·沃尔弗拉姆（Stephen Wolfram），一位发明 Alpha 计算知识引擎的技术天才。他喜欢的作家是蒋勋，推崇他的平静与冷思考，在王小川看来，这种平静的心态正是目前中国互联网所需要的态度。

王小川也喜欢天文和科幻，他爱读的科幻作品是艾萨克·阿西莫夫的《基地三部曲》。《基地三部曲》发生在非常遥远的未来，讲的是一个横跨整个银河系的“银河帝国”的故事。王小川喜欢置身在这种宏大的未来想象中，那些未知的令人心潮澎湃的预言，像星空一样吸引着他。

吴志祥：风雨不悔同程路

2008 年，同程网在旅游管理软件开发领域做得风生水起，每年都有几百万元利润，不久便获得凯风创投 1 500 万元风险投资。吴志祥开始尝试 B2C 业务，但一年时间下来，亏损 500 多万元，无奈之下只好砍掉。

10 年过去了，吴志祥决意要从过去脱离出来。或许是因为“白丁”时代被各路大佬拒绝的手足无措，或许是由于企业生死关头、背水一战前的痛哭与醉酒，或许是得益于走向成熟之后的圆融。

同程旅游的大本营苏州，不像北上广深巨头林立，并非互联网主要战场，同程悄无声息地完成了能量积累，像石缝里的小树苗，存活下来并枝繁叶茂。

2015 年 7 月，万达集团联合腾讯、中信资本共计 60 亿元战略投资同程旅游，估值一举达到 130 亿元。如此的历史性节点，让吴志祥更加坚信，成长路上的磕磕绊绊，并不能阻止其旺盛生命力的延续。

（一）守城之战

梁建章发明了“鼠标 + 水泥”的商业模式，带领携程占领了在线旅游市场的半壁江山。携程线上有号称亚洲最大的呼叫中心，线下有强大的地推团队，一览众山小。2006 年，梁建章卸任携程 CEO，赴美攻读博士。6 年时间过去，梁建章没有想到，携程发展脚步明显放缓，2012 年，相较于 2011 年增速仅为 19%。再看其他在线旅游企业，同程旅游业绩实现成倍增速，去哪儿同比增长

92%，艺龙更是连续7个季度在酒店预订板块反超携程，同比增速为27%。

2013年3月，梁建章回归携程，重掌帅印，不久就宣称将投入5亿美元（约合33亿元），打响史无前例的价格战，行业老二艺龙成为其首要目标，其攻打的休闲游市场让同程也无法幸免。

面对“武装到了牙齿”的携程，5天之后，吴志祥紧急召开“誓师大会”，拿出9000万元，被动卷入价格战；去哪儿宣布投资3 000万美元，打造旅游智能化服务平台；驴妈妈声称已准备好5亿元现金补贴门票，表示与携程死磕到底。

一时间，在线旅游战场硝烟弥漫，一度出现“哈尔滨冰雪大世界”票价300元，携程优惠价288元，返现288元；驴妈妈网上优惠价288元，返现300元，亏本12元；同程优惠价288元，返现250元。

价格战只是开始，战线持续扩大。梁建章亲自坐镇，除了高额补贴、邀请明星代言、冠名影视节目等，还将触角伸向苏州，地推部队在同程旁边的大楼上设立办公室，见人就挖。

同程损失了几名核心骨干，强烈的挫败感死死地压着吴志祥，更让他心痛不已的是，“同程辛辛苦苦10年，赚了1亿元，价格战打起来，1个季度就烧掉了10年的利润”。吴志祥说，当时他甚至做好了裁员、转型线下旅行社的打算。

焦虑，失眠，掉头发，“每天早晨三四点钟就醒了，睁着眼一直到天亮，睡不着”。有一次在首都机场，吴志祥都到登机口了，没想到刚一坐下就睡着了，广播多次呼叫他登机，他都没听到，结果错过了飞机。

2013年除夕之夜，同程5位创始人坐到一起，酒过三巡，几个人抱头痛哭。哭过醉过，吴志祥对景区事业部下了死命令，“都带着合同出去，不成单就不要回来”。

“2014年春节，整个景区事业部1 200多名同事都没有休息，每个景点都有人，半天汇报一次同程进去多少，携程进去多少，我们应该采取什么样的措施把客人夺回来。”

一线战士死守阵地，吴志祥也在后方运筹“粮草”：5位创始人再一次飞赴腾讯，说服马化腾追加投资。不过，马化腾对他提出的融资额不置可否。腾讯投资并购部总经理彭志坚也很遗憾，电梯载着他们来到腾讯大厦底层，彭志坚从企鹅工厂店拿了5只企鹅公仔，送给远道而来的客人。

5个人站成一排，每人手里抱着一只企鹅，留了一张影。

但时针只转了一个夜晚，事情便出现了转机。次日清晨，吴志祥接到电话，腾讯答应了同程的要求，5亿元现金很快到账。

另一方面，同程与腾讯系的艺龙旅游达成协议，双方互换产品，同程独家接入艺龙的前台现付酒店和团购酒店业务，艺龙则上线同程的门票业务，双方正式并入统一战线，共同遏制“进击的巨人”。

打到2014年，同程生存危机逐渐化解。同年3月，同程大厦举行了奠基仪式。彩旗飘飘，高朋满座，一片祥和，但吴志祥还是很焦虑，他心里默念：今天奠基的是同程，竣工后，大厦顶层挂着的还不知道是谁的Logo啊。

（二）夜会梁建章

旷日持久的价格拉锯战，将参战各方都拖入泥潭。有人评价，互联网扫过的土地寸草不生，而在价格战过程中，行业形势也在发生微妙变化。去哪儿已于2011年5月获得百度3.06亿美元投资，腾讯以8 440万美元收购艺龙16%股份，阿里巴巴开始打造旅游平台，BAT三大巨头首次同时出现在在线旅游战场；万达集团也闪电般成立万达旅业，并在全国范围内展开针对线下旅行社的并购行动。

资本并购，中小旅行社倒闭频现，在线旅游行业的战火终于以迅雷不及掩耳之势倒逼传统旅行社改革，拥抱即将到来的旅游3.0时代。

2014年4月的一天，梁建章来到苏州，想见吴志祥。

吴志祥万万没想到，梁建章此番前来，可谓手握重金——准备2.2亿美元入股同程，并将门票业务并入同程。

突如其来的悲伤和突如其来的喜悦，具有相同效果，都会让人感到茫然。送走梁建章，同程5个合伙人面面相觑，一时不知所措。他们围坐在维景大酒店大厅的沙发上，点了一壶茶，一直坐到凌晨2点才散。

携程的鸣金收兵，也给这场无休无止的OTA（在线旅游）大战画下了休止符。

实际上，就在吴志祥夜会梁建章的同一天，携程3名高管走进距离苏宁总部一步之遥的途牛办公大楼，和途牛创始人兼CEO于敦德达成协议：携程将在途牛IPO完成时，以发行价收购途牛价值1 500万美元股份。

携程转变玩法，同程也顺应大势改变阵型。此时移动互联网正迅速崛起，中国手机网民规模达到7.21亿，随着运营商资费下调、4G上线，这一数字还在不断扩大，移动化、个性化、自服务、定位化成为消费需求的主要趋势，同程旅游移动端产生的酒店预订量已逐渐超过PC端。吴志祥意识到在线旅游行业入口已发生质的转变，于是提出了“All In”无线战略——几乎一夜之间，PC端员工全部被分派到了无线事业部。

经历“杀敌一千，自损八百”的价格战之后，吴志祥另辟蹊径，推出了让同程声名大噪的“一元门票”战略。

“一元门票”是指，同程与景区合作，采取包场方式。比如，一个景点一天最多可吸引10 000名游客，同程80万元签订独家合同，原本100元的票价，到了同程手里，只卖给消费者一元。景点流量顿时暴增，一天甚至可吸引20万人次。另一方面，同程对接微信支付，微信向同程补贴5元/单。通过价格转移，不少情况下，同程一元门票业务不但没有亏损，还略有盈利。

这实质是一个多赢策略，“一元门票”让其载体同程旅游App下载量猛增；景区人气爆棚，带动同程链条产品，如火车票、酒店预订、电影票的销售；用户开始频繁使用微信进行线下支付。

2014年“双十一”期间，同程上线了3 600张“一元门票”，只用了3秒就被抢购一空。“一元门票”的火爆带动了其他旅游产品的销售，同程当天销售额超过 1 亿元。截至 2014 年底，同程成功运营了 3 000 场“一元门票”活动，场场爆满。

“一元门票”的打法，后来被吴志祥复制到“一元酒店”“一元周末”等板块，直达出境游产品线。短短半年时间，同程无线落地生根，收获了 3 000 万名新注册用户，App 装机量突破 1 亿，并获得百度首届“中国好应用”年度旅游大奖，完成了从 PC 时代到无线端的入口转移。

（三）同程无战事

同程与途牛的口水战，纯属意外。作为携程同一天投资的兄弟公司，同程与途牛互不服气，却也惺惺相惜。在行业大战中，同程以门票作撒手锏，途牛以旅游线路设计取胜，两者均得到携程青睐。随着产业升级，途牛创始人于敦德开始考虑价格下沉，补充高频率、低价格产品。吴志祥也打算推出高客单价产品。由于业务上的重叠，一场大战似乎在所难免。

2014 年底，吴志祥和于敦德一起参加在云南召开的旅游行业大会，坐在大巴上，双方剑拔弩张。吴志祥呛声途牛逼迫供应商停止与同程合作，于敦德则手持“客单价”理论，炮轰对方不该进入出境游领域。

吴志祥表示，回去就和途牛打仗。2014 年 12 月 17 日，同程召开千人誓师大会，CMO（市场总监）马和平当场立下军令状，表示“不出一年，同程出境游反超途牛，且投入成本比途牛低”。公关战就此打响。

两家公司创始人也心照不宣地借助微信公众号造势：于敦德发一篇关于同程资金链断裂文章，吴志祥就会连夜回应，公司账上还有 20 亿元现金；吴志祥下一封《途牛无路可退》的战书，不久，于敦德就公开质疑吴志祥文章系他人代笔。

同程公关总监张艳红曾有一段“黑暗回忆”。那段时间，加班是家常便饭，4 个人的公关团队，一边没日没夜地写稿、发稿，一边紧盯着对手消息的发出。携程、去哪儿、驴妈妈、艺龙等也纷纷摩拳擦掌。

意外的是，口水仗打了两个月，两人不约而同地认为持续下去毫无意义。2015年1月15日，于敦德和吴志祥达成停火协议。几个月后，携程、同程、途牛、去哪儿联合召开发布会，也宣布正式停火，并希望通过建立导游点评奖励制度，实现游客、导游、旅游服务商三方共赢局面。散会之后，同程与途牛两家公司团队坐进了一家小饭店里，握手言和。

四方的停火，宣告在线旅游业进入百花齐放的局面，而核心原因在于，在整个旅游产业里，在线旅游渗透率仅有10%～15%，庞大的市场份额依然躺在线下。在线旅游行业需要搅局者，需要一场又一场的启蒙运动，更需要良性发展。

（四）后“桃花源”时代

吴志祥曾把2013年之前的同程比喻成“桃花源”，没有价格战、闷声发大财，但平静不断被打破，而新的平衡又不断被重塑。

综观中国旅游业，OTA（在线旅游）企业已完成最初的流量争夺，各方势力的产品属性走向同质化，细化服务的比拼变得尤为重要。经过两年的迅速奔跑，同程拿到了OTA行业最后一张入场券，App下载量超过7亿，用户数超过2亿，服务出境游人次超过1亿，积累了庞大的旅游核心消费群体。同程若想进入后“桃花源”时代，需要一个系统的工程，核心点是：将客户体验放在首位，提供客户所需要的优质产品。

以出境游为例，同程旅游2015年决定打造10个非凡出境目的地，其中，率先推出的就是“非凡香港”。随着电影《港囧》的热映，同程出境游邀请导演徐峥设计了香港高端品质游路线，与行业内出境游普遍存在的“强迫消费”“行程赶”“团餐差”等情况不同，“非凡香港”结合了优质航班、特色美景、口碑美食和舒适住宿，以此作为口碑产品重点打造。

在线路设计之前，同程还召集了150余名旅游达人亲自体验“非凡香港”线路，包括媒体旅游达人、旅游爱好者、资深旅游评论员等，根据体验反馈，随时升级行程细节。结果显示，非凡出境目的地的营销十分成功，在第一次微信推送中，同程旅游内测上线 1 小时即超过 40 000 人预约，1 000 个首批席位仅 1 分钟就被抢光。

实质上，这只是同程旅游产品创新的一个缩影。在国内跟团游领域，同程打造了周边品质跟团游原创品牌——快乐大巴。快乐大巴在车上增加了自拍杆、充电宝、雨衣等实用物品，让用户切身体验到精细服务，并且承诺不安排游客消费团餐，不引导游客进购物点，费用清晰，杜绝了隐形消费。

吴志祥分析，传统跟团游之所以饱受诟病，是因为旅游企业以低价揽客、提供给导游固定薪酬。为了增加收益，导游往往会将希望寄托于游客购物返点，从而导致了游客与导游冲突不断。快乐大巴则首创导游管理制度，采用导游"底薪 + 考核"的薪酬方式，除了给予行业标准的基础底薪，并将行程把控、互动成果、游客照片收集、游客点评及反馈等当作考核指标。

与此同时，同程启动了对首席吐槽官的招聘，同程运营部、媒体公关部、客户体验中心等多个部门参与，对参选的选手从原创、可执行性与创新力三个角度打分，经过两个月的激烈争夺，最终确定了首位见习"首席吐槽官"。他是一位来自青岛的在校大学生，在任职期间分别体验了周边跟团游、周边自由、玩乐、景区、酒店、火车票、国内长线游等多个项目，通过线下全流程体验，递交投诉分析报告，并由客户服务中心提交给相应的项目产品负责人，提出整改意见。

吴志祥的微信里有一个 39 人的"客户体验提升群"，群员是各个事业部负责人，每个事业部分成若干小组。每天各事业部收集用户反馈，对各小组当天情况做出打分。得分最低的，事业部 CEO 做检讨，通过 LED 大屏幕和邮件公布。

（五）一站式休闲旅游

吴志祥教过书，做过旅游公司副总，不甘心平淡生活，2001 年加入阿里巴巴做业务员，不久就成为成单能力最强的销售员之一。2004 年，借助 B2B 模式的兴起，吴志祥拿着几百块钱，和 4 位老师、同学在苏州大学老师的 202 宿舍里开始创业。

之后，他忽悠郑州一家旅游媒体业务员来到苏州。大年初六凌晨3点，苏州火车站清冷无比，吴志祥穿着军大衣，骑着电动车出现了。小姑娘还在猜测她的老板会开什么车去接站，见此情景，扭头就要回去。

10年后，27岁的吕修全放弃山东一家党报的优厚待遇，加入同程，工号9724。一年时间下来，同程工号数发展到了14 000。如今，苏州园区创意产业园的5栋大楼，已经装不下这6 000余人的庞大队伍。“年底就要搬家了，这一次肯定挂同程的LOGO。”

采访头一天，吕修全已向吴志祥汇报：“我们的摄影师拍照需要两套衣服。”吴志祥在家里挑了很久，装了满满一个行李箱拖到公司来。这或许就是他的“打样方法”——总有一件是正确的。

吴志祥坐到记者面前，虽然已是第二次见面，他还是有些紧张。接到第一个问题后，他一把推开凳子站起来，一边来回踱步，一边滔滔不绝地讲开了。

2015年国庆期间，全国出行人数增至5.26亿人，实现旅游收入4 213亿元，同比增长17.9%。而在线旅游市场的渗透率仅为10%左右，还有广阔的市场发展空间，面对如此巨大的市场蛋糕，吴志祥没法保持平静。

从2014年开始，BAT三大巨头大规模跑马圈地，仅2014年一年就拿出共计150亿美元，投资和并购了94家企业。2015年，滴滴、快的合并，58同城、赶集合并，美团、大众点评合并……猛烈奔跑的中国互联网走到了关键时间节点，层出不穷的并购案又加剧了行业竞争。风暴袭来，一众创业者轰然倒地，又一众创业者开路前行。在线旅游市场自然也裹挟在时代的洪流中。

2015年7月，同程旅游获得万达、腾讯、中信资本超过60亿元战略投资，这也是国内在线旅游企业迄今获得的单笔最大投资。更大的战略意义在于，同程将依托万达年均20亿人次线下流量，形成从出发地到目的地的全面O2O闭环。

早在2013年，同程就曾在短短一个月时间里连开8家线下体验店，不久又在苏州、北京、上海、南京、温州、宁波、烟台等地相继开出11家实体店。截至目前，同程体验店已设立了40余家，新增了50余家“同程驿站”，尚有60多家正在筹备中。在吴志祥的规划中，同程不仅要大张旗鼓进军二、三线城市，全国每一个万达广场都将出现同程旅游的身影。

“一分钟就能卖掉一架飞机，十分钟就能卖掉一艘邮轮。”吴志祥勾画着同程的未来，他甚至认为，未来三年，“在线旅游”概念就不存在了，因为所有的旅游企业都将实现线上线下完全融合。

完成新一轮融资的当天晚上，5位创始人平静如10年前决定创业的那个夜晚，喝完一碗粥，坐火车回到了苏州。

吴志祥一个人走进理发店，告诉理发师，他想剪个光头，跟过去的那个吴志祥做一次告别，感谢过去的他全力以赴，更感谢他的兄弟姐妹们没有临阵脱逃。

尘埃落定，生机焕发的吴志祥对着镜子里的自己说了四个字：从头再来。

龚宇：顺势为王

阳光努力穿过北京黄褐色的雾霾，打在采访地点的一扇雕花木窗上。爱奇艺创始人、CEO 龚宇站起身来，随手拉上布帘。

这是一个普通的周末，距阿里宣布全面收购优酷土豆不到一个月。作为 BAT 中唯一独立发展的视频网站，爱奇艺顺势成为行业的关注焦点。

这是一家成立不过 5 年却已有多项核心数据领跑中国视频行业的网站。

2015 年 11 月，中国视频行业正走向它第一个 10 年的终点。正如无数个缺乏黑马搅局的行业一样，这个行业也在演变为 BAT 的延伸战场。如果不出意外，爱奇艺、优酷土豆、腾讯视频，或将成为未来故事的全部。

（一）盗墓之夜

那天，"叮、叮、叮"的信息提示音同时在两部手机上响起时，龚宇和爱奇艺高级副总裁杨向华正在香港某个酒店的房间里聊天。

打开手机，在一个临时搭建的微信群里，CMO 王湘君、CTO 汤兴等高管，以及负责会员业务、技术、市场、客服等一线员工已经忙碌了起来。

有人汇报：爱奇艺服务器宕机了！

原来，2015 年 7 月 3 日，是爱奇艺向会员开放《盗墓笔记》全集的日子。当晚 8 点，用户量达到新高点，瞬间挤爆爱奇艺会员服务系统。

一个月前，龚宇披露爱奇艺的付费会员数量已超 500 万人。但在 7 月 3 日的这个晚上，海啸般涌来的网友分分钟刷爆了这个数字。尽管技术团队提前预估会有一个访问高峰，但谁都没想到盛况如此空前。

就连最有经验的“攻城狮”和“程序猿”都有些束手无策，一台又一台服务器被紧急调用，却只能眼巴巴地看着它们在几秒钟之内被挤爆。到底有多少人堵在爱奇艺流量高速路上，谁知道！

微博上开始骂声一片，爱奇艺重庆公司甚至自老总以下全体员工变身客服，开始给用户做起解释沟通工作。

很快，关于这次“大宕机”的相关数据被披露：《盗墓笔记》全集上线当晚，5 分钟内的播放请求达到 1.6 亿次。

即便早在 2015 年初，爱奇艺就已经经历过春晚直播总播放量达 7 000 多万次、最高同时在线 1 400 万人的“洗礼”，但龚宇和他的同事们显然还是低估了《盗墓笔记》粉丝们的热情，预先增加的 3 倍服务器资源已然杯水车薪。

第二天，和龚宇一起在香港出差的杨向华紧急飞回北京，在公司待了两天，才逐渐平息事故。

这的确是视频行业标志性的时刻。被免费宠坏了的中国互联网用户其实是愿意为好的内容埋单的，数据是最好的说明：“大宕机”事件后，爱奇艺 App 冲上了 App Store 排行榜免费榜第一名、畅销榜第二名。

事实上，在此之前还从未有一款非游戏类应用能够进入畅销榜前五。即便不久前风靡全球的《纸牌屋》，也不曾令它的出品方和播出方 Netflix 抵达那个位置。更何况，同时登陆畅销榜的还有爱奇艺的另外一款 App——爱奇艺 PPS 影音，排名第十。

杨向华反思，一直被认为不习惯为内容付费的国内网民，似乎被低估了。

这让人振奋！

不只对于爱奇艺。自 2005 年开始，中国网络视频行业 10 年蹒跚，身上打满了“重投入”“烧钱”或“盈利困难户”的补丁。数以百计的大佬携梦想和资本而来，却相继湮灭于历史，一座座巨塔匆匆建立，又匆匆灰飞烟灭，所谓的希望之光一直闪耀，却从未有人抵达。

那一夜，失眠的恐怕不只是《盗墓笔记》的粉丝，还有围观这一壮举的全行业幸存者们。他们也是第一次看见，发生在“双十一”电商购物狂欢节的景象，出现在了自己的领域。

（二）不惑帅才

2009年9月底，在12580任COO的龚宇忽然接到百度副总裁任旭阳邀请，在北京中关村教堂附近的咖啡馆见面。

两人并不熟悉，此前只见过一次。东拉西扯了一个多小时，龚宇没有搞清对方来意，于是提出告辞。任旭阳这才点明正题，百度要组建独立视频公司，想拉龚宇入伙。

龚宇后来才知道，刚刚过去的两个月，他的名字被列在一张百人大名单中反复斟酌。“估计除了马化腾和张朝阳，国内互联网界的高管人才都在名单里了。”

百度是在这一年的6月决定做正版视频网站的。当时，全球视频网站的模式只有两种：YouTube的UGC模式和Hulu的正版视频模式。彼时，自2005年左右就在实践UGC模式的优酷、土豆等还在靠烧钱输血，又遭遇国家层面打击盗版的政策影响，模式面临改革。Hulu模式在中国大受追捧，不但百度，搜狐、酷6等也开始在这一领域布局。

任旭阳找到龚宇时，龚宇已经41岁了。不惑之年，履历显赫。

30岁以前，龚宇顺风顺水：初中毕业免试升高中，高考前保送北京医科大学，但他放弃保送，自己考上清华大学自动化系，此后9年便在清华一路从本科读到博士，毕业后加入师兄的公司做高管。

30岁以后，龚宇开始折腾，在1999年兴起的互联网热潮中，凭借一腔热情，创办了一家类似新浪、搜狐的综合门户网站——焦点网，集搜索、新闻资讯、招聘等诸多能事于一身。

一开始，焦点网恰如其名，一度成为众人焦点。但很快因定位不清、融资不足等，陷入资金困境。成立一年时间里，就遭遇了团队从十几人迅速膨胀至100多人，又快速裁员至40多人的过山车。

龚宇的家距离公司不到2 000米，他一度步行上下班。他没车，或者说，自从那辆泊在公司楼下的本田轿车在短短几十秒内被偷走后，他就没有车了。而且也不打算再买，因为每天早晨睁开眼睛，龚宇心里总忍不住想起来：噢，对了，月底用什么给大家发工资呢？

公司最困难的时候，龚宇走这2 000米要花半个多小时，因为心里沉重，腿像灌了铅，“不愿意踏进办公室的门，门里有一大堆账等着我去付”。

好在经历了成长之痛的焦点网，在转型成为房地产垂直网站后逐步好转。2002年起开始盈利，30多人的小团队在2003年盈利上千万元，最终被搜狐以1 600万美元收购。

同样还是从家到公司的那2 000米，现在龚宇十几分钟就走完了。

在搜狐，龚宇获得了张朝阳的认可，先后负责过搜狐广州公司业务、无线业务、游戏、财经中心、新闻中心、互动中心，还有客服中心、奥运、体育中心……到最后，就连他自己都不知道管过多少个部门。他一路升至COO职务，终于成为搜狐排名张朝阳之后的二号人物。

但即便如此，他还是想念创业的时候，团队十几个人熟悉得像家人一样，每到周末连员工带家属一起到北戴河、怀柔等地游玩。所以，当创业公司12580向他伸出橄榄枝时，龚宇离开了搜狐。

在12580待了11个月后，百度找来了，龚宇遭遇了更大的诱惑：网络视频，一个正在风口上的产业。

与任旭阳见面一个星期后，龚宇给出答复：入伙。

（三）仁者无为

“他笑的时候，有一种孩子般的童真，我就很轻易地信任他，不会防备他了。”第一次见龚宇，肖风没什么感觉，第二次见龚宇，她觉得有些不同：“在一个顶尖高手遍布的行业里做到CEO级别的人，已经很少见到纯真的笑容了。”

肖风是百度员工，被任旭阳派来和龚宇对接。但当第五次见过龚宇后，她决定加盟这个孩子气老板的新公司——因为爱奇艺是独立运作，这相当于离开百度。

当然，在此之前，肖风也在圈内打听龚宇的为人。结果让她惊讶，没有一个人说龚宇的不好，评价基本一致：宅心仁厚，儒雅睿智，无微不至……这让肖风相信龚宇能干成大事。

过去十几年，龚宇不但用显赫的履历为自己争取到一张百度的船票，还用人品积攒了一批忠粉。

从1998年开始，爱奇艺副总裁耿晓华就做龚宇的下属。他永远忘不了，1999年自己准备买房时，钱包掉了，6 000美元和2万元瞬间化为乌有。“这是我几年的积蓄，准备买房的首付款，当时连死的心都有。”此事被龚宇知道了，他告诉耿晓华：“没事，我借给你首付款吧。”当时，耿晓华只是普通员工，入职还不到一年。

2010年初，当龚宇再次创业的风声放出，一帮老部下争相入伙，甚至愿意降低职位，不介意头衔和待遇——他们也怀念大家一起畅游北戴河、怀柔的日子。来的人太多，以至于龚宇不得不特意叮嘱，尽量避免从已经发力视频业务的搜狐招人，免得让人觉得他在挖老东家墙脚。

“小胜凭智，大胜靠德。”资深理科男、自动化博士龚宇将之奉为圭臬，他很在乎中华传统文化里的人情味。

2010年4月22日，爱奇艺上线。龚宇四下环顾，视频行业刚刚经历正版化运动，许多视频网站逐渐被边缘化，硕果仅存的只有优酷、土豆、搜狐视频、PPTV、PPS、乐视，以及刚刚涉足此领域的腾讯视频。

它们是浴血求生的幸存者，更是身经百战的诸侯豪强。国内互联网视频的战国时代来临了。

风暴来得很快。上线一个月后，深谙资本运作的古永锵为优酷完成第六轮融资，半年后上市；次年2月，PPTV获得软银2.5亿美元融资，募资额几乎相当于 IPO；4 月，同为“富二代”的腾讯视频含着金钥匙诞生；8 月，因创始人王微离婚纠纷被优酷超车的土豆，也终于流血上市……

获得融资的大佬们都急于争夺更大的市场份额，独家版权内容是获取用户的重火力武器，这直接引发豪强们激战独播剧版权。所有剧集都在涨价，一度升至几万元甚至几十万元一集，也出现单集报价过百万元的剧集。整个过程从 2011 年中期开始直至 2011 年 10 月，11 月达到顶峰，之后慢慢回落。

爱奇艺甫一出世，便被裹挟于江湖的腥风血雨。但焦点网的创业经历让龚宇选择了一条不同的路径：无为。无为，不是无所作为，而是韬光养晦。具体来说，就是不参与独播剧版权之争，不和任何同行产生纷争，不打版权官司。“我们用所有精力专注在核心事务上，比如内容、网站、技术、宽带、团队等，低调求生，无暇他顾。”

乱世之中，征战杀伐，业内肆意损伤元气，却没有意识到背靠百度、有钱有资源的爱奇艺，正以火箭般的速度完成原始用户积累、产品优化，逐步站稳了脚跟。

（四）争霸之始

那几年，爱奇艺高级副总裁杨向华一度压力很大。

他发现，无论自己多早来公司，都能看见龚宇已经坐在公司楼下思考问题。他也从没见过有谁能把 Outlook 用得比龚宇更极致：下属每天凌晨 1 点收到他的邮件，早晨 7 点多钟又收到他发的邮件，每个项目完成前一天也必会收到龚宇的邮件提醒。杨向华说：“我看不到他有私生活，绝大部分时间都在工作。只有周末一天当司机，送孩子上课。”

隐忍、勤奋、目标明确、路径清晰，40 多岁的龚宇奋战视频网站战国时代，像极了日本的德川家康。

为了能抓住未来弯道超车的每个机会，他秘密成立了一个“实验室”，也就是杨向华领导的“新业务拓展事业部”，负责研究除已有 PC 业务、广告模式之外的任何模式。当时，杨向华经过论证，确定了三个方向——移动端、会员收费和电视端，分别由三个团队进行深入研究。

最先取得成效的是移动端团队。

那是2010年，爱奇艺刚刚成立不久，Linux和Symbian系统随诺基亚手机的流行几乎垄断了规模尚小的智能手机市场。但这支技术团队经过深入研究，发现Linux和Symbian本身存在重大漏洞，根本不足以武装未来的智能终端，反而是当时看上去比较小众的Android和iOS具有极大发展潜力。

尽管此时看来顺理成章，但在彼时彼刻这却是一场豪赌。爱奇艺将所有资金、人力、资源等投入Android和iOS版本的App研发，尤其是率先上线了一款iPad版应用，这在所有同行中开了个先例。且不论现在来看这个“赌”是何等正确，那一年国庆节，爱奇艺上线不过5个多月，其iPad端应用连续7天下载量、访问量居第一。

龚宇一直强调，爱奇艺不是一家媒体，也不仅是一家视频网站，而是一家技术公司。在内部，爱奇艺有个48%的红线，即一旦公司内技术人员占比少于48%，其他非技术岗位暂停招聘。

以数字红线严格划分日益庞大的团队扩张，在互联网乃至商业界都很鲜见。这也让爱奇艺具有了其他视频网站不同的气质：它是以技术为核心的。

比如版权大战时，所有人都在追求大而全、独播等，爱奇艺却利用公开信息搭建了一个“选剧模型”，通过导演、演员、集数、类型、播放时间等诸多数据，辅之以主观因素，预测未来哪部剧能火。现象级电视剧《来自星星的你》，就是被爱奇艺通过这种方式选出来的。

2012年11月，一段龚宇的视频讲话出现在爱奇艺网站上。在那段6分钟的视频中，龚宇频频提及“行业领导地位”。低调3年，他终于看准PC向移动端过渡的时机，第一次明确表露目标：“取代已合并的优酷土豆，将爱奇艺做成行业老大。”

一年多后的2013年5月7日凌晨2点，百度以3.7亿美元全资收购PPS视频业务的合同签订，爱奇艺和PPS合并。尘埃落定，优酷土豆一家独大的局面仅维持了14个月。这个行业的争霸游戏，远未结束。

新战场在哪里？

（五）决胜“苹果树”

硝烟是爱奇艺主动点燃的。

2013年底，龚宇跑去长沙，跟湖南电视台台长聊了一个多小时，砸下2亿元天价买断湖南台《爸爸去哪儿》第二季、《快乐大本营》、《天天向上》、《百变大咖秀》、《我们约会吧》5个热门综艺的独家网络版权。

随后，爱奇艺更是直接宣布：《爸爸去哪儿》第二季将独家播出，“不分销、不换剧、不赠送”。此番杀伐决断的姿态，迥异于以往的低调与温和。

业内震惊，不仅因为2亿元天价，还因为龚宇对综艺节目能够成为“流量之王”“吸金之王”的自信和笃定。

要知道，乐视也是《爸爸去哪儿》第二季的广告赞助商，但它只花了4500万元成为“第三合作伙伴”，既非冠名，也非唯一特约合作。在网络播出中，作为唯一播出平台的爱奇艺掌握着这位竞争对手的产品和品牌展示机会。

随后的事实证明，2亿元绝非龚宇的豪赌，“在业内普遍不挣钱的情况下，这个项目能挣钱是挺不容易的一件事”。

此后，爱奇艺再次出手，买下浙江卫视《奔跑吧兄弟》独家网络版权。后来，这个节目不仅成为播放量50多亿次的现象级综艺节目，还为爱奇艺带来高达1.8亿元的网络冠名，刷新了互联网综艺节目冠名纪录。

流量、用户、利润，“韬光养晦”战略之后，龚宇祭出的“伺机而动”新战略，一出手就成绩斐然。“伺”的是大娱乐、“90后”、移动端等行业新趋势的“机”，赚的是10年来视频网站求而不得的真金白银。

然而，这并非“伺机而动”的全部，3年“韬光养晦”，龚宇杀招不断。

2014年11月，马东、高晓松和蔡康永穿着苏格兰裙同台亮相。久未露面的前央视主持人、“60后”马东甚至在裙子下穿着白丝袜，他现在的身份是爱奇艺首席内容官，中国首个说话达人秀节目《奇葩说》的三大主持人之一。

《奇葩说》一亮相，第一季5 000万元的冠名费便成为互联网综艺节目的冠名之最，直到同样由爱奇艺独播的《奔跑吧兄弟》第三季将其刷新。节目第一季的总播放量为2.3亿，到了第二季，仅第一期节目的总播放量就达到1.5亿。

此外，自制综艺中的《爱上超模》《偶滴歌神啊》《我去上学啦》《流行之王》等，无一不是爆款。《爱上超模》更是输出欧洲，成为网络综艺走向国际的典范。

在自制节目大获成功的同时，爱奇艺还参与了《盗墓笔记》《灵魂摆渡》《花千骨2015》《校花的贴身高手》《废柴兄弟》《蜀山战纪》等一系列爆款剧集的出品或独播。

超级综艺、现象级自制网剧和节目，这些熠熠生辉的名字一同构成了最近两年中国网民生活的大部分。龚宇站在这一切热闹的背后，带着爱奇艺创造了这一切。

对了，我们没有忘记《花千骨》热播时，那款随之走红的同名手游。在爱奇艺的撮合下，影视剧、游戏、播出平台三方，首次围绕同一个IP展开合作，开创了“影游互动”这个新玩意儿。玩家们发现，无论是游戏人物造型还是剧情走向，不但与电视播出的内容完全一致，在一些情节和桥段上，甚至可以实现互动。超2亿元的月流水，让《花千骨》手游成为IP开发史上最为成功的案例。

同一IP能够同时开出影视和游戏两朵花来，它还有没有更多的可能？2015年11月4日，龚宇用一个“大苹果树模型”演示了爱奇艺的未来：实现同一内容IP下的多种商业模式，包括广告、收费、电影、动漫、游戏、电商等衍生生态链。

当网络视频成为互联网第一大应用时，视频网站将不再是用户到达的终点，而是起点。人们打开某个视频App的目的将不只是看电影、网剧或者综艺，还可以购物、社交、玩网游、去秀场互动，甚至参与某个影片的拍摄。

或许，站在中国视频网站的第一个10年之末，我们终于看见了它走出“烧钱”困境的正确“姿势”。

下篇 | 千树万树梨花开

（2015—2018）

随着我国互联网技术的不断发展，受众不断增多，各种互联网企业不断出现，使得市场呈现出繁荣的景象。风险投资的加入，使得互联网企业拥有了更强大的资金基础，能够为长远发展提供丰沛的土壤，也使民营企业的发展空间更为广阔。

2015年，参加“两会”的民营企业家达到了创纪录的规模，这些富豪的净资产合计达2.9万亿元，这个数字相当于1992年底的中国广义货币总量，或当今奥地利的国内生产总值。

2016年，G20金融峰会在杭州举办。也是这一年，中国有了1.2万家风险投资公司，成为继美国之后的全球第二大风险投资市场。

2017年，AI变成了最大的关键词，现在不再是“互联网+”，而是变成了“+AI”。任何行业都需要思考如何和AI进行结合，否则就会被行业抛弃。

在这种趋势下，新能源、人工智能等创新科技产业开始真正走入人们的生活。

第三章

金钱不眠|跃居第二大风险投资市场

一个人如果没有野心，他极有可能会一辈子贫穷，更不要说一个企业。

乔布斯说：“保持饥饿，保持鲁莽。”对企业来说，这绝对是句至理名言，对风险投资行业更是如此。

近些年，中国的资本市场异常活跃，国家的金融政策日趋完善，很多企业上演的“资本神话”让中国的企业家们越来越关注资本市场。如何利用资本市场实现企业快速增长，上演“资本神话”，已经成为许多成功企业家下一阶段发展的目标。

沈国军：一个征服者的自我征服

人生高处的风景究竟如何？

2008年10月，耗资60多个亿、历时10年建造、被称为“长安街第一高度”的北京银泰中心开业，成龙、李连杰、李冰冰，以及柳传志、马云、郭广昌等700位社会名流纷纷前来给沈国军捧场。群星围绕、镁光闪烁、鲜花掌声、香槟美酒——这就是人生高处的风景吗？

50年如梦似幻。

往远处追溯，沈国军14岁那年父亲因车祸去世；20岁那年母亲因胃癌离世前，从一件旧棉袄里掏出一沓皱巴巴的钱交给他，嘱咐他要照顾好弟妹；后来，他靠跟朋友跑一些建材生意养家糊口。

往近些回忆，1997年，35岁的沈国军创立中国银泰，5个人两间办公室；2013年，中国银泰已成为一个横跨商业零售、地产开发和矿产资源三大产业，资产规模达400多亿元的商业帝国。在最新的福布斯榜上，他以116亿元身家，名列第44位。

这个出身浙江奉化一个渔村的男人，竟然以这样的方式征服了命运。他说：“我也常常感觉不可思议。”

可是，更不可思议的，是时代的变化。

往更近了看，北京银泰中心的高度，已被马路对面的国贸三期超过；商业

地产的泡沫，正被扎堆的跟进者们越吹越大；电商渠道的生猛，仿佛时刻可以干掉传统渠道……

种种类似迹象，似乎提醒着今年 51 岁的沈国军：曾被征服的命运又杀了回来。

正因如此变化，几乎不接受媒体采访的他，爽快地让我们走进他在北京银泰中心的私人公寓，与他长谈。公寓窗外是凌驾于城市之上的风景，繁华的国贸商圈从脚下渐次铺陈开来，能让人内心升腾起一种征服欲。

事实上，看惯风景的沈国军，却是高处不胜寒。“就像金字塔，越往上人越少，有时候，你会发现自己背后没人了。你可能对，也可能错，但只能自己去思考和承受，特别孤独。”

独自回想如何登上来，独自寻找下一座山峰，如此孤独，才是人生高处的风景。

（一）资本猎手与实业家

先从一场商战说起。

2011 年 3 月 28 日，沈国军的银泰系通过二级市场，将鄂武商 A 股份增持至 22.72%，一举超过了以武商联为代表的武汉国资系持有的 22.69%，成了鄂武商 A 的第一大股东。

顶着“中国商业第一股”的鄂武商 A，可是武汉商业零售领域的金字招牌。银泰此举，震动武汉。

停牌两天后的 3 月 30 日，武汉国资系发起反击，借助援兵武汉经发投的股权，武汉国资系在鄂武商 A 的股权升至 22.81%，以微弱优势夺回第一大股东地位。

沈国军并未罢手。4 月 6 日，银泰系再次增持鄂武商 A 至 23.83%，重夺控股权。然而，两天后，武汉国资系请来第二支援兵武汉开发投，使鄂武商A的股份升至23.99%，再度保住了控股权。

孰料，4月13日，银泰系发动第三次增持，以24.48%的股份又一次控制了鄂武商A。此后，在武汉国资系干预下，鄂武商A停牌，银泰系无法进一步增持。直至6月9日复盘，武汉国资系增持鄂武商A股份达29.67%，又一次保住了第一大股东的控股地位。

实际上，这只是鄂武商A股权拉锯战的一个片段。这场历时8年、至今仍闹得沸沸扬扬的争夺，不仅是一场民营资本与地方国资的针锋相对，更是一次行政与市场、利益与规则的深刻反思。

暂且避开这些纷扰，单从这一片段来观察沈国军，外界似乎看到了一个作风低调、性格顽强、出手凶狠的资本猎手。诸如“银泰系只是一个运作资本的投机者”“控制鄂武商A是为了图谋华中市场”等争议从未间断。

不可否认的是，1997年创立中国银泰之时，沈国军已在建行系统里历练了11年，并亲历了海南地产泡沫的破灭。因为这样的人生积累，中国银泰从一开始便奠定了“以资本运作带动产业发展”的路数。

一个显著的例证是，2006年，由于同时出手鄂武商与杭州百大，沈国军被媒体评为年度十大并购人物之一。

但问题是，真实的沈国军，确如外界所言吗？

先看起步的1997年，沈国军找来5个股东。可是，中国银泰还没站稳，亚洲金融风暴便迎面扑来。其他股东们纷纷萌生退意，沈国军却坚持了下来，接下了这部分股份。

“当时压力很大，每天晚上睡不好，加班累到生病住院。”

再看2008年全球金融危机。当时谁都无法预料，资本市场究竟会跌到哪里，很多银泰高管认为，应该留着更多的现金过冬。但沈国军却决定，回购银泰百货上市公司的股份。

当时，常有几千万股的盘抛出来，价值数千万港币。银泰百货CEO陈晓东失落地问沈国军："是不是整个市场都怀疑我们？再也回不到以前？"沈国军却坚定地回答说："资本市场那么疯狂，我们整个公司跌到一个门店的价钱，这是极不理智的。别人不一定正确，我们继续增持！"

后来，事实证明了沈国军的判断。当时 1 元多买回来的股票，涨到了 10 元以上。

最后落脚到产业实体上。鲜为人知的是，2009 年沈国军收购了偏居湖北仙桃的商城大厦。当时仙商虽然年营收有 5 个多亿，但武汉中百和中商两家大鳄已经进军仙桃，直逼仙商。

在这样的背景下，银泰的入驻为其带来了资金、品牌和供应商等资源，仙商一举买下了马路对面的大楼，架起了天桥，实现南北贯通，扩大了经营面积，并引入了大量仙桃当地前所未有的时尚品牌。

2012 年，仙商营收超过 10 亿元，成为全国地级市中单体百货大楼的销售冠军。

那么，可以将沈国军定义为实业家吗？按照通常标准，在他的经商历程中，并没有在市场中摸爬滚打，或在工厂里敲敲打打的草莽经历。只是，银泰的调子起得比较高，"资本运作只是手段，银泰的根基还是产业，一直都没变过"。

遗憾的是，由于沈国军的低调，外界看到的，更多是手段。或许在话题性上，外界更喜欢的，要么是一个阴冷的资本高手，要么是一个热血的草莽英雄。但沈国军从来不去辩解："爱怎么说就怎么说吧，我们踏踏实实做事就行。"

回到鄂武商之战，亦是如此。

（二）多元化的进与退

所谓悲哀，还不止于此。

2005 年，沈国军猛然发现，中国银泰成了一辆横冲直撞的投资战车，闯进了百货、地产、证券、银行、水电站、电缆厂，甚至食品加工等多个领域。

“太快了，有些企业甚至财务状况都没彻底搞清，就买过来了，而且很多买来的企业，根本管不过来。”

很快，这辆战车狠狠地撞上了风险。

2005年，由于股票市场惨淡，乱象频生，证监会下达命令，不鼓励民营企业继续做证券公司的大股东。这一政策如天雷般直接击中了沈国军投资的天一证券。政策一声令下，天一证券全部20多家营业部，整体划给有国资背景的光大证券。

沈国军彻底傻眼了：“说没就没了。”他一度想尽办法，写了很多要求增资重组的报告，找了很多汇报渠道，但都无济于事。他作为大股东，前前后后投了10多亿元，一下子都打了水漂，几乎没得到任何补偿。

一年后，随着一波大牛市，这20多家营业部利润达到20亿元，整体估值几百亿元。若按沈国军55%的股份，也是一两百亿元的资产。但这已经跟他毫无关系。

痛失证券公司的沈国军，因为心力交瘁长期胃出血。一次在办公楼的电梯里，忍不住把血喷了出来，鲜红的液体溅到了电梯壁上，周围的人都被吓着了。他躺在病床上陷入沉思：“人生在世，说到底，除了健康，没有什么是不可失去的。”

从此以后，他开始变得不再那么节俭，变得懂得享受生活，舍得给自己花钱，去国外旅行，穿点好衣服。而他的日常饮食习惯也清淡起来，不碰烟酒咖啡，饭菜少油少盐。

与此同时，他还开始反思银泰的多元化扩张。能怪谁呢？政策风险吗？但这无法改变。最终还是只能问自己。关键的问题在于，银泰究竟是一家做什么的公司？分解开来就是：能做什么？不能做什么？

那么，不能做什么呢？

比如证券与银行。其一，在国企处于垄断地位的行业，民企去控股经营的政策风险太大，能避则避。其二，银泰也没有经验与资源帮助其开拓业务。吃了苦头的沈国军，相继出售了浦发银行、交通银行和宁波银行的股份。

另外，银泰还收购过一家叫金果实业的上市公司。买过来一看，其旗下包括水电站、电缆厂、食品加工厂等一系列繁杂的业务，按照银泰的资源配置，根本无从下手实施改造，并且一些在收购前被隐瞒的财务问题也暴露出来。沈国军果断壮士断腕，按照交易协议，退给了原股东，亏了几千万元。如今这家上市公司已经面临退市。

（三）多元化的进与退

那么，又能做什么呢?

2005 年元旦，沈国军告诉银泰百货 CEO 陈晓东："中国百货业并购扩张的黄金期，就在此后三五年。"陈晓东不是很理解，"那时的资本市场很低迷，简直是风声鹤唳"。

沈国军的判断基于三点：第一，当时银泰虽然只拥有四五家门店与 30 多亿元的销售额，但具备了成熟的百货经营体系；第二，股权分置改革使大量法人股变成流通股，市场上出现了大量的并购机会；第三，百货业虽然利润率不高，但拥有稳定的现金流，受经济周期的影响不大。

这一年 10 月，银泰百货引入美国华平基金 8 600 万美元的投资，开启了 2006 年同时对鄂武商 A 与杭州百大的并购。2007 年，银泰百货以 240 倍的超额认购，登陆港交所，一举募得 20 多亿元的资金。

在资本的杠杆作用下，银泰百货的并购式发展让人瞠目结舌。至 2012 年，银泰百货在全国控股 50 家门店，年销售额达到 200 多亿元，成为中国最大的时尚零售百货帝国之一。

如今回顾起来，这段时期确实是百年难遇的机会。跟沈国军类似，另一位业界大佬黄茂如亦抓住了这一时机，用相同的方式打造年销售额上百亿元的"茂业系"。

时势造人，概莫如此。而沈国军的另一条多元化路径，则可谓人造时势。

2004年，广州市开发区改为行政区，其旗下上市公司南方科学城成了一个没有历史包袱、没有银行负债的优质壳资源。“在中国市场上像这么干净的壳不多。我们一定有机会将其做成一个特别好的上市公司。”

最终，在沈国军的强烈意愿下，银泰从苏宁等竞争强手中脱颖而出，将南方科学城收入囊中。然而，所谓的机会在哪里呢?

一方面，沈国军将服务于北京银泰中心的银泰酒店公司装进科学城这个壳里作为过渡；另一方面，则瞄准矿产行业，寻求并购对象来重组科学城。“有个朋友跟我讲，做零售和地产太辛苦，中国人多资源匮乏，资源行业是不错的利润来源。”

起初，沈国军意图做煤矿，不但做了很多勘察，还找了中煤等巨头洽谈合作，5 000万元的定金都打过去了。但越往深处了解，他越觉得煤炭行业的周期性特别明显，再者民企在里面受政策制约，风险很大。

于是，他决然退出。直到2009年，“煤改”政策一下，不少中小型民营煤矿被大型国企整合。这让他想起了4年前的天一证券，当初的自我反思终究还是帮了自己。

不过，沈国军并没有就此止步，而是在朋友的指引下，看准了有色金属行业。“有色金属越来越稀缺，价格一直在涨。”

时至2013年1月，科学城以22.93亿元买下了玉龙矿业69.5%的股份，同时将银泰酒店公司作价4.83亿元，转让给控股股东中国银泰，从此彻底转型为一个主营银、铅、锌等有色金属的大型矿业企业。

不过，沈国军更看重的是，按照计划，科学城将被更名为“银泰资源”，以玉龙矿业的资源规模与品质，这很有可能成为“中国银矿第一股”。

(四)心里的山

第一，是沈国军的一种情结。他说，银泰对于一个行业的进或退，取决于能否做到第一。

这或许可以解释，他为什么可以花 10 年时间，耗资 60 多亿元，披荆斩棘地建造北京银泰中心——“长安街第一高度”。

1998 年，在亚洲金融风暴的背景下，沈国军拿下后来北京银泰中心的土地开发权。“那时由于金融风暴，土地估值很便宜，但我们刚成立不久，没那么多钱，不然项目会更大。”

更大的是后来的重重障碍。

首先是资金。2003 年项目启动，正好撞上宏观调控，银行根本不贷款给“楼堂馆所”项目。沈国军转而找到国际投行美林，原本只是借钱，但谈着谈着，对方看出他急需资金，便提出入股。

最终，沈国军心一横答应了美林，靠着美林的 3 000 万美元，填上了启动资金的缺口。这背后除了钱，他还盘算到，美林入股可以提高项目国际化的一流形象。在营销推广期，美林的大牛头标志贴在了推广的各种广告上。后来，美林通过银泰的回购退出，获利颇丰。

在项目中后期，沈国军几乎动用了所有其他项目赚来的钱，但资金仍然吃紧。最后，只好将三栋主楼中的东面主楼，整体卖给中国人保，加上高端公寓的销售回款，银泰才算是克服了资金上的障碍。

其次是政策。根据政府规划，长安街两侧建筑限高 250 米，项目中央主楼设计高度 249.9 米，差一点碰红线。由于这样的政策因素，以及总投资额巨大，超过了国家发改委的权限，两次上报国务院总理办公会，所幸最终通过审批。

“一个民营房地产项目，上了两次总理办公会，是绝无仅有的事情。”尘埃落定后，沈国军引以为傲。

最大的障碍，其实是自己。

立项之初，沈国军定下目标：经久不衰，品位高端。这八个字在他内心深处，意味着赚钱已是其次，最重要的是一种自我实现。

这听起来太玄乎，但实际却很具体。比如，项目启动不久，投入资金还较少时，有资本大鳄找上门来，开出“已投资额加 1 亿美元”的条件，砸到沈面前，希望他转让项目。结果，沈国军毫不犹豫地拒绝。

“那时银泰盘子不大，一亿美元对我们来说，是很大一笔钱了。如果要赚钱，沈总早把它卖了。”在银泰任职11年的副总裁韩学高告诉记者。

再比如，项目设计面向全球招标，引来了11家国际知名的建筑设计事务所，沈国军最终的选择是，时年79岁的大师约翰·波特曼——纽约的洛克菲勒中心、新加坡的马里那广场等国际经典建筑的设计者。

波特曼的设计将原来设想的5座塔楼削减为3座，这意味着大幅降低了投入产出比，甚至有可能亏本。但沈国军力排众议：我们能不能把眼光再放长远一点，向国际著名机构学习？

周围的人很难明白：一个人为什么要不断给自己出难题？比如200多米高的建筑外墙，要采用最贵的石材；内部酒店要选择美国凯悦酒店集团旗下最高端的品牌——柏悦酒店；物业管理要选择国际老牌“第一太平戴维斯”……

直到北京银泰中心开张，成为高端城市综合体的标杆与北京时尚潮流的制高点时，周围的人才找到某种答案：这个人是在自己心里爬一座山。

不单是一座山。

这个项目结束后，沈国军将团队集中到长城脚下公社，开了两天总结会。比如预计2007年12月竣工，是什么原因导致奥运前才竣工？是设计方案没把握好，还是后期工程延误？这种开诚布公的总结，为2010年6月成立主营商业地产的银泰置地，奠定了团队与经验上的基础。

从中国银泰的战略层面看，经过了多元化的阵痛后，沈国军梳理出三大产业板块——银泰商业、银泰资源与银泰置地。“百货是一锅汤，虽然利润不高，但有充沛的现金流；矿产利润丰厚，是马上可以吃的肉；而商业地产是金银制的锅具，可以当作传家宝。”

（五）狮子与绵羊

2012年，拥有全国50家门店的银泰百货帝国年销售达到200多亿元。

这背后，沈国军经营了 15 年，堪称奇迹。但是，更神奇的奇迹是，在他的好友马云旗下，天猫和淘宝在 2012 年“双十一”这一天，便创下 191 亿元的疯狂纪录。

一年与一天，相形见绌——狮子将会吃掉绵羊吗？

马云在公开场合将电商比作狮子、传统零售比作绵羊时，沈国军就坐在一旁，表情没有一丝变化。他避开了好友的锋芒，话锋一转：传统零售不会消亡，只是需要变化。

的确，时代变了，一个人对事物的理解也会变。

15 年前的杭州，马云创立阿里巴巴，沈国军的第一家银泰百货开业。事实上，站上渠道这条起跑线，沈国军是被逼无奈。“武林路这座商业物业，4 万多平方米。当时金融风暴，大家都没钱，我们找了太平洋和百盛，免几年租金都没人来接。”

迫不得已，沈国军决定自己硬着头皮顶上，可银行出身的他，对百货业一窍不通。怎么办？他斥重金从海外挖来了专业团队。

“当时大陆百货业还比较僵化，海外团队对时尚潮流的把握要领先很多。”沈国军对这座商场的要求是：与众不同。在海外团队的经营下，银泰武林店定位于时尚潮流，重新设计了商场的装修风格，还在杭州第一次引入了国际品牌，改变了原来偏传统的商品定位。

最终，引领风尚的银泰武林店，轰动杭城。不但 5 年后创下全国单一百货店单日销售 8 200 万元的纪录，并很早就收回投资成本，还奠定了此后银泰百货的时尚定位。

尽管有着一炮而红的开头，但沈国军对百货业仍然不感兴趣，“一是利润率不高，二是我一点都不懂”。直到 2004 年，很多基金找上门来，沈国军才真正提起了兴趣，回过头来审视百货业，“现金流大，增长稳定”。于是，他进行了诸如提拔大陆高管、引入华平基金等一系列调整，使银泰百货进入并购式发展的轨道。

抛开令人炫目的并购，回到百货零售业本身。

这本是一个高度竞争的行业，且同质化严重，不仅在品牌组合上雷同，而且在促销手段上，也都是千篇一律地在节日打折。更何况面对电商的低价，商场打折已经不再具有吸引力。

那么，沈国军将银泰百货的崛起，建立在怎样一条逻辑线上？

首先是品牌，定位精品时尚。

银泰掌握了2 000多个国内外时尚品牌，亦是国际奢侈品品牌在大陆最大的渠道商。“跟国际奢侈品品牌合作，需要商场的核心地段与装修设计，以及掌握它们的游戏规则。”

比如，首先要拿下LV和Gucci两大人气最高的品牌，因为它们分别代表LVMH和PPR两大奢侈品集团。其他品牌都会参考这两大品牌的选址，要是LV和Gucci说不，奢侈品品牌招商就会很困难。有了这些奢侈品运营的基础，银泰便可以通过品牌组合制造新鲜感，避开同质化的价格促销。

其次是管理，让“大象”跳起舞。

银泰的IT系统连通了总部、供应商与全国50多家门店，能实时反馈供销数据。甚至通过手机App应用，银泰的供应商就能够实时查到，自己的商品上午在杭州武林店卖了多少，下午在武汉银泰卖了多少。

而一个门店管理的细节是，金融出身的银泰CEO陈晓东曾问一个门店总经理：“我们为什么要在9点半开门营业，而不是在10点呢?”该门店总经理愣了：“因为9点半开门是惯例啊。”

但后来经过研究发现，这半小时内客流量、营业额等收益与能耗、人工等成本的投入产出比不划算，开业时间最终被改为10点。这种“他山之石可以攻玉”的管理方式，为银泰带来了不少微创新的契机。

最后是体验，制造人间烟火。

比如举办“吃货节”。11月11日被大家视为“光棍节”，电商借此疯狂促销。但是，“电商虽然火，但你不能在网上吃东西吧”，银泰将其看成“两双筷子”，进而联盟商场内的餐饮商家，举办免费或低折扣促销的“吃货节”。

与此同时，进行微博互动。转发并 @ 一个异性好友，便有机会获得免费双人套餐，转发量很快破万。网友好评如潮，“你若暴饮暴食，我便海喝胡吃。哪有什么光棍节，吃到哪里，爱就到哪里”。

2012 年“吃货节”5 天后，银泰杭州武林店店庆促销，吸引了 20 多万的人流量，最终以 1.1 亿元创下单体百货店单日销售纪录。

这样的内在逻辑，亦是除了资本之外，银泰串联并购对象，对其注入活力的方法，最终成就了银泰百货的奇迹。但是，这比得过马云所谓的狮子吗？

（六）特立独行的电商样本

时代终究是变了。

电商的崛起，轰轰烈烈。连沈国军自己都承认，如果王健林和马云真的赌一个亿，赢家会是马云。不被狮子吃掉的办法，就是自己也变成一头狮子。2012 年，上线两年的银泰网，销售额增长 300%，超过 6 亿元。

如何来衡量这 6 亿元的价值？天猫淘宝“双十一”销售的 1/30？以数据论，的确如此。但这却是传统百货涉足电商的第一步，尽管只是一小步。

先抛开传统零售，将这一小步置于电商江湖。价格战、广告战、口水战……各种明枪暗箭，银泰网何以安身立命？

何以安身立命，要看武功路数。事实上，这个江湖已经陷入了一个可怕的怪圈：在资本的疯狂刺激下，用广告轰出用户流量，再以低价转化为业绩增长，但却迟迟不赚钱，又回头来绑架资本。“一门生意做到两三百亿元，还不赚钱，说明商业模式有问题。”沈国军如是评价。

那么，银泰网该怎么做？

这一问题被摆在了银泰网 2011 年中董事会上。当时上线半年的银泰网业绩仍不见起色，而业内的价格战正打得热火朝天。

银泰网 CEO 廖斌回忆：当时团队内部开始犹豫，要不要加入战团？也许应该遵循行业通行的规则？但沈国军一票否决："电商的本质还是零售，进价100块只卖85块，是一种病态。"

回归渠道的基本价值——给上游供应商创造价值，给下游消费者创造价值。

银泰网虽然独立于银泰百货，但却有银泰百货的资源作为依托：一是2 000家时尚品牌的供应商阵容，二是100多万的VIP会员。这样的资源共享，使银泰网形成了业界无可比拟的上下游资源优势。

如何将优势转化为价值？

对于供应商而言，银泰采取自行采购和联营两种模式，在维持价格稳定，与实体渠道差不多的同时，保证了自己的利润率。

比如，在签订年度合同时，银泰便将供应商纳入年度营销计划，让其提前做好促销准备，而非临近节日时"绑架"供应商促销。更重要的是，银泰网会对用户数据进行分析，让供应商更了解银泰用户的消费习惯，从而更有针对性地备货促销。

"供应商更愿意选择一个能够帮助自己的渠道，还是一个长期压榨自己、扰乱价格体系的渠道呢？"在与银泰网签订合约的300多个知名品牌中，有60%从未在国内正规B2C电商中出现过。

对于消费者而言，跟银泰百货一样，银泰网定位高端时尚，旨在提供最具性价比的时尚商品。基于银泰百货的供应体系，用户不会担心在银泰网上买到假货。

"很多人选择网购是贪便宜，但价格最低，并不等于最称心如意。比如一条很便宜的黑色裙子，但黑色已经不是当季潮流了，你可能更喜欢一条糖果色裙子，尽管价格稍贵。"在供应商体系的支持下，银泰网拥有诸多大牌的新品在电商渠道的首发权。

而在营销推广上，银泰网并没有加入电商铺天盖地的广告战，而是通过银行VIP信用卡、百度关于奢侈品的关键词和凤凰网等渠道，针对高端时尚人群的行为习惯，进行精准营销。加上大量银泰百货VIP会员转化而来的用户，银泰网的用户黏性极高。

事实上，银泰网 4% 的用户创造了 37% 的销售，重复购买率达 60%，平均客单价高达 600 多元（同类电商为 200 元左右）。

更有想象空间的是，银泰网与实体门店的协同。比如，在 50 家银泰百货里，开设银泰网体验区；在商场里安装可以上网的触控屏幕，顾客可以选择在网上买，还是在商场里买。

这种回归渠道基本价值的路数，究竟能在这个混乱的电商江湖走多远？答案在风中飘荡。按照沈国军的计划，2013 年下半年，银泰网要争取实现当月盈利。

（七）未来的样子

未来仅仅是银泰网吗？

时代还在变。譬如移动互联网的迅猛崛起、社交媒体的不可阻挡、O2O 模式的悄然生根……仿佛要使固有的商业常识统统归零。

2009 年，沈国军和一群朋友去了南极。22 天脱离电脑与手机，白天面对沉寂的大地与皑皑的冰雪，晚上一个人躺在休息室里读《沉思录》。

“当时我在设想，如果有一天我什么都没有了，我觉得我也能过。哪怕到街上摆摊，我的生意也会比别人好。这个我很自信。为什么？因为本来我就什么都没有。”

清空自己，方能从零开始。

这次南极之旅，沈国军与同行的新浪副总裁王滨经常聊天。百货零售与互联网的两种商业常识碰撞在一起，最终得出了一个“互联网自动售货机”的创业点子。

事实上，国内自动售货机市场潜力巨大。一项数据对比是：在日本，500 万台自动售货机，包办了 90% 的饮料销售；而在中国，仅有 4 万台的保有量。

2010 年，王滨从新浪离职，与沈国军一起投资 500 万元，创立了专攻互联网自动售货机的友宝。与传统售货机不同，友宝除了饮料和小食品的销售，还具备27寸触控屏幕和24小时物联网，以及基于云系统的后台管理。

在这个基础上，供应商可以实时监控任何一台售货机的销售情况，通过监测数据对比，第一时间淘汰滞销品或补充畅销品。

而对于用户来说，只要下载一款友宝的App运用，便可以通过移动互联网，对商品进行支付，交易不再受硬币或纸币的限制。更有趣的是，还可以通过触控屏幕，参与内置的互动小游戏，赢得诸如一张面膜或一罐可乐等相应赠品。

这块触控屏幕还可以运用于分众或维络城的广告模式，供商家发布形象广告或促销信息。还可开通生活缴费、优惠券和电影票等电子类商品的销售功能。

至2012年底，友宝已在全国开出30多家分公司，在写字楼、高校、厂区、地铁和医院等场所，铺设了1万多台机器。除了商品供应之外，中国电信、承德露露和欧莱雅已经成为友宝的广告客户。

“你在网上注册成银泰网的会员，友宝就送你一罐可乐。你注册成欧莱雅的会员，友宝就送你一张欧莱雅的面膜，屏幕上还有欧莱雅的广告。这就是O2O加互动式营销嘛，市场前景太大了。”

完成第二轮融资的友宝，已经从当初500万元人民币增值到3亿美元，2013年计划将终端铺到4万台。

新的疆域已经展开，那个庞大的实体帝国又该怎样变化呢？

2012年12月，沈国军亲自带队远赴泰国，考察一座地处市郊的商业综合体。这座40万平方米的大型商业综合体一反“百货商场至少四五万平方米”的常规，只做了一个7 000平方米的百货商场，其他面积全都留给了餐厅、茶馆、电影院甚至篮球场等辅营业态。

一到周末，顾客往往一家人花一个小时驱车至此，男女老少想玩什么，里面都有，玩上一天才尽兴而回。这个如同迪士尼乐园一样的商业综合体，反而因为休闲娱乐，吸引了大量人流，使得仅有7 000平方米的百货商场生意火爆。

虚拟的互联网，毕竟不能替代真实的生活。沈国军认为：这种形式的Mall，只要稍加调整，在中国开10个应该没问题。

实际上，银泰置地已经设计开发了银泰中心、银泰城和银泰 Mall 三种产品，分别针对一线城市核心商圈、二三线城市核心商圈和非核心商圈。目前已有 20 多个项目在全国推进，2013 年开业 6 家。

沈国军唯一的担心是：自万达开创了商业综合体之路后，原来做住宅的甚至挖煤矿的都一拥而上。通常，每 30 万人口撑起一个 10 万平方米的商业综合体，成都一个五六十万人口的高新区，就有 30 多个商业综合体在建。

泡沫已经形成，银泰能稳如泰山吗？

“商业地产必须具备两方面能力，一是地产开发，二是商业运营。最初万达只会前者，后来被逼得做了万千百货。而银泰置地只需要在前期开发，后期营运交给银泰百货，整体形成一个闭环。”

沈国军说，过不了几年，商业地产的泡沫就将破裂，那又将是一个并购的黄金期。这个 51 岁的浙江男人，似乎已望见了下一座山峰。

张国祥：金融和它的袈裟

2002年，张国祥萌生了做民生金融的想法。经历两年的思想挣扎，他最终从银行的高位毅然离职，一头扎进未知的商海。10年之后，他一手创立的瀚华金控在H股成功上市。

这是一场有些不可思议的行业逆袭。于张国祥而言，民生金融绝不是一连串冰冷的数字，它应该是一种披着袈裟的、有着人性温度的使命关怀。就像马拉松运动的源起，当年那个名叫菲迪皮茨的战士，从海边一个劲地跑回雅典时，他的使命也不过是将一个关于胜利的消息，带给正在远方等待的故乡人。

(一) 窗口期打开，窗口期关闭

那天，香港气温32℃左右，张国祥给自己套上一件黑灰色西服，当他手中的红锤和铜锣正式触碰的那一刻，掌声如潮水般涌来。

2014年6月19日，瀚华金控正式在香港联交所挂牌。

庆功晚宴上，张国祥喝醉了。他脱下西服，将衬衫袖子挽得很高，坐在他身边的，有瀚华的客户、股东、高管，当然还有他的妻子——创业10年，张国祥与她聚少离多，往往一个月也难得见一次面。这些人的人生交织在一起，终于创造了一个历史：国内第一家在国际资本市场上市的民营担保和小贷公司。

这一年，张国祥50岁。

用10年的时间摘掉大众认知中的有色眼镜，这有多难？且不说中国民营金融在国际金融体系中的长期缺位，即便在内地经过10余年的发展，瀚华金控所在的这个行业也依旧是曙光夹杂着尘埃升腾。提及民营担保、小贷，即便今天也依旧会有很多人下意识地贴上“妖魔化”标签。

瀚华成立于2004年。彼时，“民间金融”“普惠金融”等词汇尚未出现，人们将这些游走于主流金融体系边缘的行业，称为“草根金融”。草根，既是指它们服务的对象——草根企业，也是指提供金融服务的“张国祥们”。

草根意味着生命力，同样也有着非主流的意味。但从一开始张国祥就坚信，所谓的“草根金融”，其实是有着巨大市场价值和社会价值的“虫草金融”。随着民营经济在中国经济体中的占比越来越大，民间资本与实体经济之间，已经走到了历史的窗口期。

人的一生，又能遇见几个窗口期？

张国祥曾经一次次地翻阅中国金融史，种种迹象表明，大时代的浪潮已经将他们这一代金融人推向了风口。民间资本做金融，中国经历了5次窗口期：第一次是南北朝的典当；第二次是宋朝的钱庄；第三次是明清时期的票号；第四次是100多年前以上海为中心建立的远东金融中心，当时民营银行有300多家；而当下，正是第五次历史机遇，也将是更大的一次。

从窗口期打开到窗口期关闭，沧海横流，万马奔腾。要想最终留在历史舞台上，需要依靠铁腕的纪律和智慧的远见。

早在2002年，张国祥就准确预言：未来的小银行，谁敢对民营企业做信用贷款，谁就能抢占制高点。然而，民营企业市场虽大，风险也大，银行都不敢吃这只螃蟹。

为什么是信用贷款？因为中小企业融资难，难就难在无抵押物。瀚华采用的是“无抵押信用贷款”，这意味着仅凭一个名字，中小企业就能获得发展所需的巨额资金。当然，这对瀚华的风险控制能力提出了巨大的挑战。

瀚华金控做到了，大幅低于同行平均水平的坏账率充分说明了企业的风控技术。

除此之外，还有这样一组数据：瀚华金控10年资产规模已超过100亿元，累计服务中小微客户超过5万户，累计业务规模近1 000亿元；旗下全资子公司瀚华担保累积担保客户超过1万户。对比全行业，截至2013年末，全国融资性担保机构8 185家，累计为23万户中小微企业提供贷款担保服务。

一相比较，良莠立现。瀚华金控10年，究竟是如何驯服资本苍狼，站在历史的窗口期前一步一步施展其金融技艺的？

（二）青纱帐外的第一次邂逅

人不识货钱识货，资本比钱更识货。金融的魅力，不仅在于它的“上帝之手”能够在物质形态领域横扫千军，更在于它能够改变千千万万普通人的命运走向。

张国祥与信用的首次邂逅，是在30多年前，那真是一个戏剧性的命运注脚。

20世纪70年代末，辽宁省北票市的一个普通村庄，正值初中的张国祥实在交不起学杂费。他渴望上学，一筹莫展。恰好，张国祥的一位同学的父亲在农村信用社工作。最后在同学的口头担保下，张国祥从信用社里贷出了50元，不仅支付了学费，还解决了家庭农耕生产的燃眉之急。

这50元钱改变了张国祥的一生。谁都没想到30多年后，这样的故事会成为张国祥日常工作的常态。只不过这一幕的主角，变成了如今在面临资金困境时一筹莫展的众多小微企业。

张国祥的人生经历告诉他，帮助别人同样是在帮助自己，所谓施比受有福，施的过程无疑也是在为自己积累正向的能量。

他曾经讲到自己的观察，很多人其实是不会住酒店的。为什么？当你离开酒店时是不是把房间搞得一片狼藉，服务员本来按照标准流程只需要整理打扫15分钟的房间，最后变成需要打扫一小时，这样的客人是不会得到服务员尊重的。

得不到周围人尊重的人，很难得到命运的福报，而能够真正言行一致要求自己多替别人着想，并最终获得周围人尊重的人，往往是那些真正吃过苦的人。

张国祥是家里四兄妹中唯一的男孩，那时父亲已病逝，为减轻母亲的负担，还是中学生的他学会了所有农活儿。一次，他顶着三伏天的高温钻进遮天蔽日的青纱帐中打农药，下午 2 点左右是打农药的最佳时机，而这也是一天中最热的时候。青纱帐里不仅闷热，农作物的叶子还会将裸露的皮肤割出一道道血痕，农药喷洒出去落在皮肤上，混着灰尘和汗水，疼得人直想哭。

而农村又没有洗浴设施，有一次，张国祥实在忍无可忍，一头扎进路边的机井，没等浮出水面，冰冷的井水让他瞬间腿脚抽筋。“那时真是后怕，一浮出水面立马用手紧抓石缝儿才爬出井壁。”

中专毕业后，张国祥因为成绩优异被安排进工商银行辽宁省分行，“这又是一种幸运，当时的银行有机关性质，岗位特别紧俏”。那是 1988 年，他在那里待了整整 10 年，离开时已在省分行营业部担任重要岗位。

这 10 年，是中国民营经济不断发展壮大的 10 年。张国祥逐渐认识到，改革开放已经深入各行各业，可是唯独金融业没有开放。他隐隐觉得，随着改革开放的深化和民营经济的崛起，民营金融开放应该近了，可是方向在哪里，他还没有想清楚。

寻找方向的张国祥选择了参与组建中信银行重庆分行。“当时组建的中信银行是股份制，理念和机制都更先进，也更市场化。”1999 年，为寻求事业的更大发展，张国祥选择了招商银行，一干又是 5 年，并成为招商银行重庆分行公司业务部总经理。

有趣的是，因为预感到金融改革的号角即将在沿海吹响，张国祥早在 2002 年就将家安置在了改革开放的第一线——深圳。他强烈感觉到，自己将伴随着民营金融发展的脚步，从辽宁到重庆，最终还会从重庆去往深圳。然而，意想不到的是，来到重庆后，他一待就是整整 16 年。

当然，瀚华金控的成就或许也缘于这座城市独特的金融环境。按照重庆市政府的规划，它将于 2017 年建成以金融结算为特征的长江上游区域性金融中心。事实上，瀚华金控已是重庆上市的第三家金融公司，此前还有重庆农商行和重庆银行，这在其他城市是绝无仅有的。

(三)时势需要英雄

真实世界的残酷，绝不会简单得像一首黑白分明的诗。一个人的道德操守与他最终获取的事业高度，究竟有没有相关性？当我们把这个问题抛给张国祥时，他的回答是：抛开短期的片段人生，把时间延长来看，质量人生与道德品质一定呈正相关。

回过头看，很多人觉得张国祥运气好，因为他的人生似乎每踏出一步，机遇就往往尾随而至。比如，民营担保业放开的时候，他恰好下海；民营小额贷款放开的时候，他第一个吃螃蟹；就连当初从辽宁去重庆，他也恰好赶在了重庆成为直辖市的第二个年头。

然而，外人往往只是将人的机遇简单归结为运气，却很少在机遇之外发现人所起到的作用。张国祥认为信义是为人之本。

2004年6月的一天，张国祥来到领导面前，婉言提出辞职。他热情地描绘自己关于民营金融的畅想。这些图景，张国祥已经思考了整整两年。

领导静静地听完，拿出一张纸，是一张通过无记名投票投出的后备干部名单，“张国祥”三个字位列榜首。只是，此时这个名字的主人，去意已决。

张国祥当然可以拍屁股走人，但他仍然坚持不懈地找领导沟通，试图获得他的理解，并等待接班人的工作交接。“人是要讲信义的，领导待我不薄，我不能不顾及他的感情。”这一坚持，又是两个月。最终，领导被感动了：“原来我不理解，你反复跟我沟通，我觉得这似乎是条路子，我看好你这个人。”老领导的“放行”，让张国祥内心坦荡没有包袱。

2004年7月，在解放碑这个重庆最繁华的地段，瀚华担保信用有限公司开业了。没有华丽的典礼和隆重的仪式，仅仅是知情的几个朋友送来花篮，张国祥就这样开启了自己的创业人生。

彼时，瀚华担保的办公场所只有300平方米，7个员工，1个股东，注册资金也只有股东投入的1亿元。值得一提的是，7人团队中，除了张国祥和另外一位同事，其他人都是金融门外汉。

创业初期，张国祥是总经理，同样也是骨干员工兼培训老师。他几乎每天都会开着一辆老款奥迪车，奔波在重庆的大街小巷。

第一单业务终于来了。一个搞运输的企业，因为业务发展向银行贷款近千万元，需要瀚华担保为之提供担保服务。虽然这单业务来自张国祥在银行工作时积累的老关系，但他还是谨慎地做了近一个月，除了调查客户的真实信息、制定担保方案等，还顺便培训员工——言传身教。瀚华担保发展的 10 年里，几乎所有业务员都是张国祥这样手把手“实战”培训出来的。

签合同时，张国祥拿起笔，但一刹那，他突然意识到，这次签字和以前在银行时的签字不一样了，他停了下来，拿起合同郑重地端详了一番，试图让内心平静。“即使是这样，后来我又找了这份合同看，字体仍然不是很流畅。”

张国祥没有向同事们解释自己的激动和压力。但事实上，在瀚华担保此后发展的每一个“第一次”，同样的“颤抖”都发生在相关当事人身上。比如，当瀚华担保四川分公司总经理彭刚签下四川片区第一单业务时，当时任陕西分公司总经理的魏忠海签下陕西第一单业务时，他们都感受到了同样的激动、欣喜和紧张。

（四）节奏，才是时间的艺术

从一张单子到一批单子，当大家都认为张国祥将会重兵囤积重庆之时，瀚华担保兵分数路，以迅雷不及掩耳之势落子全国。10 个月后，瀚华担保四川成都分公司成立；其后不久，北京、沈阳、贵阳分公司成立；10 年之内，瀚华担保在全国布局了 26 家担保公司、9 家小贷公司。

其速度让人错愕。然而，对于张国祥，快与慢其实无关宏旨，问题的关键在于对节奏的把握。什么才是好的节奏？“战略上要快，战术上要慢。”

节奏才是时间的艺术。张国祥在国有银行和市场化银行耕耘了 16 年，悟出一个道理：金融作为规模经济，除了需要资本密集和人才密集外，还需要时间密集。

金融的魔力是“无中生有”，“无”就是诚信。对于瀚华担保，“无”是信用和品牌。然而，金字招牌并非一蹴而就，信用只能交给一个个客户来书写，品牌只能交付时间去沉淀。

因此，在战略上，瀚华担保要快——在尽可能短的时间里将自己的服务网络覆盖尽可能多的城市；而在战术上，瀚华要慢——谨慎接单，严格考察客户，详尽制订方案，周全平衡风险与回报。

最终，分散在全国各地的诚信种子，在瀚华担保成立的第五个年头凝聚成重大机遇。

那是2009年，小微企业融资难已然成为全国性难题，全国工商联打算通过市场的力量予以解决：推广复制一家领袖型民营担保公司的商业模式，解决民企融资难题。此时，发轫于重庆的瀚华担保也被列入了考察范围。

瀚华担保让考察组着实大吃一惊。他们很难想象，远离经济发达城市的重庆能够诞生了这么一家理念超前的民营担保公司。在经营上，瀚华担保大胆采用“信用无抵押担保”的模式，如果能科学控制风险，这无疑是最能减轻小微企业成本压力的贷款模式；此外，它甚至将当时流行的“草根金融”叫法换成了“民生金融”。

那段时间，张国祥频繁赶赴北京，向全国工商联详细阐述自己在民营金融上的抱负、对瀚华担保风控的举措等。而全国工商联也从处长到秘书长，派出一轮又一轮的考察组来到瀚华担保位于重庆的总部，细致谨慎地对瀚华担保进行调研、分析和论证。

经过长达半年的苛刻审查和论证，2009年2月，全国工商联下发《关于支持推广瀚华担保集团模式的通知》，同意支持和指导瀚华担保发起设立全国性民营担保集团，向全国推广“专注中小微企业、以信用方式担保为主、职业化经营团队运营”的瀚华商业模式。

由全国工商联推广一个民营公司的商业模式，这是改革开放以来前所未有的大事！而全国工商联的信用背书，也为瀚华担保真正走向全国奠定了基础。这一年，瀚华担保顺势启动股份制改革，面向全国招募股东。股改完成后，它更名为“瀚华担保股份有限公司”，注册资金也从 1 亿元一跃变成 10 亿元。

值得一提的是，为股改举行的首次股东大会后，张国祥收到了一位股东的短信：“第一眼，我从您的眼睛里没有读到一丝邪恶。善良不难做到，但智慧又刚毅的善者难得。”这位股东将数以千万计的全部身家都投入了瀚华担保，毫无保留和犹豫，这是一种怎样的信任！

“信用无价，但信用有度。”这是张国祥做金融的一把铁尺，有取舍、有平衡，不急躁、有思量。在他心中，与其说自己在做金融，不如说是在经营信用。“做信用的门槛是很高的，要靠时间来打造。”

（五）几百双筷子背后的故事

重剑无锋，大巧不工。如果将信义看作瀚华模式的剑柄，那么其独特的风控体系则是其剑刃。剑柄厚重，剑刃轻灵。

2007 年，重庆一家很有名气的小面馆急需扩大规模，而几十万元资金缺口成为拦路石。面馆老板找到银行，却因为没有抵押物而一度搁浅。

瀚华担保接到这家小微企业担保请求后，立即派人实地考察经营状况。西装革履的工作人员来到这家面馆，也没有过多言语，竟然埋头数起筷子来。一数不要紧，最后发现筷子竟有近千双，由此得出结论：这家面馆每天的流动资金非常大，还有什么不放心的呢？

在瀚华担保，小额贷款能够做到平均 3 天放款，老客户 1 天搞定，新客户不超过 5 天。

从几百双筷子看懂面馆的“无字账本”，是瀚华向“信义”的致敬，同样也是对不同民生业态的经验积累。小微企业的困难之处就在于，面对银行近乎苛刻的抵押条件和烦琐的抵押手续，这些做小生意的“缺钱人”根本无力招架。而对于瀚华担保，只要拿出一个有信用值的名字就足够了。当然，瀚华模式并非仅此而已。

2013 年 3 月，青岛某商贸公司为保证进货所需资金，急需 200 万元的短期流动资金贷款。由于缺少土地及机器设备等抵押条件，银行没有批准企业的贷款请求。

瀚华担保经过调查后认为，这个企业在本地区商贸流通行业拥有较高知名度，经营持续稳定，且其实际控制人个人拥有住宅房产，可以为企业提供信用担保贷款。

于是，瀚华担保根据企业经营特点，在有效落实信用反担保条件后，为企业提供200万元信贷资金支持，并且为了减轻企业还款压力，根据企业的商业模式、资金归流特点，设计了分期按比例还贷的方案，让企业轻松运用信贷资金发展业务。

在提供融资服务的同时，瀚华担保还建议企业对其下属两家企业的资金进行适度归集，统一安排调拨资金，使企业法人更加清楚地了解资金动向，方便管理。

在这个项目中，从提供信用担保贷款到设计个性化还贷方案，再到向企业提供资源整合与财务辅导等增值服务，整个方案分三步走，为促进企业良性提升建立了一条稳定且具成长性的融资渠道。

用当下互联网流行的一句话评价：这是将自己的产品——信贷服务，做到极致。

然而，对比同时期国内同行们的模式，瀚华模式显然并不取巧，反而看上去有些“笨拙”。

被誉为民营担保第一标杆的某公司，曾以“分贷款用”的模式独步江湖。简单来说，假如一个资质优良的企业客户实际融资需求为500万元，却可以通过该担保公司向银行成功申请出1 000万元贷款，扣除100万元保证金后，将400万元交给该公司“理财”，并获得每年12%的回报。最终，客户一年期500万元贷款，融资成本只有40万元，节省了整整20万元。而担保公司也通过“理财”，截获大量现金流。

然而，在银行出身的张国祥看来，这简直就是玩火。“客户只看到了眼前的利益，却没意识到，虽然自己实际只使用了500万元，所承担的风险却是实实在在的1 000万元，还不算利息。”

果然，仅仅3年后，这个昔日的行业标杆轰然倒地，董事长跑路，留下近30亿元的资金黑洞，牵连22家银行、294家企业。

事实上，瀚华担保的不取巧，实则是将信用放在了至高无上的地位。也正因如此，瀚华担保成功避开了近期的互保链风险和钢贸圈风险——前者被媒体称作“金融瘟疫”。

（六）因为金融，所以慈悲

瀚华担保通过输入资本，一解陷入资金困境的小微企业燃眉之急。有人说，这是“雪中送炭”，张国祥却不这么认为：“不是所有的企业都值得雪中送炭，资金不是万能的，假如这个企业自身存在致命问题，就不是输入资金能够解决的了，所以这更像是锦上添花。”

2008年下半年，瀚华担保四川分公司突然得到消息：一家名为T科技公司的老总失联，有传闻是被警方逮捕，员工的情绪正处于失控的边缘。要命的是，这家公司通过瀚华担保向银行借贷500万元，此时距离还款日期不足1个月。假如该公司不能按时还款，瀚华担保将不得不使用自己的资金垫付。

瀚华担保四川分公司老总彭刚立刻带人前往T公司，此时，放款的银行还未听说此事。经查账，情况比传闻还要糟糕：该公司账上只有几十万元存款，且因为资金吃紧，这家公司已经拖欠了员工一个月工资。

然而，经过进一步调查，彭刚发现，T公司老总之所以失联，只是被协助调查一宗案件，牵扯度不大。而所借款项全部用于一宗价值上亿元的政府项目，且该项目已经验收成功，只是因为刚刚遭遇汶川地震而被延迟放款。

综合对比各项数据，彭刚认为：该公司完全具备还款能力。因此，他和T科技公司的高管开会，提出三点要求：第一，上缴公司印章，协助管理企业；第二，拿出账面资金发工资，安抚员工情绪；第三，清查公司债务，保证按期支付。开始时，众高管均不理解。彭刚耐心解释道：“这三个条件是为保证公司维持经营，靠时间转危为安。”最终，高管们接受了瀚华担保的建议。

一个月的期限很快就到了，一方面，瀚华担保向银行垫付了贷款及利息；另一方面，协助T科技公司向政府有关部门催款，并很快收到了首批回款——刚好足够偿还瀚华担保的担保费及所垫付的贷款。等失联的老总回到企业后，惊讶地发现公司不但正常运转，被带走前面临的一系列危机都已处理妥当。了解详情后，这个老总感动得一塌糊涂，立马跑到瀚华四川分公司致谢。

后来，不但T科技公司指名与瀚华担保达成另外几次合作，上述出款银行对瀚华的所作所为也大为赞赏，不但主动介绍业务，授信也大幅增加。

从某种角度来看，锦上添花换一种做法，也会变成金融慈善。

那是2011年，瀚华担保四川分公司的一个客户一年两度遭遇洪灾。这是位于四川省巴中市革命老区的一家食品加工厂，老板是个曾参加越战致残的老兵。该食品厂位于滩涂地带，两次洪灾过后，设备、原材料损失巨大，短期内无法恢复生产，因此由瀚华担保的130万元银行贷款面临无法归还的困境。

彭刚实地调查后，第一时间将情况汇报给了张国祥。张国祥认为，这个客户的遭遇值得瀚华担保采用非常规的方式对待："他是对国家有贡献的人!"

首先，洪灾是不可抗力，并非企业自身出了问题；其次，作为负伤致残的老兵，能够自食其力，通过创业改善生活，精神可嘉；最后，这个客户第一时间向瀚华担保开诚布公，承诺恢复生产后慢慢归还借款，勇于承担责任。

因此，在张国祥的建议下，瀚华担保四川分公司不但垫付了130万元银行贷款，还将该客户的债务停息挂账，待企业恢复生产能力时再逐步还款。

由此来看，构成瀚华担保独具魅力的信用体系的，不只是冰冷的数字和印在纸上的条款，不只是职业化的团队和标准化的业务流程。这些只是构成瀚华担保的基石，并经过了上万次检验和修正——它真正的魅力，还在于直抵人心的坦诚和关怀。这让它有了灵性，散发着人性的温暖。

（七）历史的加法

创业之初，张国祥提出要"把担保做成金融业"。后来，他把金融业做成了万花筒，融合了商业、社会学、慈善、历史，甚至哲学。张国祥的智慧，得益于自己对金融史的爱好和钻研，他将之总结为一句话：多做加法。

清末民初，荣宗敬、荣德生兄弟创办申新纺织公司时，曾通过质押股权向汇丰银行借贷200万大洋。后来遭遇变故，所借贷款无法偿还，纺织公司即将被转让给日本公司。危急之时，中国银行总经理张嘉璈和上海商业储蓄银行总经理陈光甫挺身而出，通过银团贷款替荣氏兄弟偿还了所欠汇丰银行的债务，从而保存了中国现代民族工业的火种。

这一做法让张国祥备受激励：中国老一辈金融家勇做“加法”，主动承担社会责任和社会义务，跳出金融做金融，难道不正是自己所肩负的使命吗？

事实上，实际控制人涂建华与张国祥的合作模式，正是借鉴了历史经验，将“东家与掌柜互不干涉”的票号传统，演绎为所有权与管理经营权分离的现代金融管理模式。

在瀚华担保发展的10年中，涂建华及大股东隆鑫控股不但从未干涉，甚至不曾分过红——追加投资倒是有好几次，“股东们不仅恪守了原则，更为投资者们树立了榜样”。

责任是要有人承担的，那么承担瀚华历史使命的是一支怎样的团队？

31岁的袁榛是瀚华担保某部门的部长助理，她也是瀚华担保的首批员工。在日常工作中，最让她头疼的不是拉业务，而是拒绝客户以各种名义送的“小礼物”——小到一张电影票，大到装着现金的红包。原来，瀚华有一条近乎苛责的规定：杜绝员工接受客户的任何好处，一旦违规，立刻开除。

有一次，谈完某单业务后，客户从敞开一条缝的车窗给袁榛塞了5 000元红包。无论袁榛怎样拒绝，客户都坚决不收回红包。双方推让了几回，客户急了：“我知道行规，哪有担保公司的业务员不收红包？”

无奈之下，袁榛只好返回公司，开了一张5 000元的发票，作为该客户下次交付的担保资金。当她把发票给客户时，对方哭笑不得。

瀚华担保的与众不同，就是靠着这样一点一滴的细节，加以10年时间磨炼而成。而这样的细节，比比皆是。

如果你无意间进入瀚华担保重庆总部食堂，你会看见这样一幅图景：300多名员工吃完公司免费提供的午餐后，泔水桶中只有薄薄的一层食物残渣。在瀚华工作了10年的监事会主席李如平探头看一眼泔水桶，感慨道："以前能剩半桶，看来好的作风也在新人身上起作用了。"

2014年3月26日，国务院总理李克强来瀚华担保考察调研。"数字问得老专业了，与总理的交流更像是同一位同行专家在探讨问题。"事后，张国祥回忆道。

当总理看见墙上的"微中见真、微中见善、微中见美"时，不禁补充道："这前面应该还有一个'微中见大'，小额贷款服务小微企业，两'小'和谐叠加，就能做出大美的事业，是'大、真、善、美'。"

张国祥仍然深深记得2011年5月，他参加的那场商学院戈壁滩越野赛。作为主力队员，他背着水囊，拿着GPS，在39℃高温的沙漠中奔跑，穿越在8级大风的沙尘暴里。

第二天，他偶然穿过一片当地的坟茔，不禁心生悲悯：这些坟墓的主人生前就生活在如此恶劣的环境中，死后仍埋在这寸草不生的沙漠里，这是怎样的人生？

对生命的思考和肩负的使命感突然袭来，前路尚远。张国祥没有停下奔跑的脚步，他拉紧背囊，继续向前……

盛希泰：天使的奥义

2015 年，盛希泰被评为清科集团“2015 年天使投资人 Top10”。1 年时间，从 0 到全国 Top10，他并不认为这叫成功，因为机构化天使投资是团队作业。

“我原来眼镜不带颜色，后来为了回避自己锋芒毕露的眼神，才换了个 30% 墨色的眼镜。”盛希泰头发直立，举起两只拳头，一只贴近戴着“30% 墨色眼镜”的脸颊做防护，另一只前伸探向空气中假想的对手，预备挥拳一击。

（一）泰哥很忙

羊年农历的最后一个月，盛希泰把胸椎扭伤了。

坐在长桌的一端，他直挺着贴满药贴的脊背，抱怨最近没有时间练拳，导致肌肉僵化。“人这骨头和肌肉是土地和庄稼的关系，土地没有水，庄稼就完蛋。”

盛希泰的确很忙。

有人统计，在过去一年中，他 84 次往返于洪泰总部所在的首都体育馆与首都机场，平均每 4 天坐一次飞机，飞行里程相当于沿赤道绕地球飞行 6 圈多，发出了 13 300 张名片，而这恰好也是他在 365 天内聊过的创业者、媒体、天使投资人等的总人数。

紧迫感、积极主动、All in（全力以赴），让慢节奏的合伙人俞敏洪颇多感慨：“从洪泰出生的第一天起，泰哥好像就不回家了，为了给洪泰布局、寻找项目，泰哥除了没日没夜地工作外，还在全国各地奔波，路演布道。”

“泰哥”就是盛希泰，相应地，俞敏洪从人人熟知的“俞老师”变成了“洪哥”。他们试图将洪泰的故事讲述成中国的“PayPal黑帮”，后者诞生了硅谷最伟大的几家公司——特斯拉、领英、YouTube等。因此，洪泰生态圈也被称作“洪泰帮”。

这反映了盛希泰的“野心”，他直言不讳：“我们将培养中国第一代企业家，干干净净的真正的企业家，没有原罪，中国将因此进入一个新时代。”

盛希泰是最有资格谈论这个话题的人之一。

1992年，还没从南开大学硕士毕业的盛希泰赶赴深圳，加入刚刚成立的首批证券公司——君安证券。入职第三天，他穿着公司花3 000元置办的皮尔·卡丹，以实习生的身份，比照一本蓝色封皮的标志汽车在香港上市的招股书，接手并最终完成了四川IPO第一案：金路集团。

那时，中国证监会尚未成立。

一战成名，少年得志。盛希泰26岁当上山东证券副总裁，32岁担任联合证券副总裁，36岁升为联合证券总裁，42岁成为华泰联合董事长。纵横券商投行江湖22年，为中联重科、大族激光、蓝色光标等数十家知名企业进行过IPO，业内人称“少帅”。

然而，他却逐渐感到失落。“新世纪之后10年，中国证券行业不再占领潮头，不再带给我一种跟社会主流层面接触的机会，再干20年还是这个熊样。我有N多机会换到更大的证券公司做总裁，但是跟现在有什么区别呢？”

2008年，盛希泰偶然拜访80岁的李嘉诚，看见他的办公室布置得极具个人情趣，而自己做了十几年总裁、董事长，贵为“厅局级领导”，办公室里却从不做个人装点。这让他更加失落：自己只是个“流水的兵”，有职业没事业。4年后，盛希泰离开了从业22年的证券投行，慢慢摸上了天使投资之路。

后来，以前的同行拜访他，问何必做这个买卖，因为都是“慢钱”。

盛希泰回答：“你们哪懂我的快感。”

（二）“天使+”

事后回忆，2013 年 9 月的那天早晨，和以往似乎并没有什么不同。

辞职下海的前厅局级领导盛希泰，在这一天决定不待在家里逗孩子，而是去中国大饭店拜访一位朋友。路过饭店大厅，他看见几个西装革履的人凑在一起聊天，其中有几个人恰好认识，于是走过去打招呼，礼节性地寒暄，得知其中那个叫姜华的年轻人正在寻找天使投资。

那两年，盛希泰并没有找到新的人生方向。以前做投行，服务企业成长期的后端，按照 20 多年的从业惯性，他试着在同样服务企业后端的 PE 领域寻找灵感。服务企业前端的天使投资，被这位昔日大佬视为“等同于穷投资人，形象低端”。

盛希泰站起身打算离开，不料姜华忽然上前一步，像个武林人般双手抱拳：“盛总，可否借一步说话？”

三天后，盛希泰的钱就打到了姜华公司的账户。他并没有以天使的名义介入，而是联合创始人。

不到 11 个月，这一名为“昆仑决”的自由搏击品牌，就成为和老牌搏击节目“武林风”并驾齐驱的赛事。14 个月后，昆仑决引入新一轮融资，估值 1.5 亿美元。2014 年底，在全国收视率排名中，昆仑决冲到第二名，仅次于《非诚勿扰》，粉丝数量达千万级。

1 年时间，从 0 到 N，这颠覆了盛希泰的认知。尤其是，催化这一奇迹的正是他自己。

他做了两件事：引入自己的人脉和资源，引入自己的经验和格局。

作为联合创始人，盛希泰投资姜华后，快速为昆仑决解决从办公场地到后续融资的问题，IDG 和真格基金相继进入。

一开始，“只做过一些成功小生意”的姜华估算昆仑决可以做到 100 亿元市值。盛希泰根据自己的经验和格局算了一笔账：美国 3 亿人口，世界顶级综合格斗赛事 UFC 可以做到 38 亿美元，中国人口是美国的 4 倍多，以此对标，昆仑决可以达100亿美元。

2014年元月，昆仑决首场比赛在泰国举行。青海卫视周日晚22:30播出后，波澜不惊。第二场比赛，昆仑决通过以扫清落地国内的审批障碍作为合作条件之一，与武林风合作，比赛费用都由昆仑决支付。这场比赛火爆异常，搏击爱好者一下子知道了昆仑决，很多人成为它的粉丝。

更幸运的是，这一年国家体育产业政策的出台和大型赛事的审批放开。昆仑决提前一年占据有利位置，站在了风口上。如今，昆仑决已经不是一个纯粹的搏击类比赛，而成为一个坐拥电商、服饰、比赛、游戏等业务板块的超级IP，被视为“互联网＋体育”的典范。

“被需要才是最大的享受。”昆仑决颠覆了盛希泰对天使投资的认知，“原来天使的有趣之处在于，以我的年龄、阅历、人脉、资源、经验等，真的可以让一个创业者和创业项目发生豹变！有我没我，是生死之别。”

洪泰的投资哲学也因此得以构建：天使＋（ANGEL PLUS）。后来，这两个单词成了洪泰的英文名。

（三）这个行业里没有神仙

有人还记得，在一次中欧商学院的北京活动中，退隐江湖很久的盛希泰忽然现身。从下午2点到晚上7点，他默默坐在房间最后一排的角落，竭力避免让别人发现自己，上厕所刻意错峰，遇见熟人也假装没看见对方。

决心转型天使投资人，盛希泰自我清零和自我重启的开始，是先当一名安静的听众。

那时，除了参加天使圈内人士组织的活动，他还通过朋友介绍朋友，频繁请人喝茶吃饭。大多数比他年轻的天使投资人从未听说过盛希泰，见他低调谦虚，透露了许多圈内秘密。半年后，盛希泰觉得自己找到感觉了。

2014年初，盛希泰偶然接触了惠民网团队。他对项目没感觉，但觉得团队非常强。强在哪儿？创始人挺会讲故事，团队已经凑钱干了一段时间，提出的问题没有一个回答不上来。盛希泰觉得有意思，请朋友圈里十几个电商大佬把关。大佬们考察一番，回答：这个项目不能投。

这些大佬中，不乏投资了与惠民网类似项目的人，无一善终。

但盛希泰越和惠民网团队接触，就越舍不得放弃。“赌就赌了，不管别人说什么，老子就干！”这是他唯一一个投前和妻子商量的项目，“也不是想让她帮我做决定，只是想有人跟我说一说，释放一下压力，因为没有一个人支持我，所有人都在反对我，我又很想投……”

现在，这个被 300 个投资机构放弃过、业内大佬均不看好的项目，已成为国内最大的社区电商及超市进货平台，估值 20 亿美元。这让盛希泰对天使投资有了进一步感悟：这个行业里没有神仙，我们要寻找那种有成功特质的人，这种特质包括但不限于学习能力、坚持能力、自省能力。

进一步延伸，天使投资的奥义在于洞悉人性。

现在，创业者在洪泰基金总部和盛希泰聊项目，盛希泰往往低头玩手机。如果对方能让他兴奋地丢掉手机，那恭喜创业者——你成功了。

洪泰成立的 2014 年底，中国创业元年即将到来，6 200 家早期投资机构蓄势待发，“双创”口号呼之欲出，中国式创业狂欢让人目眩神迷。但人性从未改变过。搏击手盛希泰开始像个老手那样，冷静、理性地寻找自己的节奏。

2015 年初，在全行业的 O2O 投资到达顶峰时，洪泰提出 O2O 是一个伪命题，聪明的投资人不应进行贴标签和运动式的投资。2015 年下半年，当大部分投资者唯恐避 O2O 而不及时，洪泰接连投资了数个 O2O 项目。这些项目的 CEO 普遍有深厚的线下基础，生存能力极强，又有互联网思维。短短几个月，这些项目的发展都极为迅速。

到了 2015 年 5 月，市场仍对股市抱有极高期望时，盛希泰提醒要及时避险。当 8 月连续股灾已成现实时，他撰文呼吁：长期看好中国，创业投资应抓住危机中的机会。“我们看到的是中国有人、有钱、有智、有欲的基础没变，移动互联网时代，中国的绝对优势才刚刚显现。”

洪泰，就是在坚持对商业本质和人性的把握。

（四）传说中的千分之三

整个2015年，洪泰基金总共接到了20 148份商业计划书，平均每小时就有2.3家创业公司找上门，而洪泰从中投出了60个项目，投资率约为3‰，相较于国内天使一般1%～2%的选取率，可谓苛刻至极。

一份商业计划书从接收到确定投资前，需要经过6层筛选：投资经理筛选，小组筛选，合伙人筛选，管理合伙人筛选，盛希泰判断，俞敏洪对部分项目面谈。这个流程中，每个环节一票否决，“宁可错杀，也不能让一个差项目进来”。

这让最基层的投资经理们很有压力。

不久前，有位投资经理提出辞职，因为他觉得很牛的项目，往往被6道轮回似的筛选流程Pass掉，又往往被其他投资机构“捡漏”，他觉得没有成就感。

一位叫殷鹏的高级投资经理，在过去一年中看了超过2 000份BP（商业计划书），与超过700位创业者面对面接触。他在一篇名为《一位投资经理的作息表和自我养成术》的文章中描述自己的工作强度：“几乎没有周末，每天早7点到凌晨1点半，工作超过16.5个小时。”

而作为一名搏击手，盛希泰不但是天使投资人，他同时也是创业者——操盘着这家名为“洪泰”的初创企业。显然，他对于自己的员工有更高的期待：“两点之前发微信几乎没有不回的，发完微信5分钟之内必须回！”

盛希泰把这种逼人的气势叫作“狼性”：“人的潜质是无限的，可以逼出来，关键是要给他们机会。”事实上，这也正是盛希泰自己的成长经历。

第一份工作面试，他直接跑去敲一把手办公室的门毛遂自荐，入职3天就操盘IPO项目，在证券转型大潮中保下联合证券……工作强度最大时，他犯了腰病，有半年时间坐飞机需要躺在飞机过道里，随身背着中药罐，下飞机去酒店第一步就是把中药煎上。

现在，他想把这份成功赋予这帮平均年龄27岁的“小崽子”们。

2015年，盛希泰被评为清科集团“2015年天使投资人Top10”。1年时间，从0到全国Top10，他并不认为这叫成功，因为机构化天使投资是团队作业。对一名投资经理的评估是不能量化的，盛希泰鼓励“小崽子”们都去做明星：“洪泰只有泰哥一个人有知名度，这不叫成功。明年十大投资人中还只有我，那就是洪泰的失败。你们每个人都成为明星，我隐在后面做战略和后勤，江湖只有爷的传说，不见爷的身影，洪泰才算真成功。”

然而，洪泰这只以“狼”自比的团队，留给创投江湖的传说，不只是3‰的投资率，还有“钱之外的附加价值”。踪视通是一个入驻硅谷的中国创业者项目。盛希泰与其创始人谷群山聊估值时，给了对方一个折扣价。谷群山认为价格有点便宜，但最终还是接受了。

盛希泰解释：“除了钱之外，必须付出别的劳动，人家才对你满意。怎么满意？你要十分努力，对接各种资源，帮助项目迅速成长。”

这样的项目还有很多，洪泰是怎么做到的？把“天使+”做到极致。例如，刚完成“处女投”的洪泰投资经理陈曦，每天要和所投项目CEO至少通两次电话，“与项目的沟通时间甚至超过了自己的老公”。

而在更宏观的层面，洪泰则通过构架自循环的创业生态，赋予“天使+”更多内涵，比如孵化器矩阵、全生命周期基金、自成创业生态的洪泰帮。

（五）进击的孵化器

2016年2月17日，王胜江在自己的微信公众号里发了一篇文章《第三个99天的创业》。这意味着，这位前SOHO中国第一副总裁所担任CEO的洪泰创新空间，已经成立10多个月了。

由于王胜江的努力，洪泰已经在国内5个城市设立了10家创新空间，其中在北京已有5家，分布在望京、安贞、五道口、东亿国际传媒产业园、酒仙桥。总面积10 800平方米，相当于1.5个足球场大小，累计服务超过2 300个创业团队的超过17 000名成员，举办过150场面向创业者的活动。

盛希泰为洪泰创新空间立下四个规矩："一是创业项目，要有清零心态；二是以王胜江为核心；三是未来可独立上市；四是 90% 为社会创业服务。"这意味着，在国内靠政府补贴或卖物业炒热的孵化器市场，洪泰想做一个市场化的颠覆者。

然而，这并不是洪泰唯一的孵化器范式，它要将"天使 +"逼至极致。

截至现在，全球有 7 800 家孵化器，而中国的孵化器超过所有国外孵化器的总和。国内孵化器市场如火如荼，唯一的问题在于，创业者并没有这么多。谁能真正解决创业者的痛点，谁就能在 2016 年"90% 孵化器倒闭"的行业洗牌中活下去。

孵化器能做什么？解决办公场地，提供税收、法律等基础服务，帮助融资。

原联想高管吴玲伟领导的洪泰 AA 加速器，显然在帮助融资方面拥有得天独厚的优势。

不久前，她刚刚对第一批学员进行面试。在发布面试消息后的 20 天里，AA 加速器收到 413 份 BP，最终 15 个项目获得面试资格。2016 年 1 月 6 日，8 个顺利毕业的项目被安排参加了一场由 200 多位一线投资机构参与的路演。最终，这些投资机构给出了 115 份 Term Sheet（投资条款清单），有个项目拿到了其中的 29 份。

然而，对于那些真正优秀的创业公司，融资并非难事。供应链水土不服、产品如何量产等才是痛点，尤其对于硬件创业者。所以洪泰上马了智能硬件孵化器 A+Labs：一个拥有独立生产线的孵化器。

洪泰智能硬件孵化器 A+Labs 创始人乔会君在硬件行业拥有 20 年专业经验，他深刻知道，80% 的创业项目会死在从开始众筹到交付的路上。

这条位于中关村创业大街以北 7 000 米处的生产线，能够轻松完成 1 000 台以内的产品生产。它还与富士康等企业进行合作，富士康承诺每年承接 A+Labs 的 15 个项目，在 A+Labs 实现 0 ～ 1 000 件的产品生产之后，富士康再实现量产。

此外，A+Labs 与京东众筹合作，当项目产品量产到 1 000 件以上，就可以在京东商城销售。而且，所有从 A+Labs 生产出的产品都带有 A+ 的 Logo，即使后续找不到项目产品公司，A+Labs 也会为带有 A+ 标识的所有产品提供所有后续维护及服务。

“让创业者做最擅长的事儿，其他交给我们。”乔会君的这句话，也是对洪泰系孵化器的描述。

（六）全生命周期基金

关于洪泰，其官方有简单的两句话：“洪泰不只是一只基金”，“洪泰不只是基金”。后者自然是指洪泰在基金之外建立的孵化器系列，前者则是说洪泰有好几只基金。

单听介绍就让人目眩。

“我们的新三板基金已经 close 了，我们还成立专注智能硬件、物联网的智造基金。我们目前为止在成都设立了两个基金，一个是天使基金，一个是智造基金。我们正在西安募集一个 2 亿元投资 A 轮和 B 轮的健康基金，在上海募集一个 2 亿元的互联网基金，在深圳募集一个互联网智能硬件基金，在天津募集一个 1 亿元的天使基金。”

事实上，洪泰管理的基金规模接近 30 亿元，覆盖种子基金、天使基金、成长基金（A 轮、B 轮）、新三板基金，还有即将成立的并购基金和美元基金。可以说，一名优秀的创业者可以从洪泰得到从种子到 IPO 的融资需要，可谓“全生命周期基金”。

值得一提的是，盛希泰对新三板情有独钟，不但在基金矩阵中设置专门的新三板基金，还有“新三板平台的天猫”的洪三板，旨在为企业提供一站式挂牌新三板过程中所有帮助和服务，如在线定增、股权众筹、互联网金融、企业投融资服务等。

自 2015 年 7 月 27 日上线，洪三板已服务了超过 200 家企业，后台抓取企业数量达到 5 000 多家。创始人黄小晴逐渐成为新三板市场中的“红人”，被业内称为“洪三姐”。

之所以钟情新三板，深谙资本市场的盛希泰有自己的逻辑。

洪泰的定位是创业投资基金，新三板的意义在于创业者跟资本市场的直接对接。中国500多家创业板上市公司成立最短的时间是10年，新三板让创业者与资本市场发生关系的时间缩短为2年。从商业的角度考量，天使投资需要最终的出口。很多天使基金追求快速回报，将出口定位于A轮、B轮融资；或者追求利润最大化，将出口定位于IPO。显然，新三板是快速与利益最大化之间的另一个选择。

显然，盛希泰不是一个安分的“天使”，他喜欢组合拳，发动的是规模化战争。无论是孵化器矩阵还是基金矩阵，都将共同交织成一张延伸到各个维度的网。最终，优秀的创业者在哪里，这张网就将出现在哪里。

洪泰不只是一只基金，它谋取的是创投全产业链。

（七）去战斗，去生存，去深情

翻看过去一年关于洪泰的新闻，你能明显看到这种变化：这家初创企业由不为人知，变得耳熟能详。

2014年11月26日，盛希泰牵手俞敏洪召开洪泰成立发布会时，媒体和公众主要关注了三个问题：一是俞敏洪为什么没有牵手徐小平？二是洪泰的“超豪华LP”，包括黄怒波、阎焱、王中军、牛根生、张磊、周少雄等一线大咖；三是俞敏洪牵手的盛希泰是何许人也？

现在，创投圈已无人不知洪泰，无人不识盛希泰了。

在改变中国创投圈格局的同时，洪泰本身也在发生变化，其中最显著的一个变化是：洪泰人多了，牛人更多。

还是在一年前的那场发布会上，洪泰的团队其实只有3个人：2位创始人加1位投资经理。盛希泰没有着急：“你不要指望任何人跟你一块儿赌，跟你一块儿去从零开始战斗，你得靠事业感召、人格魅力，懂得分享，懂得财散人聚。”

果然，2013 年 5 月以后，更多大咖接踵而至。比如，洪泰的投资合伙人商思林，此前是国内知名的媒体人；洪泰创新空间的 CEO 王胜江是前 SOHO 中国销售铁军的建立者，很多中国商业地产的销售纪录至今仍在其名下；乔会君可能是国内最懂智能硬件的合伙人，他对智能手表中的 460 多个元器件了如指掌；还有 8 位合伙人分别来自一线的保险、证券、IT 公司，也不乏百亿美元公司的投资者……

有人问，洪泰既做花样迭出的各种基金，又开拓概念前沿的智能孵化器，你盛希泰的精力分配得过来吗？盛希泰回答："我在每个领域都寻找最牛的合伙人。"

在洪泰所投资的项目中，有一些项目显得较为特殊：从回报周期或收益来看，它们并不会出现太大爆发，或者短时间内带来数百倍回报。投资它们是因为能够为洪泰帮创业者提供服务，改善洪泰创业生态环境。

如企业内网（SoLoMo）平台 iBOS，可以开源的企业社交和移动的酷办公，让企业快速搭建可扩展、核心商业数据私有的协同管理平台；如云财务 RFC，国内首家企业级财务应用；如人人财务，也是为了给创业者提供很好的财务人员链接服务；如易点租，国内首家办公电脑免押金租赁平台……

2016 年 1 月 28 日的洪泰首次年会，来自全国乃至海外的 60 余位洪泰合伙人和投资经理喝掉了 100 瓶红酒和 12 瓶白酒。晚宴的最后，盛希泰拥抱着俞敏洪合唱了一首《朋友别哭》。

搏击手盛希泰是硬汉，他少有柔情流露，从未对人提及这一年创业中柔软的时刻。但这 3 分钟动人的瞬间，让洪泰一周年总结里的那句话充满深情："像一个真正的创业者去战斗，像小强一样去生存。"

殷哲：追风者，新大陆与光

2015年，歌斐资产以31.26亿元、纯股权PE的方式收购位于上海黄浦核心区的歌斐中心。作为一家资产管理公司，歌斐不可思议地主导了从项目获取、尽职调查、合同谈判到最终达成交易的全过程，并直接拿下了整栋大厦的运营管理权。

此时，我们看到的，是一个在行业内角色特殊，而又定位精准的歌斐资产。

如今，歌斐资产已经成为诺亚财富最核心的收入来源之一，管理着中国4万名高净值用户超过1 400亿元的资产。业内有一段评价：诺亚财富是中国高净值用户保卫财富的方舟，而歌斐资产则是诺亚财富为未来预留的方舟。

“诺亚”与“歌斐”的名字，都源于《圣经》。歌斐领航人殷哲，一直在寻找新大陆和光。

（一）新大陆

2009年底，诺亚财富决定建立资产管理公司歌斐资产。

中国最早的资产管理，服务的是机构而非个人。改革开放后，以外贸企业主为主力的个人财富迅速增长，个人投资者开始出现，但是他们对财富管理认知有限，金融机构的服务水准也参差不齐。诺亚财富相当于做起了机构与个人用户之间的桥梁，帮助用户筛选理财产品，帮助机构销售理财产品。

但是，殷哲发现这几年市场面貌一直在发生变化。那就是新贵企业家正在崛起，他们更年轻、更好学，投资理财的专业程度甚至比理财师还高。

尤其是2008年金融危机后，处于后端的资产管理方开始寻求绕过第三方，自建金融理财产品的销售渠道，直接接触客户。

正是基于上述观察，殷哲在诺亚财富早期最高光的IPO时刻，就提出了“资产管理的通道业务模式不可能持续”的论断。

很快，殷哲就与汪静波达成共识，上溯到行业上游，从一家“渠道公司”再造一家“投研生产公司”。而“歌斐”的名字，正是出自诺亚方舟的造船材料歌斐木。

然而，成立歌斐资产的提案在董事会上遭遇否决。股东们可能认为，诺亚财富作为第三方渠道，上溯至行业上游等同公开与供应商“抢食”，可能给现有业务带来严重冲击。更何况，当时第三方财富管理行业形势大好，国内几千家公司紧随诺亚财富而起。

同行的推崇、追捧，对市场的盲目乐观，恰恰是殷哲最担心的事情。在采访中，殷哲不断地强调一条金融投资领域的真理：做多数人去做的事情，没有超额回报；只有和别人做得不一样，才有真正的生机。

在诺亚财富内部，汪静波以知性著称，遵从内心的热情；殷哲则总是散发着理性的光芒，处事沉稳而又意志坚定。

在董事会遭遇挫折后，两人反复研讨资产管理模式，梳理投资业务逻辑，树立投研及风控的核心能力。终于，在经历三次否决后，董事会同意设立资产管理业务板块。

在诺亚财富的集团办公室里，挂着一句格言：只有迎难而上，穿越艰难，才能成就真正的事业。这句格言也融入了歌斐资产的企业文化里。

2014年，由于监管趋严，信托行业萎靡，下发到渠道内的优质理财产品日益紧缺，国内第三方财富管理行业遭遇洗牌。然而，诺亚财富凭借4年前的一跃，跳到行业里充满生机的新大陆之上。

（二）当资产管理解决痛点

如何建立与友商的差异化竞争，是歌斐资产成立后的首要问题。

诺亚财富的人做资产管理拥有一个优势——天生就懂客户。超过1 200名理财师在一线与客户进行“眼睛对眼睛”的沟通，能够理解对方的痛点，进而产生差异化战略。

殷哲注意到，随着财富增长及创业浪潮的深化，很多客户都喜欢配置私募股权投资基金（PE），进而分享新兴产业的机会。但是，PE投资的痛点也很明显，配置起点高，动辄1 000万元、2 000万元起，不少客户止步于门槛之前。同时，客户难以持续投入时间去研究多如牛毛的PE产品，一损俱损的风险很大。

这些痛点，让殷哲立即联想到美国投资市场上的一种成熟工具——私募股权投资母基金（PE FOF）。

母基金是集合诸多高净值个人的投资，对筛选出的私募股权投资基金组合进行投资的基金。简单地说，母基金就是投资基金的基金。由于投资的是基金组合，一位投资者放在私募股权投资母基金里的1 000万元，可能投到十几个不同的私募股权投资基金里——门槛低了，风险也低了。

须知，诺亚财富在做第三方渠道时，早已累积了大量PE资源；而基金管理人也乐于有人为其对接高净值用户，解决融资问题。因此，歌斐资产做母基金拥有天然的优势，同时也避免了与原来的供应商发生利益冲突。

但是，母基金在当时属于舶来品，如何教育国内高净值用户接受母基金是一个现实难题。

殷哲至今记得，当时客户最常刁难理财师的问题就是：直接投资PE只交一份管理费，选择母基金投PE就要交双份管理费，凭什么？

双重收费，起初确实难倒了一批歌斐资产管理人。讲得太专业、太高深，用户不理解，进而就不会投资。引导国内个人投资者接受母基金，其实就是一个化繁为简、走入用户内心世界的过程。在摸索过程中，殷哲发现了一条道路：一定要教育中国的高净值人群接受组合配置。虽然坎坷，但恰恰是正确而艰辛的事情。

中国早期高净值用户做资产管理，追求高收益，喜欢集中投资，更形象地说法就是“博一把”。显然，高收益对应高风险，不对基本层面有深入了解而“博一把”的风险很高，并不利于做财富传承。

殷哲极力地要求母基金管理人、理财师向用户说明：一定要做跨区域、跨资产、跨策略、跨风格的综合资产组合配置，将风险控制在可承受的范围之内，通过获取稳健的收益实现财富传承。而当用户选择信任组合配置时，那么也就能接受母基金的投资逻辑。而为好的基金选择和组合配置付费，就好比是对风险规避付出的一种对价，在合理的范围内客户是愿意接受的。

客观上来说，歌斐资产是较早教育中国高净值人群从“赌博式投资”迈向“财富传承”的机构之一。

事实上，没有人喜欢风险。在经历了 2008 年和 2014 年股灾后，中国投资者越发清醒地意识到组合配置规避风险的重要性，而歌斐资产的理财师们已经在“拐角处”等候多时。

（三）β 与 α

任何对用户的简约表达，背后都具有复杂的体系，否则产品无法解决用户的痛点。

对殷哲而言，他首先要面对的就是金融投资学里的 β（风险波动）问题，通过组合配置的广度与深度，实现母基金风险波动的最小化。

歌斐资产会深度覆盖至少 500 名基金管理人，并从中定量筛选出 100 人进入初选池，再定性研究分析筛选出 30 ～ 50 人进入核心池，最后依据产品组合分析，投资其中 10 ～ 20 位业绩优秀的基金管理人，并持续追踪管理。

其中，歌斐资产的核心优势，就在于能帮助个人投资者接触平时不太可能接触到的优秀 PE，进一步获取独角兽企业的成长红利。

与其他投资类似，母基金的投资策略同样是一道选择题，只是选择的不是末端的项目，而是处于中间位置的基金及基金管理人——这又涉及投资金融学里的另一个问题，如何实现 α（实际收益）最大化。

为了选到那个最稳健的 α，殷哲和他的团队经历了两个阶段。

第一个阶段就是行业内普遍都在做的定性定量分析。歌斐投研按投资团队、投资流程、投资策略和投资业绩四个维度，具体考察基金管理人的历史业绩，将之作为量化指标。

然而，殷哲发现几乎所有基金管理人都只会呈现好的一面，漂亮的数字背后隐藏玄机。

殷哲经常遇到这样的基金管理人：专业程度很高，过去的业绩也很好，但是当下心里已经没有激情了。还有一些管理人，遇到“黑天鹅事件”时嘴上说没事，但心里已经崩溃了。而这些心理因素，并非定量分析能够触及的。

因此，在第二个阶段，殷哲和团队增加了定性分析的比重，包括其公司治理与团队稳定性、投资理念和方法、产品容量、利益一致性等问题。

定性分析的核心目标，就是为了区分基金管理人的业绩是主动得分，还是被动得分，基金业绩与基金管理人的投资策略究竟有多少关联，从而剔除那些依赖一时运气，短期排名靠前的基金管理人。

歌斐资产为保周全，近年来还增设了业内少有的运营尽职调查，确保投资在风控、合规和资金托管方面最大程度的安全。

“起初看山都是山，现在看山不是山。”从定量分析到定性分析，殷哲和团队逐步建立了歌斐母基金的投资基本逻辑。

（四）创新者逻辑

母基金打开了歌斐资产的局面。

殷哲至今记得，第一期母基金募资5亿元，过程还稍显坎坷；但是到了第五期，出现了认同的机构投资者，此后每一期母基金的募资过程都非常顺利。

现在，歌斐资产被视为国内母基金的开创者。然而，作为母基金的市场领导者，殷哲仍然把一切归功于团队对中国高净值用户需求的精准把握。

十几年来，殷哲已经习惯了每天6点就起床，在8点到公司前便对工作做好初步准备。他把这种习惯称为未雨绸缪。与做二级市场的人习惯盯盘不同，殷哲做得更为“落地”，代表投资者盯住最好的基金管理人、最出色的项目负责人。只有行走在行业的前沿，方能持续性抓住市场的痛点。

2012年底，殷哲又发现了一个新的机会。

以往，不断有PE投资者吐槽持有周期太长，尤其是成立时间较早的PE，投资者熬过了3～5年零收益的非成熟期后，心态上开始发毛。中国经济增速放缓后，部分投资者又出现资金紧张的问题，PE份额变现通道亟待解决。

殷哲意识到，私募股权投资二手份额交易，可能是一个被压抑的庞大市场。他迅速组织团队做了几次调查，结果令人吃惊，市场交易需求可能超过1 000亿元。有趣的是，GP（管理合伙人）也乐见其管理的基金增加流动性，从而优化LP（有限合伙人）结构，他们都希望歌斐把事率先“挑”起来。

2013年，歌斐资产借鉴美国同行的经验，在国内成立第一期S基金，专门做PE份额二次转受让的基金。在产品设计方面，歌斐S基金不但有基本的买一人单一份额，还有买一人多个份额、买多人部分份额的设计，恰到好处地照顾了中国投资者的投资习惯。

第一期S基金5亿元，歌斐用了一年半时间就完成了“融资+投资”全过程，市场需求可见一斑。趁热打铁，歌斐资产又上马第二期、第三期S基金。截至2017年11月，投资40多个案例，涉及GP近30个。

由于节省了前期持有时间，S基金必然缩短PE持有周期，能够较快实现现金回流。第一期S基金只用两年时间就有4家被投公司上市，而行业平均需7～10年。因此，在歌斐资产尝试S基金成功后，同行们也开始效仿S基金。

从母基金到S基金，歌斐资产的研发路径可以概述为“发现用户痛点—参考美国经验—中国复制—本土化—同行复制—发现新的痛点”。

殷哲经常会去美国看看，尤其是学习借鉴股东兼母基金投资对象红杉的投资管理经验。殷哲认为，像美国这样的国家，金融市场早已成熟，许多东西都值得复制用于中国市场。

复制，是商业模式创新的捷径。但是在资产管理领域，尚缺乏像歌斐资产这样屡屡成功的案例。

在采访中，殷哲多次提到的一个词"聚焦"，可能这正是歌斐资产成功的秘诀。

聚焦的第一层含义是分工，在产品本土化的过程中做到角色分工，调和各方利益。

2013年，房地产市场出现波动。开发商资金趋紧，出货速度下降。购房者也受政策影响，难以抉择购房时机。

于是，歌斐资产与房多多合作成立新型地产基金。在分工体系中，基金与开发商商定首付比例，以特价折扣，用包销或团购的方式收购开发商房源——开发商实现融资；基金再将收购的房源委托房多多在其平台上销售——基金投资者没有买房也能获得溢价，房多多获得服务收入，开发商则实现互联网渠道拓展。

合理的分工，在歌斐资产的母基金、S基金里也随处可见，投资者、母基金、子基金GP都各得其所，各取所需。

聚焦的第二层含义，则是清楚自己擅长的，扮演好自己的角色。

母基金虽然没有直接投资项目，殷哲却特别强调团队必须具有直投经验，尤其是具有行业聚焦经验的专业人才。歌斐资产的核心团队成员都具有TMT（科技、媒体、通信）、医疗医药、先进制造、节能环保等领域的直投经历，能够深入地自上而下开展投研，确保组合配置的β与α搭配最优。

2015年，歌斐资产以31.26亿元、纯股权PE的方式收购位于上海黄浦核心区的歌斐中心。作为一家资产管理公司，歌斐不可思议地主导了从项目获取、尽职调查、合同谈判到最终达成交易的全过程，并直接拿下了整栋大厦的运营管理权。

从殷哲的介绍中，我们获知歌斐地产团队的两位合伙人，本身就是从外资行业过渡到地产基金的专业人士，都已经深入研究地产运营七八年了。

此时，我们看到的，是一个在行业内角色特殊而又定位精准的歌斐资产。

（五）歌斐式资本关系

沉浮 20 载，殷哲经历过诺亚财富最艰难的创业时刻。

那时，殷哲经常做各种理财讲座，台下有时只有几位大妈。

在纯粹的渠道模式中，因为产品掌握在供应商手中，而且优质的理财产品往往也不愁卖。一旦蓝海市场被竞争者填满，诺亚财富就会被边缘化。

正是歌斐资产与其母基金的定位，延伸了诺亚财富的发展蓝图。

现在诺亚财富、歌斐资产与 PE 的关系，不仅仅是销售与投研生产的关系，而是 LP 与 GP 的关系，歌斐资产是基金管理人的金主。而且，由于聚焦、精准的战略，歌斐资产现如今还是硬核实力突出的 LP。

常有基金管理人向殷哲表示，与歌斐团队沟通有与众不同的体验。歌斐能够深入行业与 GP 探讨投资策略，透过歌斐能看到更前沿的东西……有时，甚至还能看到惺惺相惜的互相尊重、互相理解。

如今，基金管理人每天都面临机会的诱惑，跨专业、跨行业的好项目时有出没。有一次，一位基金管理人向殷哲介绍过去的一个投资案例，希望得到认可。然而，殷哲语重心长地告诫他：即便那是一个机会，也不是你的菜——基金管理人的每一次选择，都将作为履历记录在案。如果资方发现基金管理人的投资经历属于"东一榔头西一棒槌"，完全没有聚焦的风格，就会对其留下非常不好的印象。

事实上，对有些合作深入联合发行的基金，殷哲也提出了专业、尽职的要求。殷哲告诉《商界》记者，歌斐资产必须能够参与基金策略的制定，还要参与基金投委会对于违反投资策略的项目有一票否决权。这种深度参与的基础建立在歌斐团队本身就有足够多的项目覆盖，每一个行业及项目都经过翻牌、立项、筛选等多个环节把关。

身为母基金，却与直投无异，殷哲有更远的战略考虑。

2016年，歌斐资产增设直投业务。在外界还稍感惊讶时，殷哲已经亲自飞去美国，成立当地直投团队，以“母基金＋直投”的形式挑选美国前沿创业公司。

负责歌斐直投业务的张旭廷、王培俊，都是汪静波、殷哲亲自“搬”来的专业人士。张旭廷仍清楚地记得一年多前第一次接触歌斐的感受：“平台很大，准备很充分，我很快就心动了。”

长久的低调准备，源于投资业务存在与子基金业务重合的地带。殷哲对此有清醒的认识，他小心翼翼地处理直投业务的边界，实践出了一种全新的母子基金关系。

一方面，歌斐投资与子基金是价值协调而非竞争对立。比如歌斐和诺亚在金融领域、高净值客户、房地产空间领域都有独到的优势资源，可以在这些领域和子基金有效地协同。

另一方面，母基金选择的GP团队主要是专注早期的投资基金，子基金投资以A轮或B轮为主，歌斐则投C轮以后为主，在投资阶段上，歌斐资产与GP是错开的。

挺进投资领域，有助于歌斐资产降低母基金费率。不过，犹如一位下棋的高手，殷哲的这一妙手串联起的是自诺亚财富以来积累的全部优势资源。

歌斐资产，事实上已经成为一家全类别机构，涵盖私募股权、房地产、公开资本市场、家族财富全权委托等多种投资类别。其中，母基金是其中的核心，S基金与直投成为补充，串联起中国高净值用户与优质PE，通过PE又连接了中国所有的风口行业与公司。拥有歌斐资产的诺亚财富，既有“融”又有“研”，还有“投”，于资本市场各个角色之间切换自如。

资产管理，被殷哲做成了一种“强关系生意”。

（六）中国机会

财富管理行业、金融服务市场，离钱很近，离人性更近。过去 10 多年，国内财富管理机构、金融服务市场门槛貌似比较低，加上资本的推动，互联网技术的发展助力，整个市场进入蓬勃但无序的发展。

近年来，国家在牌照管理、政策措施上有明显进步。证监会、银保监会针对市场上的资产管理、财富管理服务，提出很多管理风险举措，还在“一行三会”上，在国务院建立了金融稳定发展委员会，与国际监管格局逐步接轨。整个行业从鱼龙混杂到监管步伐加快，逐渐进入公开、专业、透明的健康发展进程。

歌斐是这个行业的先行者、见证者，也是探路者。

殷哲的中长期目标，是把歌斐资产做成精细化、国际化的多资产类别管理人。

歌斐资产内部已有多个成熟的行业小组，涉及 TMT、消费升级等风口行业。歌斐与诺亚一道，与 GP、企业家上下连接，通过投基金和布局项目，深度参与到行业机遇中。

殷哲也不由感慨，诺亚与歌斐抓住的是时代的机会。

改革开放以来，中国从只占经济总量 1% 的经济体量，成长到现在占 15% 的经济体量；过去难以在中国看到 200 米以上的大楼，现在全世界最高的楼有 10 栋在中国。在时代洪流中，中国亦掀起波澜壮阔的造富浪潮。高净值人群的壮大也成就了诺亚财富；当个人财富溢出，形成规模庞大的 PE、VC 行业，专注私募股权投资的歌斐资产也随即应运而生；而眼下风口行业、独角兽企业不断喷涌，放眼全球，唯有中国才能持续容纳歌斐资产等新入的产业投资者。

上述所有伟大的进程，仅仅发生在 40 年的时间里；具体到对殷哲而言，实际上只有 15 年的时间。

在殷哲的记忆里，诺亚财富初立时，个人客户能出资 1 000 万元以上的就是大客户。如今，歌斐资产已经启动了全资产配置的传承基金，仅起点金额就高达 2 亿元。

全委业务，实现了汪静波之前接受《商界》采访时所说的“终身服务”（详见2017年《商界》1期）。而这款产品已经打上歌斐与殷哲的烙印，投资策略遵从“聚焦”“精选”“稳健”，以及“逆向思维”，不盲从市场的大流。

歌斐资产，在某种程度上实现了创业者的梦想，也实现了许多中国人财富传承的梦想。这个梦想，会随着中国的崛起而继续被放大。

歌斐人相信，财富管理和资产管理行业仍然是一个高速发展的行业。我们会有更壮大的中等收入人群；我们仍然是全球储蓄率最高的国家；老龄化已经出现，同时也伴随着新的商机；当中国经济进一步发展的时候，全球的资金将会更多地在中国聚集……

大势推动着行业前行。经历过几次经济循环，也享受过经济增长红利，殷哲对市场却更为敬畏。

他在采访中抛出一个思考：我常在想，今天摆在桌子上的“菜”，是否还是5年后我们能享用的“菜”？

这个问题没有答案，殷哲仍在追寻。

第四章

未来已来 | 产业升级的新方向

《国家创新驱动发展战略纲要》提出，到2020年进入创新型国家行列。而作为实现这一目标的最后一个五年规划，“创新”是最关键的一点。

科技创新对经济社会发展的支撑和引领作用日益增强，这是科技发展的趋势和规律。现在，科技创新不仅发生在研究机构、高校，也发生在企业。

从全球范围看，发达国家大都是科技强国，排在前列的跨国企业巨头，大部分也靠科技起步。尤其是近二三十年，一批高科技跨国企业，如苹果、谷歌、微软等的崛起，对全球科技产业都产生了重大影响。中国的高科技企业，如华为、小米、京东等，也将创新融入技术研发和产品生命周期，通过科技进步和实力提升，使企业规模跻身世界前列。即便是看似比较小的创新，也同样能换来在全球科技产业发展方向上的话语权。

任正非：华为悲欣30年

2016年华为财报显示，华为已是年收5 200亿元的巨鳄，超过BAT年收总和。而且，与几年前运营商业务、企业业务为主打不同，华为消费者终端业务做到了1 780亿元。

然而，任正非仍在求变。

在2017年2月17日的内部会议上，任正非说，华为要抓住全球10亿未连接家庭宽带的机会，把公司销售额推向2 000亿美元。

说任正非与华为是中国企业界的奇迹、传奇、骄傲或是脊梁，似乎都不为过。

确切地说，华为30年，并非是一家公司，从头到尾实则是两家完全不同的企业；44岁的任正非，与74岁的任正非，也并非同一个人，站在不惑之年看古稀，亦是平地仰视高山。

（一）1%的修行

任正非给人的印象，可能是中国企业界里最“割裂”的。

一方面，他脾气火暴，是一位不配合治疗的糖尿病患者。华为前副总裁李玉琢曾劝任正非为身体考虑，少发火。任正非答：我发火时血压从不升高。李玉琢只敢心里嘀咕：“你发火时，谁敢给你量血压?”

另一方面，任正非又给人亲和、朴素的印象。即便在国内，任正非也会给酒店服务人员小费；他在机场打出租车、在食堂吃工作餐的照片在社交媒体上广为流传。

优缺点同样明显，任正非说：“不要努力修炼做一个完人，抹去棱角被压抑很痛苦，不如把改造自己的精力贡献给集体。”

有如此自知之明，是任正非30年前悟到的。

任正非人生前几十年很苦。苦到什么程度？他在回忆文章中写母亲每到月底就去借三五元，以便一家人度过饥荒；年轻时因为自负、不知人情世故、不懂团结而碰得头破血流，大学入不了团，当兵入不了党，处处被人孤立。

筹借21 000元创立华为时，任正非已是生活贫困，人生路窄。到了不惑之年的他对自己说：“世界开始疯起来了，等不得我的不惑了。”

前10年的华为，是没有办公会议的。

任正非飞到各地去听研发、销售汇报，他们说怎么办就怎么办，哪怕只是一堆乱麻也听着，给予理解、支持。

因为任正非自知对技术、财务和管理都是一知半解，不如就做敢于放权的组织者；舍弃自己过去的无知、自大，团结大家一起奋斗，才能摸到时代的脚步。

华为的第一个10年确实充满野性。中华英才网总裁、原华为销售张建国开着一辆破吉普跑市场，3年跑下来可以随手画一张福建省县级地图。在俄罗斯，华为4年没有一单生意，华为人硬是死守在西伯利亚，熬到西门子、阿尔卡特都撤资，慢慢做到10亿美元的业务量级。

多年后，任正非总结华为的组织是“狼狈为奸”：狼擅长集体进攻，狈擅长聪明算计。

最重要的是，任正非只给自己1/6股份。后来股份不断被稀释，到今天只剩下1.01%。拥有17万名员工的华为，建设了规模近10万人的员工持股计划。

任正非历来愿意给员工最大胆的回报，员工自然愿意拼命，任正非笑答华为“分赃”分得好。

从某种程度而言，创办华为是任正非的修行。他首先放下了自己，44岁前那个孤立自己的任正非。

事实证明，任正非拥有组织者的天赋，他对机遇和危险有着敏锐的嗅觉。

1992年的一天，任正非站在办公室的窗边，一字一顿地对高管们说："这次研发如果失败了，我只有从楼上跳下去，你们还可以另谋出路。"

当时，华为的交换机代理生意做得还不错。但是，任正非发觉越来越多的公司进入交换机代理市场，利润正被迅速摊薄。一旦某个国内厂商获得技术突破，以低成本杀入，华为就危险了。所以，华为一定要从代理转向研发，搞出自己的数字交换机。

当时，华为是没有钱搞研发的。任正非向某企业拆借，利息高达20%～30%，可谓孤注一掷。

就在华为研发出自己的交换机C&C08的1993年，国内95%的交换机企业都死掉了。华为靠赊销、"农村包围城市"的推广才勉强活了下来。随着技术积累越来越多，华为销售收入迅速破亿元、10亿元。

此后的岁月里，任正非多次在历史的节点上"拯救"华为。而获得成功的关键，任正非认为首要在于用利益分享的方式，集中了集体的才智。

但是，组织者任正非最终还是累倒了。

（二）焦虑10年

2003年，任正非的健康状况很糟糕，做了两次癌症手术。

前10年放权式的管理，导致华为山头林立，派系诸多。为安抚人心，平衡各方，"甩手掌柜"渐渐磨成"文化教员"。加之华为规模不断扩大，到21世纪初已具10万人规模，行政工作日渐繁杂，"文化教员"又渐渐磨成"CEO掌柜"。磨着磨着，创业前没做过官的任正非越来越觉得自己被架在太阳底下烤。

华为的第二个10年，令人焦虑。任正非在回忆文章里写道：IT泡沫的破灭，公司内外矛盾的交集，我却无能为力控制这个公司，有半年时间都是噩梦，梦醒时常常哭。

事实上，此前中国从未出现过像华为这样规模巨大的民营通信公司，有关它的一切都需要先驱摸着石头过河。

1997 年圣诞期间，任正非去了一趟美国，参观了休斯公司、IBM、贝尔实验室和惠普。IBM 副总裁送了一本哈佛出版的大项目管理书籍，任正非后来又买了几百本发给高管。

相较知名的《华为基本法》，这次参访被一些研究者忽视，但它却可能是华为历史上最重要的转折点：一家自由散漫的浪漫公司，慢慢地开始向功利实用企业迈进。

任正非最推崇的是 IBM 时任 CEO 郭士纳。当时，郭士纳使巨亏 160 亿美元的 IBM 起死回生，而且他也是一位不太懂技术的管理者。

回国后，任正非进行了两天的高层传达与研讨，立即开始照搬郭士纳的做法。如提倡集体主义，对事不对人，业绩考核以绩效为导向，确立公司唯一目的是为客户服务。

从那以后，任正非常讲“脑袋对着客户，屁股对着领导”，员工要舍得为客户花钱，但不得招待领导。最拼命的服务，是华为的第二大法宝，第一大法宝是给员工最大胆的回报。

任正非在内部讲话时专门强调：“我们不能什么都学，那样的结果只能是一个白痴；因为这个往这边管，那个往那边管，综合起来就抵消为零；所以我们只向一个顾问学习，只学习 IBM。”

1998 年，华为斥资千万美元邀 IBM 进行流程再造，希望嫁接 IBM 的管理。

华为开始巨变。

比如，任正非不再允许研发人员闭门造车般地做研究，尤其反感技术人员对技术宗教般的崇拜，而是要求他们做“工程商人”，只能研究卖得出去的技术。

在行动上，华为掀起了一场“反幼稚运动”。任正非把那些因不符合市场需求而废弃的板材发给了犯错的技术人员，要求他们摆在家里客厅时时提醒自己。

同时，任正非在《华为基本法》中加入了“压强原则”，即以超过主要竞争对手的强度配置资源，要么不做，要么重点突破。

高投入的研发，必须换取高产出，此为华为基本的技术研发模式。而判断一项技术是否有“钱景”，任正非判断的标准就像中国人“打麻将”：盯死上家（跨国公司），卡住下家（国内竞争对手），看好对家（客户）。

这些做法，使得华为的响应速度总是比客户需求发生更快。1999年，中国移动准备做预付费业务，华为不但早就做好相关研发，销售部门还第一时间接洽中国移动，以两年零利润抢单成功，到二期招标时便赚得盆满钵满。

但是，“压强原则”也让华为人喘不过气来。比如，客户要求30天定制产品，市场经理对产品经理要求25天，产品经理对项目经理要求20天，项目经理对干活的人要求15天……

层层重压之下，加班成为华为一景，“狼性华为”的说法在外界不胫而走。需要注意的是，任正非从未把狼性文化等同于加班，他只赞扬过狼团结、坚毅、奋斗的精神。华为很早就出台过加班需要申请的制度，周六、周日还会停空调、停水。

但是，这些制度到了下面变了形。2007年，华为发生一起试用期员工自杀事件，掀起舆论轩然大波。

在之后一次内部讲话中，任正非要求每级行政管理团队都要和员工有固定时间的沟通，10分钟、15分钟都是可以的。

在那次会议上，任正非表情痛苦的一段话令人动容：

从1999年到2007年，我自己就有多次感觉活不下去的经历。有相同的经历，所以我才有这么多感触。但是，我有一个最大的优点，我懂得释放，懂得倾诉。实在受不了的时候，我会往外打电话，诉说自己的心里感受，没有一个人会劝你自杀的。

正如高僧索达吉堪布所说，苦才是人生。多年后，任正非有感而发：人生是美好的，但过程是痛苦的。

（三）领导 17 万最聪明的人

终究有人忍受不了这份痛苦，比如天才李一男。

当华为仿照 IBM 进行流程化、职业化后，已经自成山头的“李一男们”不乐意了。他们拒绝穿西装、打领带，拒绝规范流程，还是想像原来那样打天下。

对这些人，任正非使用类似于“杯酒释兵权”的智慧启动了“内部大创业”：首先劝退他们，大约 300 人；接着发展成经销商，有多少员工股就给多少钱设备，自己卖完了就有了创业资金。

2000 年，李一男拿着 1 000 多万元华为设备创办了港湾网络公司。之后的事情众所周知，港湾掉转枪头研发了自己的产品，并挖走华为不少顶尖的研发和销售人员，使得华为损失惨重。

对任正非与李一男的关系，一种说法是两人情同父子；另一种说法则是，李一男早就不爽“压强原则”，对华为当年豪赌 3G、小灵通等做法嗤之以鼻。

最终，任正非选择痛下杀手：不惜亏本抵死港湾，借知识产权破坏上市，最后又收购港湾，在研发上弃用李一男。

李一男选择出走百度，后来选择创业，2016 年 3 月 15 日因涉嫌内幕交易罪被诉，刑期两年半。

这么多年来，李一男一直都是任正非落给“黑粉”的话柄。李一男或许无情，但任正非和华为的报复做法也不免残酷。

但是，任正非当年可能只有一个选择，一定要搞死港湾，其急迫的心态就好像那个临时部门的名字：打港办。

任正非领导的华为，事实上是由十几万中国最聪明的人所组成的公司，领导者必须关注繁华背后的腐败，以及占山头。当一个山头立起来，马上削下去，否则只会有越来越多的山头、主义，最终瓦解全部。

所以任正非才有三刀：第一刀砍掉高层的手和脚，只留下脑袋洞察市场、规划战略，不要用手脚的勤快掩饰思想的懒惰；第二刀砍掉中层的屁股，不要只考虑本部门利益，赶他们出办公室盯住客户和市场；第三刀砍掉基层的脑袋，清高的“秀才”要做能征善战的“兵”，就是一个字：干！

2004年，华为在美国咨询公司的帮助下建立了轮值主席制度，8位领导者轮流执政，任期半年。后来这套制度变成轮值CEO制度。

任正非说：“每个轮值者不得不削小他的屁股，否则就达不到别人对他决议的拥护。这样，他就将他管辖的部门带入了全局利益的平衡，公司的山头无意中被削平了。”

1995—2001年，华为因错误估计国内政策，放弃研究PHS与CDMA技术，痛失小灵通及CDMA市场，任正非为此向所有管理层道歉。当时，按照“高投入、高产出”的做法，华为在3G研发上投入了1/3的研发力量，但国内牌照却迟迟不发。

可以试想，在“聪明人”的眼中，任正非的威严受到挑战。如果就因为“李一男们”的反对放弃3G研发，华为也会面临土崩瓦解的风险。

在等待3G牌照漫长的岁月里，任正非老了许多，华为也走了不少“聪明人”。

2008年7月，中国电信抛出一份270亿元的CDMA网络招标订单。零份额的华为借国泰君安发布公告，称将在全国范围赠送设备。接着市场上开始传言华为对订单势在必得，100多亿元的设备成本下竟然开出6.9亿元的“地狱价”。

传言之下，CDMA霸主中兴只得选择降价更改标书。哪知一早派出去送标书的人，竟因“无法言状之原因”错过投标时间！

经此一役，华为硬抢CDMA市场份额25%，奠定3G前夜市场基础。

2009年初，等来WCDMA牌照的联通发布标书。虽然中兴打出零报价，但研发已达十几年的华为还是强势拿到31%的订单，中兴只有20%。

打了大胜仗的华为，2009年跃居全球第二大电信设备商，仅次于爱立信。

一个对技术半懂不懂的人，终于领导一群“聪明人”走出焦虑，任正非的个人威望也达到最巅峰。

（四）大象转身

2010年，华为又走到历史的转折点。

当年4月，印度禁止进口华为产品；6月，欧盟对华为无线路由器发起反倾销调查；7月，华为不合时宜地首次进入世界500强榜单，引起外国机构警觉，造成华为海外收购接连失败。

须知，华为2009年营收为1 491亿元，大部分为2B业务，来自海外市场的占60.4%。2010年一整年不顺，暗示着海外市场风险变大，2B业务风险变大。

从2B走向2C，从海外走回国内，华为能行吗？

2010年12月3日，任正非召集核心会议，正式宣布终端业务与运营商业务、企业业务并列。不到一个月时间，在3G业务中立下汗马功劳的忠臣余承东被任命为华为终端董事长。

对华为向2C业务的急进，运营商并不理解，他们希望华为继续提供定制机，不要“越线”。来自华为运营商板块的压力也与日俱增，向“新官”余承东表达不满。就连华为终端内部也有不同声音，因为余承东提议发展高端机的电商渠道，将砍掉3 000万台低端智能手机和功能机业务，有损终端运营商业务的利益。

这么多人反对，结果却是余承东在任正非支持下一路走到黑，2011年底将旗下所有面向消费者的业务，如手机、其他终端设备组成消费者BG（业务集团）。为此，华为甚至不惜与沃达丰、法国电信等运营商终止合作，堪称“造反”。

从自由野性，走向规范流程，再到建立在创始人威望下的“人治”，华为成为执行力、意志力最强大的功利集团。

任正非认为，华为要实现民主管理，必须经历长官管理阶段。

显然，任正非有了大权在握的感觉，他不再是那个需要跳楼来感慰大家实现自己想法的创业者了。同时也可以想象，情怀主义者如小米公司，其实是在与一块“硬铁”比试坚实的程度。

2012年，华为终端坚定不移地执行高投入战略，耗资9亿元搞研发，超过营收10%；仅2012年，华为就增招研发5 000人，总人数近万人，比其他所有国内主要竞争对手的总和还要多！

此外，华为终端悄然完成全球上游布局，在伦敦设有设计研究所，在俄罗斯设有算法研究中心，在日本设有小型化设计和质量控制研究中心……在欧洲的研究所里，华为5G研究已走到世界前列。

任正非说，华为应大幅提升在手机终端上的研发和品牌投入，至少在预算和投入上胜过竞争对手。

有一次，任正非去日本研究所考察。有工程师表达了华为研发收益比低于苹果公司的忧虑，担心公司会降低研发费用。任正非告诉他一个“秘密”：余承东敢跟我讲真话，不敢给别人讲真话，给别人讲真话，别人要卡他的预算；我说我啥也不要，我们正在前进的路上，为什么要这么简单地去看收益比？

事实上，任正非对余承东直接指导。在看了华为路由器的开发体系后，任正非立即就给余承东打了电话，要求他学习路由器业务模块化开发模式。余承东用半年时间把组织改成平台式、模块化，迅速撑起了手机业务的规模、效率及整体优势。

有任正非背书，余承东打出了他的牌：“最”战略。

华为荣耀、P系列、Mate系列都立足在硬件配置、性能指标上超越对手，而且是在全球范围内。这实质上掀起了“硬件大战”，拉高了竞争门槛，把整个市场产品水准抬到一个华为够得着、其他品牌够着费力的标准。

须知战线一旦拉长，“基础功”不好的厂商一定会在研发效率、质量和产能上出大问题，而这恰恰是华为的长处。

余承东给外界的感觉一直是高调、嚣张，事实上，他需要通过吸引眼球把华为内敛的优势彰显出来。

2014—2015年，高通芯片出现供应问题，严重依赖高通的手机厂商纷纷

“遇难”，华为却依靠旗下海思芯片供应安然无恙。

华为手机在外观 ID 设计、公开渠道等短板上也投入巨大，挖来了三星手机工业设计金峻绪、苹果创意总监 Abigail，而营销费用第一年就砸了 2 亿美元。

在经历了头几年的僵持后，2014 年华为手机渐渐脱颖而出。仅 Mate7 一个单品的营收，就超过小米手机 2014 年全年销量一半所创造的营收和利润。

依靠硬件与研发，华为手机抢占了目前的制高点，但是它在互联网服务一块依然短板明显，接入的互联网服务数量只是小米、魅族的零头。

任正非说，过去的成功不是未来可靠的向导。可以预见，华为一定会在互联网领域掀起惊涛骇浪。

（五）残酷的真实

大年三十，任正非凭借内部讲话再次成为“网红”。他对几位主管精致的演技和过度包装的业绩泡沫发飙了：还过个屁年！

就连余承东也被批判了：利润增长太慢，太多利润都被渠道商赚走了。

被 IBM“熏染”10 多年后，华为其实出现了新的问题：死板、僵硬。任正非给高管们下了新的要求：简化流程，提升效率。

遗憾的是，任正非可能无法亲自投身到华为新一轮的管理变革之中了，有消息称他准备 75 岁退休。

2016 年岁末，管理学者陈春花曾与任正非交流华为现在和未来的立业之本。任正非的答案是财务体系和人力资源体系，具体指激活组织，重新向一线授权，让听得见“炮火”的组织更有责、更有权，内部管理运作从以功能部门为中心向以项目为中心转移。而这些工作背后的领导者正是 CFO 孟晚舟，任正非的大女儿。

外界盛传，孟晚舟将接班任正非，但任正非也曾说过家人永远不会接班。在华为，在所有高管里，任正非“骂”女儿是最狠的。2015 年就财务部门的流程效率问题，任正非在内部公文中直接开骂：颐指气使，皮之不存，毛将焉附……

在女儿心中，委屈可能是有的。在一次采访中，孟晚舟说，父亲曾是一个慈父，创办华为后，可能是管理一家企业对他个性要求很高，他现在成了一个严父。

华为，让任正非成为一个矛盾体，他轻易不接触外界的作风，让他更加难以被揣测。

任正非曾说华为不需要上市，不需要接受公众公司要求限制，但华为至少三次谋求过上市。

华为如今如日中天的终端手机业务，以前也至少三次差点被任正非卖掉。

早在2009年，华为就尝试建立矩阵结构，实施有序分权，然而这些年任正非其实把权抓得更紧了。他曾说过，稳定是发展的基础，华为公司永远都实行中央集权。

有人以军人出身、研发热情，以及过去的内部讲话为依据，称任正非富有家国情怀、理想主义。可任正非这些年在公司内部最讨厌“主义泛滥”，他对高管们说：“我认为我们的目的要简单一点，我们也担负不起重任来，我们能往前走一点就是胜利，不要以为一定要走多远。”

究竟什么才是华为的真相，什么才是晚年任正非真实的想法？

也许，极致的理想主义，就是现实主义、实用主义。无论任正非说过什么，做过什么，评价的唯一标准就是企业的生存与发展。这是唯一的理想。

16年前的互联网泡沫破灭期间，任正非曾大胆地设问，如果华为公司真的危机到来了，是不是员工工资减一半，大家靠一点白菜、南瓜过日子，就能行？或者裁掉一半人是否就能救公司？如果这样就行的话，危险就不危险了。

紧接着，他自己回答起来：危险一过去，我们可以逐步将工资补回来，或者销售增长，将被迫裁掉的人请回来。

华为最难被人理解的，恐怕就是这份残酷的真实与无奈，或可概括为理想向现实妥协的“实事求是”。

华为与任正非的经历刚好证明了，残酷的真实也具有震撼人心的力量。

丁磊：越过山丘

2017年5月11日，网易公布2017年Q1财报，净收入136.41亿元，同比增长72.3%，净利润39.23亿元，同比增长59.4%，季度净收入和净利润连续创历史新高。

2017年，丁磊46岁，离他一手创办网易刚好20年，距他登顶“福布斯中国首富”也已经过去了14年。

时间一去不复返。互联网江湖20年风云际会，丁磊和他的网易在其间几度沉浮，取舍得失，不一而足。

但网易的“翻身”和丁磊的成功显得有些“不合时宜”：一家老牌互联网公司，在讲究速度的互联网江湖，几乎完美错过所有风口，为什么却能够以慢打快，一跃而起，重新迸发出惊人的力量？其间不见丁磊红着眼咬着牙较着劲，就这样完成“渡劫”了？

互联网诸神之战进入下半场，以旧眼光来评判网易似乎已不再合适。但新的评判标准，又在哪里？

（一）大佬的偶像包袱

丁磊给人印象最深的就是他那标志性的笑脸。

作为互联网创世纪星河的第一代大佬，丁磊经历过高光时刻，也有过狼狈不堪的岁月。山峰与低谷，落差之大，可能让人撕裂，也可能让人成长。丁磊仍然笑呵呵的。吴晓波说丁磊是为数极少的快乐富豪。

当然，网易如丁磊所愿，表现出了惊人的反弹力，尤其在这两年，大有重塑互联网河山之势。2017年5月11日，网易公布2017年Q1财报，净收入136.41亿元，同比增长72.3%，净利润39.23亿元，同比增长59.4%，季度净收入和净利润连续创历史新高。

财报之外，产品矩阵的成型是更大收获。不久前，网易云音乐完成了7.5亿元的A轮融资，估值达到80亿元，随后网易味央也宣布了1.6亿元A轮融资的消息。在游戏不断推高网易市值的同时，电商、音乐、养猪等新兴业务又带来了新的想象力。如今，网易市值逼近400亿美元，虽然仍落后于BAT，但已经把当年门户时代的老对手新浪和搜狐远远甩在了身后。

当我们谈论丁磊和网易的时候，实际上谈论的是某种“不合时宜”的成功。

过去的10年间，丁磊门扉紧掩，不但很少主动发声，也鲜见出席公开活动，外界对他的关注度停留在“丁磊在浙江养了几千头猪”。

而在同时代的互联网大佬中，不管愿不愿意，马云被捧上了神坛，“教父”形象加身；张朝阳一度跨界娱乐圈，跳探戈、练瑜伽，出现在每一个应该有搜狐出现的场合；雷军成为“雷布斯”，发布会就是他的秀场；即便与丁磊同年同月出生、性格内敛的马化腾，也“开坛布道”，宣讲“腾讯连接一切”。

相比之下，丁磊显得不合群。“谁知道宝洁、3M这些国际大公司的老板是谁，成功的企业与知名的老板之间没有必然联系。”他这样说，竟然也真的这样做。

丁磊还说过：“产品就是最好的传播，企业家最好的慈善，就是提供有品质的产品和服务。”事实上，网易许多产品都是历经打磨，在不被看好的情况下推出，并最终获得成功的。

很多时候，一家企业的气质和风格往往取决于这家企业掌门人的性格。比如，任正非行事雷厉风行，华为狼性文化盛行；张朝阳是天生的魅力人物，从IT界渗透进娱乐圈甚至时尚界，他的人设几乎等同于搜狐的娱乐基因；而后一辈的王兴、姚劲波的特质，从当初美团地推团队的凶狠拼抢和 58 同城的高效执行力中可窥一二。

那么，丁磊为网易注入了什么？

一方面，在“大佬文化”占主导的企业生态里，丁磊的率性和平常心为网易营造了一个相对宽松的内部氛围，也在无形中卸下了自己身上的“偶像包袱”。

丁磊可以说是流传段子最多的互联网大佬，知乎上充满了网易员工和前员工对他的各种吐槽：身家 300 亿元却穿 300 元的优衣库、穿着花裤衩站在过道给电脑装系统、在电梯里找员工借钱买咖啡、下班与员工抢出租车……

有人评价网易是一家“活在段子里的公司”，但网易员工不买账。他们说，丁老板本身就自带段子属性。他的人设不是让人望而生畏的英雄大佬，而是一个有趣好玩的任性总裁。

另一方面，丁磊看似漫不经心、肆意而为的行事风格，又为很多产品的发轫起到了催化作用。

网易云音乐 CEO 朱一闻分享过一个桥段：丁磊有一次去巴西出差，买来 10 张光盘狂听，发现一首好歌就存在手机里并放给其他人听。丁磊觉得音乐的核心是基于分享，没过多久，他召开会议说要做音乐，并将“分享”属性确定为网易云音乐的基础构架。

另一个桥段则更为传奇：据说多年前丁磊与朋友吃火锅，服务员将一盘颜色可疑的猪血倒入锅中。丁磊坚持将整个锅底换掉，随后萌生了养猪的想法，并由此开始了长达 8 年的猪倌生涯。

当下，中国主流商业价值观和企业文化倡导的是“实用主义”“物竞天择”“狼性”等关键词，丁磊却带领公司走出一条“反主流”的网易特色互联网道路。

但我们很清楚，仅仅从“任性”或“顺其自然”的角度，并不能解读网易再次崛起的原因。

(二)缺席风口的慢公司

天下武功，唯快不破。放眼望去，在当下的互联网江湖，网易大概是少有的“慢”公司。有人曾问丁磊：“你做产品这么慢，难道不怕错过时机吗？”丁磊回答：“我觉得时机是个伪命题。”

互联网在中国商业落地已有20多年，在新的历史节点面前，节奏越来越快，人们的贪婪与恐惧滋长，急功近利与焦虑并存。

人们热衷寻找BAT之外的“第四极”。“种子选手”名单很长：京东、小米、乐视、奇虎360、新美大、滴滴、58赶集、携程、去哪儿……

成为“第四极”是个何等的诱惑，排不上种子选手名单的初创公司们也不泄气。大家被未来技术趋势和互联网整体的演化方向裹挟着，向着“风口”冲锋，自称在构建生态，融资烧钱，再融资再烧钱。从电商、社交到O2O、直播、短视频，什么火就做什么。

“风口论”与“时机论”曾经是正确的，但有两个前提：一是经济趋势处于上行状态；二是这个行业处于红利期。时过境迁，“风口论”与“时机论”仍大行其道，无外乎两方面的原因：一方面，企业急于抓住所谓的潮流和趋势，从而一飞冲天，这当中也包含了创始人的投机和功利心理；另一方面，资本大量涌入风投和创投，它们在寻找项目投资的竞争中，催化了许多画饼充饥的风口假象。

在激进和求快的心态下，做电商的并未解决核心的供应链问题，做社交的撼动不了腾讯关系链护城河，做直播的跌进带宽的坑，O2O倒在了最后一公里，许多盈利模式变异为2VC……最终“风口变枪口”，倒在黎明前的黑暗中。

网易几乎错过了过去10年间中国互联网的绝大多数风口，那些火爆一时的千团大战、视频大战、云盘大战、O2O大战，网易都没有参与。这些“不合时宜”的缺席，被外界归结为丁磊的习惯性慢热，认为他过于保守。

殊不知，早年的丁磊也是以“快”著称。从创办网易到登陆纳斯达克，丁磊只用了3年时间，从白手起家到成为首富，他也仅仅用了6年。只不过经历了上市、停牌、复牌的大起大落，丁磊变得成熟和谨慎，况且如今的互联网江湖要比他成名那会儿热闹许多，也复杂许多。让子弹飞一会儿，总没有错。

快公司的策略似乎比较容易归纳，“小步，快跑，试错，迭代”。却很少有人能说清网易的战略思想。但可以肯定的是，相比于“超前”与“快”，丁磊更注重“准确”，动作可以慢，看准了再跟上去。

后发制人。在这种打法之下，网易几乎都不会在第一时间参与所谓的风口：2013 年推出网易云音乐，2014 年大举杀入手游市场，2015 年做跨境电商网易考拉，2016 年做网易严选。

事实上，丁磊在有意调慢网易的速度。这一点从网易开发产品的态度中不难看出。网易手游刚起步时，丁磊鼓励研发团队“慢一点没关系，品质才能保证市场定位”，因此其每一款游戏的开发周期都比别人长。比如《阴阳师》的开发周期长达两年。

在丁磊和网易的逻辑中，一味追求风口和速度，容易忽视产品，自乱阵脚，最终把自己搞死。而让渡一定的时间窗口，既可以避免风险，又能通过长期投入，完善产品和服务，形成竞争优势。

丁磊说，很多人赶风口、潮流的时候，一个动机是想赶快拿到风险投资。但他们其实忽略了一点——“我如何长期可持续经营，应该给消费者留下什么”。

事实证明，这些后来成为网易增长新引擎的项目入场时都已是一片红海，但这些项目却依然能生根发芽，杀出重围。

在互联网这条赛道上，有的选手在短跑，比速度和爆发力，甚至会不断变换赛道。网易更像跑一场马拉松，比节奏和耐力。

后来，出现了一个有趣的“预言”：越是热闹喧哗的时候，大家最为看好的公司往往不会是网易，但遭遇寒冬，一片狼藉之后，活得最好的公司中，很可能就有网易。

（三）游戏的自我修养

不要误会，丁磊仍然是个商人。

2016年9月30日晚，丁磊现身游戏直播，以主播身份联合红人玩家进行抽卡大对决，在一小时的时间里，引发超过500万观众全程围观。

丁磊站台的这款游戏是网易自主研发出品的手游《阴阳师》。

在此之前，丁磊只要出现在公众场合，都会被人问及"猪什么时候才能养好"，而这次直播之后，问他的话题则变成了"如何才能更快地抽中SSR（游戏内召唤角色最高等级）"。

很快，《阴阳师》全球下载量已经超过2亿，用户日活超过1 000万，火爆程度可见一斑。

游戏业务，是财富，是"印钞机"。

综观中国网游发展史，网易是最早的参与者。网易早年正是靠进军网游，凭借《大话西游》《梦幻西游》等端游的成功运营，得以保持长期稳定的收入增长。

进入移动互联网时代，丁磊本来想在社交和即时通信方面有所作为，结果微博败给了新浪，易信也没能阻击微信的一骑绝尘。曾经一度，网易被认为是移动互联网时代最大的失意者，直到后来丁磊砸下重金投入精品自研手游，网易才一举找回存在感。《梦幻西游》《大话西游》手游版相继上线，并大获成功，而2016年上线的《阴阳师》更是成为国民级手游。

网易2017年一季度在线游戏服务净收入为107.35亿元。这也是网易创立20年以来，游戏业务首破100亿元，而就整体营收而言，游戏贡献了78%以上的收入。

游戏，也可谓是理想主义者和商人的试金石。

表现得最"理想主义"的人，其实是盛大的陈天桥。游戏最早成就了陈天桥问鼎首富之位，但陈天桥认为游戏没有"灵魂"，一直以游戏业务的现金收益供养自己的内容生态圈梦想。

理想主义者讲"情怀"，商人要言"利"。

作为中国乃至全球运营效率最高的游戏厂商之一，腾讯在很长一段时间里，重渠道和发行，产品主要来自代理，自家则以轻度休闲游戏为主。腾讯掌握的最大资产是流量，而流量需要更多产品来变现，因此腾讯的游戏平台像一个入口，谁家产品好就接入谁的。在产品数量上，腾讯一度采取群狼战术，一年发布上百款游戏，试图用相对短的时间，去圈出更大的市场。

这种短平快风格为腾讯带来了可观的“现金牛”，但却在一定程度上束缚了头部内容的打造。

不过，最近几年，腾讯加大了原创游戏投入力度。比如 2015 年 11 月上线的《王者荣耀》就是腾讯自主开发的，目前累计注册用户超过 2 亿，日活跃人数突破 5 000 万。

网易一直重研发，信奉“最好的渠道就是游戏产品本身”。以《阴阳师》为例，网易在游戏画面、剧情、场景、玩法等各个方面都做了细节上的精雕，单是一个“式神”角色的形象，设计周期就长达两个月。而为了更好地还原游戏背景的世界观设定，研发团队多次去日本采风，深入考察和研究场景设计。

不只是《阴阳师》，IP 改编也是如此。比如《梦幻西游》和《大话西游》，正是因为 10 多年来端游时期的精耕细作，打下了好口碑，改造成手游才具备坚实的玩家基础。

财报显示，腾讯 2017 年第一季度网络游戏收入达到 228.11 亿元，超出网易一倍。但继“有态度”的网易新闻、虽不叫座但叫好不断的网易公开课后，网易游戏也加入“网易出品，必属精品”的豪华套餐，这已成为玩家的共识，也成为延续网易风格的又一拳头产品。

（四）再造一个网易

如果将中国互联网圈子比作一个班级，丁磊是另一种典型的优等生——平时自由散漫，上课总走神，没见哪一科成绩特别拔尖，但综合排名成绩总靠前。一个人的时间用在哪里，旁人看不到，但看得到结果。

其实多年蛰伏期间，网易对很多领域都进行了低调布局。与 BAT 更多采取战略性投资的方式去介入不同，网易选择了自己做。

究其原因，一方面，相比BAT，网易缺乏平台生态，无法正面求快、求大，只能将重心放在打造优质产品服务上，笼络忠实用户，构筑护城河；另一方面，得益于游戏长期以来的可观收入，网易在拓展其他产品时具备了更大的底气和耐心。

在这种背景下，网易云音乐、网易严选、网易考拉、味央猪等辨识度极高的业务和产品横空出世。这些被认为是网易未来新引擎的业务都带着强烈的丁磊印记，因为从某种角度而言，丁磊的产品观就是网易的产品观。

“我年轻时候的理想是开一家唱片公司，理想破灭了，就做一个音乐产品吧。”作为后来者，网易云音乐抢滩在线音乐市场堪称成功的典范。

一直以来，各大音乐平台打法基本雷同——做曲库，为用户提供试听和下载服务。在丁磊看来，这样的用户习惯很难形成可靠的活跃度和黏性，音乐应该有灵魂的对话与沟通。于是，网易云音乐以“歌单 + 社交”的模式切入，由用户提供内容，自行创建和上传歌单，形成“人歌交流”场景。这样一来，原本工具型的音乐播放软件就被赋予了社交与情感属性。

网易云音乐上线4年，已发展到3亿用户规模，据说已取代豆瓣，成为全新的线上交友基地。丁磊说，在各大音乐平台版权圈地竞争之下，用户体验被放在了次要位置，但独家版权并不能成为长期壁垒，用户体验才是真正的壁垒。

在产品黏性和口碑的双重效应下，网易云音乐初步形成了从付费会员到数字音乐专辑售卖再到音乐人扶持的商业链条。比如，朴树新专辑《猎户星座》在网易云音乐独家首发，短短4天时间，销量便突破了10万张，目前已近16万张。另外，网易云音乐2016年付费会员人数同比2015年增长超过9倍，成为其最具增长空间的商业化变现方式之一。

网易考拉和网易严选是丁磊布局电商的一记组合拳，也是他对品质商品的执念。

丁磊对一些电商平台的假货和劣质品发自内心地鄙视，“如果今天我卖出去的商品，评论里所有的人都在骂，骂黑心棉、骗子、假货，我睡都睡不好”。因此，追求好产品，成为网易做电商的初衷。

网易考拉采取“直营跨境B2C”模式，打出了“进口商品，本地价格”的口号。2017年4月10日，网易考拉海购在德国法兰克福举办了一场欧洲招商会，宣布将在3年内投入30亿欧元在欧洲直接采购当地各类优质商品。

跨境电商平台的一大难点是供应链不好把控，网易考拉的解决方法是在海外设立分公司和采购部门，提高和海外供应链接触的效率。另外，在保税备货模式之外还开辟了直邮渠道，设立海外仓，让产能“转起来”。艾媒咨询发布的报告显示，2016年网易考拉海购以21.6%的市场占比位居第一，领先天猫国际和唯品国际。

不同于网易考拉的跨境直采，网易严选采取的是ODM模式（原始设计制造商），由制造商、供应商来设计和生产，然后由网易采购后在平台上销售。严选团队会参与产品功能、设计等各方面需求的定制。

“好的生活，没那么贵”，网易严选看中的是国内消费升级带来的增量市场。既然是“严选”，网易在品牌宣传上也非常擅长强化这个概念。例如，严选团队遍访多少工厂，选了多少种材料，最终才选出这个品种，通过场景渲染，一举击中消费者对品质生活的向往心理。

事实上，中国堪称最大的世界工厂，许多国际大牌商品实际上都是由中国工厂贴牌代工，因此并不缺乏高水平的制造能力。对于网易严选来说，就是要把中国优质的制造商和供应商挑选出来，在生产高质量商品的基础上，去除品牌溢价，提升产品性价比。

为保证与供应商合作的稳定性，丁磊承诺，网易严选不仅会提前支付70%的预付款，还会与每个合作供应商签订3年以上的订单合同。在第121届广交会上，网易更是打出了“以前靠老外，现在靠网易严选——100亿元采购金等你拿”的横幅，寻找优质供应商资源。

凭借着品质生活导向和强大的供应链整合能力，一年多的时间，网易严选从最初的家纺家居，拓展到包括厨卫、洗护、箱包在内的九大品类，SKU超过

5 000 个，月流水超过 6 000 万元。

从市场的角度而言，网易考拉和网易严选在一定程度上解决了电商消费的痛点，迎合了消费升级和新中产崛起的需求；从产业角度来看，两者又在客观上改造了供应链，网易考拉帮助海外品牌商更好地进入中国市场，解决产品认知和本土化推广问题，而网易严选则给具备高制造水平的外贸型企业提供了开拓国内市场的机会。

（五）你好，三石哥

我们总以为，巨头和大佬转身，都要付出惨痛代价脱胎换骨，才得以新生。网易却没有变得“面目全非”，丁磊还是按照自己内心的准则做人做事，爱憎分明，以此对抗复杂的外部世界。

有所为有所不为，是丁磊最大的“禅”。

若干年前，丁磊曾愤怒地把一张暴露的美女照片打印出来，贴在门户频道一位负责人办公室的墙上。“如果谁再上这种图片，我就把照片寄给他父母。”婚恋市场刚起热度时，网易曾推出社交产品“同城约会”，当发现拥入大量性交易者后，丁磊关掉了它，“有人投诉啊，我没必要为此背黑锅”。而在百度曝出医疗广告问题时，丁磊则表示，网易从来不接医疗广告。

有态度，还体现在丁磊对某些标签化的排斥。比如，对于自己曾经的首富头衔，他不满意，“只有老板才觉得首富了不起”。至于有媒体称网易是除 BAT 外的第四极，他更是直接表达了不满。在搜狗 CEO 王小川看来，丁磊有些超脱，他根本无所谓互联网江湖怎么排位。

江湖传言，在一次饭局中，王小川称赞丁磊当年有骨气，受不了运营商的气，不干 SP 而进军游戏。丁磊却慢悠悠地拿起一只螃蟹说：“年轻人，吃饭的时候别谈工作，你看这只螃蟹这个地方最肥，最好吃了。”

丁磊从不掩饰自己的兴趣爱好，他喜欢音乐和自驾，但不喜欢登山，因为“爬山太累”。这一点相比热衷登珠峰、爬雪山的王石和张朝阳，丁磊似乎少了一些“山高人为峰”的征服欲。

重要的是，丁磊的兴趣为网易产品带来了势能。

在网易云音乐注册用户中，丁磊给自己的ID取名为“网易UFO”，拥有10万+的粉丝，在听歌排行里累计听歌8 256首，类别横跨民谣、交响乐、古典、动漫，甚至还有瑜伽和胎教音乐。丁磊堪称网易云音乐的铁杆用户，时不时写几句乐评，还曾在动态里推荐了阿米尔·汗的经典电影歌曲。在网易云曲库里，甚至还能找到丁磊与林志玲合唱的《带我飞》，那是网易游戏《大唐无双2》的主题曲。

丁磊认真起来，据说一眼就能看出女生穿的丝袜是80D还是180D。这应该是做网易考拉和网易严选练出的功力。上面的很多产品，丁磊都曾亲自参与挑选，大到功能设计，小到颜色款式，他都会给出意见。

丁磊最终把个人审美趣味呈现在《三石的私物精选》中。那是2015年底，丁磊推出的个人专栏，不定期推荐网易严选和网易考拉上的好产品，目前更新已超过100期。对各类消费品调性的熟悉，加上细腻的文字表达，丁磊的人设变成了“一个会过日子的人”。

在2016年第三届世界互联网大会期间，那场被称为“互联网半壁江山”的饭局上，丁磊宴请大佬们用的是网易味央猪肉，大佬们使用的餐具也来自网易严选。

导购、代言人和内容电商，就这么水到渠成。

丁磊并非典型意义的商界大佬，也不是流行语境中的互联网偶像，他缺乏成为领袖的企图心，也没有一统江湖的征服欲。他就这样唱着歌，养着猪，采着茶，写着专栏。

2017年3月的一天，丁磊出现在杭州狮峰山的一片茶园，助阵网易严选的明前西湖龙井采头茶仪式。丁磊亲自摘茶、炒茶，当了一回茶农。几个采茶妹子看见他，齐声喊：“三石哥，欢迎你！”

丁磊呵呵一笑，算作应答。

雷军：最后的“风口”

雷军不喜欢被塑造，他清楚地记得自己的来时路。作为中国互联网界的“活化石”，他也曾经相信“不怕苦，不怕累，人定胜天”。只是，在写了16年的代码外加干了3年投资后，他决心换一种思路。最终他发现，1%的灵感或许比99%的汗水重要。

它是全球第一家以成本价定价的手机厂商，一上马即软件、硬件、互联网一体化。它只用了37小时卖出40万台手机，实现了8亿元的销售额，2012年公司销售额过100亿元基本无悬念。成立一年多，小米公司估值即过10亿元美元。投资者告诉他，过10亿美元，谷歌花了7年，Facebook花了6年，小米，不到两年。

如果按照今天的上行趋势，小米有机会成为中国第3家百亿美元量级的公司——雷军再也不用急着退出江湖了……

(一)第6名员工的第16年

离开金山的时候，雷军已近不惑之年。

那是2007年的隆冬季节，北京很冷。记者见面会上，雷军用深深的一鞠躬纪念自己任上的最后一天。而此前两个月，金山软件刚刚上市。

从22岁到38岁，16年，5 840天。当这一切真的结束，旁人很难理解那种谢幕时的感受。16年前，雷军作为第6名员工加入金山；16年后，金山已将近2 000人。雷军说，我的青春，我的金山。他感慨万千。

一个男人用16年的时间硬生生将自己铸造成互联网界的“活化石”，值吗？

作为人尽皆知的中关村劳模，每周7天，天天加班到深夜。8年间带着金山5次冲击IPO，跌跌撞撞终于撞线。同样也在这16年间，比自己出道晚的兄弟们都被捧上了天。马化腾的腾讯已经成了中国市值最高的互联网公司，丁磊的网易也有声有色……

而彼时，雷军还算不上一名真正意义上的创业者。即便他少年成名，履历光鲜。

1969年，雷军出生在湖北仙桃一个教师家庭。18岁进入武汉大学计算机系，22岁与人合著的《深入DOS编程》《深入Windows编程》，成为后辈程序员们争相阅读的工具书。只是，相比其他互联网“刺头”，雷军的性格棱角并不突出。从好学生到好员工，再从好员工到好领导，他几乎都行走在一条吻合传统价值观念的命运轨道，每一步都中规中矩，水到渠成。

当然，是轨道就总有崩溃的一天。金山16年，雷军渐渐领悟到一个道理：顺势而为。

“为什么有人付出100%的努力只能换回20%的增长？反之，有人付出20%的努力，却能获得100%的回报？”“金山软件有中国最优秀的一批工程师，大家都很团结，执行力也非常强。但为何最后上市依靠的反而是网游业务？”

雷军缺的是大势，是机会，是风口。“只要站到风口前，猪都能够飞上天。改革开放30多年，有无数次这样的机会，比如20世纪90年代去深圳炒股票，去海南岛炒地皮，比如一大堆，可惜我一个都没有捞着。”

他确实一个都没捞着。别人做互联网的时候，他坚守在“前有微软后有盗版”的软件行业，江山打了10多年，最后软件业整体不行了。于是一边做软件一边做互联网，可这时候互联网发展的黄金期又已经过去，机会都被别人抢去了。

2007年10月16日，金山在香港联交所挂牌，雷军发现，他投注了16年心血的公司市值不过6.261亿港币。这个数字，当时远远不及同年在香港上市的阿里巴巴（市值15亿美元），更别提2005年在纳斯达克上市的百度（市值39.58

亿美元）了，就连跟盛大网络、第九城市和巨人游戏这些游戏界同行相比，金山也被抛在了后面。

雷军是不服气的。

（二）“活化石”也有春天

人生奇妙。

金山阶段的雷军苦干硬干，年复一年地摸着石头过河，最后悲剧地发现——河上原本有座桥，石头都白摸了。而离开金山，他无心插柳地做起风险投资，结果逢山开路、遇水搭桥，玩得风生水起。

做风险投资是有前提的。雷军在金山阶段，财务就已自由。早在2004年，金山和联想共同投资的卓越网作价7 500万美元出售给亚马逊，外界估计，雷军个人获利上亿元人民币。而卓越套现，加之后来的金山上市，雷军在资金上更加富余。

他的第一笔天使投资投了拉卡拉。2004年，在高尔夫球场享受了两年退休生活的孙陶然决定开始新一轮的创业，雷军没有犹豫就答应投资。孙陶然和雷军相识，是1996年在中关村组织的一次会议上。两人算是一见如故，之后数年里每次交谈，两人都对事物有大致一样的判断和见解。“陶然做什么都能成。”雷军说，“无论做什么我都投。”

这就是雷军的投资理念，他对业界再三申明，如果你不是我的熟人，或者熟人的熟人，不用来找我看项目，我不会投的。

为此有人骂他很拽。

他解释自己的投资理念：“第一，这是我的特点；第二，投资不是做慈善，那是我的钱，我爱怎么投就怎么投；第三，我不投与金山有竞争关系的业务。”

谁都没想到，爱怎么投就怎么投的雷军最后竟然成了风投圈神一级的人物，轰轰烈烈地整出了一个“帝国”。到目前为止，雷军总共投了包括凡客、乐淘、UC、可牛、iSpeak在内的17家公司，这些企业沿着移动互联网、电子商务和社交三条线整齐分布。

现在，这些公司都还在“稻田”里长着，没有上市，但家家都在各自的领域牛气十足，外界对其前景普遍看好。雷军系下的这些资产值多少钱？2011年，有媒体估值在150亿～200亿美元。

那么，一个金山的“退休老干部”何以成了风投圈中的雷大师？事实上，那几年荷包里子弹比雷军多得多的风投很多，但雷军既有余钱又来自一线，作为IT业“活化石”，在圈子里人脉深广，更重要的是，他正“游手好闲”。

雷军所投的17家公司中，有11家公司从零开始。他更愿意以创业的方式来做投资，有时脑袋中有个点子，就开始和朋友一起探讨，继而选择他熟悉的创始人，一步步把公司创立起来。

比如多玩，据说是李学凌有段时间经常找雷军聊天，有一天雷军忽然对他说：“我想做个游戏网站，你有没有兴趣？”于是，李学凌走上了创业之路。

又如陈年。陈年与雷军1998年就认识，后来共同创立卓越网。2005年陈年开始做我有网，雷军投资。后因对行业环境判断失误，我有网陷入困境。2007年联想投资总裁朱立南认为PPG模式适合再创业，雷军觉得陈年一定会再成功，于是再次投钱给他……

雷军说：“我投资每一个人的时候，都跟他说得很清楚，我们一起共事4年时间。比如我选择了A进入B行业创业，第一年搞砸了没关系，第二年再做，如果做了4年还是不成功那就算了。我有4年的耐心。”

（三）媒体把我忘了吗

3年的天使投资经历，可算作雷军商业生涯的第二阶段。

早在2005年，雷军便看好移动互联网，他认为“未来移动互联网的规模将10倍于PC互联网的规模”。雷军是这么想的，也是这么干的。数年下来，成绩斐然，于是圈内人对未来的移动互联网格局做了预判，第一阵营就是一张桌子——TABLE。

五个字母中的T代表腾讯系、A代表阿里巴巴系、B是百度系、L是雷军系、E 是周鸿祎系。

对于“系”的说法雷军不喜欢:“这是敌对势力在捧杀我。啊，把我坑惨了。”“这些公司我是没有控制力的。”更有趣的一个细节是：据说雷军和马化腾有一次见面聊天，马化腾说:“你现在很牛哇!”雷军摇摇头:“哎呀，那都是朋友之间帮忙，就当我是个热心的大婶好了。”

雷军不喜欢“造神运动”，因为互联网精神本身就是去中心化，所有神仙都会在互联网上亿双眼睛中被解构。他更希望外界把他的投资视作无心插柳的行为，而不是有意为之的布局。

做天使投资约 3 年，是幕后的 3 年，也是安静的 3 年。“那段时间，没有一家媒体想要采访我；没有一个行业会议邀请我参加。有时走出机场感觉空荡荡的，我似乎被整个世界遗忘了。”

被遗忘了的雷军想清楚了几个问题。

第一，以前在金山，老觉得自己的精力是无限的，干得精疲力竭，这是一个做加法的过程。而做投资，我开始做减法，我给自己一个假定，什么都不会干。于是找到合适的人和商业机会后，开始放权，授权让别人干，做减法反而效率更高。

第二，创业，什么最重要？如果说钱最重要，那么微软就是日不落帝国。真正重要的是缺钱的紧迫感。因为当你资源无限多的时候，如果资源配置低效，你肯定很难成功。相反，当你资源紧缺的时候，配置反而能够得到优化。

第三，为什么大公司做新的项目往往很难做成，创业型公司却不一定？原因很简单，大公司资源再少也会有一堆，但项目牵头人通常还会跟老板抱怨，钱不够多人不够多。但创业型公司不一定，一个项目就给 200 万元，有紧迫感的创业者往往会把一分钱掰成两半花。而大公司要启动一个项目，几千万元都算小的，牵头的人的年薪往往都得过百万元。

雷军在总结，周围人说他的状态和以前有很大的不同。究竟是怎样一个状态呢？从商业上看，他不缺钱、不缺闲、不缺声誉，完全可以“安享晚年”了。

但从人性的角度看，他又有点寂寞，有点手痒。多年来，他缺一家量级庞大到称得上“伟大”的企业，一个在自己的评判标准上称得上“大成”的案例。

雷军是个聪明人。比如大学时他一年可以在报刊上发表 30 余篇文章。这种成就至今让他颇为自得。发文章不是撞运气，为了提高投稿被采用的概率，他会将每本刊物的定位、编辑的喜好都研究个透彻。同样也是在大学时，他还坚定了做一个“伟大的人”的梦想。

怎么个伟大法呢？雷军说，他小时候组装过收音机，大学时焊过电路板，更重要的是他还看了本名叫《硅谷之火》的书。《硅谷之火》里的乔布斯是他当年的偶像。

《硅谷之火》就像《功夫》里周星驰拿到的那本秘籍，励志作用显著。以致多年以后面对媒体，他也能熟练而矫情地跟大家讲理想：“那年我 18 岁，我也想像乔布斯一样办一家世界一流的企业。”

（四）最后一次创业

2009 年，40 岁的雷军决定再创业。在金山 16 年，干风险投资 3 年，江湖荣辱得失此刻全部归零。

雷军说，小米手机是他近 20 年商业武功的一次颠覆式实践，也是他这辈子创办的最后一家公司。简言之，升级版的雷军要以毕其功于一役的姿态重新玩一次通关。“输了就彻底退出江湖了。”

40 岁的玩法有什么不一样？资源不一样，平台不一样，找来的兄弟们不一样，但最关键的还是自我商业思维的更新。2010 年 7 月，自称用手术刀将自己解剖了一遍的雷军总结出五条体会。

第一条，懂得顺势而为，绝不做逆天而动的事情；第二条，颠覆创新，用真正的互联网精神重新思考；第三条，人欲即天理；第四条，广结善缘；第五条，专注，少就是多。

“雷五条”的变现过程我们会在接下来的文章中逐一介绍。

先说第一条“顺势而为”。雷军意识到，创业要想取得巨大的成功，光靠勤奋和努力是远远不够的。“创业能否成功要靠命。可命是什么呢？所谓命，就是在合适的时间做合适的事。创业者需要找到一个巨大的风口，只要站在风口，猪都能够飞起来。”

雷军坚信移动互联网是下一个能诞生百亿级公司的风口。杀入手持终端，第一步是招人。

人从哪里招呢？在互联网行业，雷军可谓小有名气，可在硬件领域，雷军必须面对应聘者连珠炮式的问题：“你有硬件团队吗？你跟运营商关系如何？你能搞到屏吗？你准备砸多少钱？”

2009 年 10 月，雷军向一直保持密切联系的林斌发出了合伙创业的邀请。林斌，谷歌中国工程研究院前副院长、谷歌全球技术总监，曾全权负责谷歌在中国的移动搜索与服务的团队组建与工程研发工作。

雷军与其相识于谷歌和 UCweb 间的一次合作。出于对移动互联网技术的同样的看好和痴迷，两人成为朋友。当林斌打算创业时，雷军与之一拍即合。

除林斌之外，其他 5 个创始团队成员也开始慢慢聚拢。这包括负责过金山在线、金山词霸的黎万强，曾参与过谷歌 3D 街景的高级产品经理洪锋，原摩托罗拉北京研发中心高级总监周光平，还有北京科技大学工业设计系原主任刘德。

“非常 6+1”的豪华阵容搭起来了，创业第一步完成。

从第一步看，小米的创业已经有些硅谷式创业的味道。过去 10 多年，本土互联网创业从项目到投资的链条逐步完善，客观上也给雷军提供了大的舞台。用雷军的话说，小米是全中国进入门槛最高的公司。员工平均年龄 30 岁，其中有一半人来自谷歌、微软和金山，履历表上的名字个个都光鲜得要命。

2010 年 4 月 6 日，小米科技低调成立。

（五）以互联网的方式做手机

做软件出身的雷军横刀杀入了硬件领域。这个领域，摩托罗拉做了 80 年，诺基亚做了50年，如今再加上一枝独秀的苹果，以及各有千秋的HTC、三星——小米怎么玩？

事实上，当初雷军宣布要做手机硬件的时候，唱衰者众，即便彼时的智能手机行业正处于天下大乱、位次重排的混战时期。

硬件确实不如想象中那么好做。“有人以为做手机，就是从夏普拿屏，从高通拿芯片，然后像当年组装电脑在家里一攒，不就出来了吗？那么简单？”雷军说：“先不考虑信号、性能、耗电各种指标。单单是保证不易被摔碎，研发中我们都要用高速摄像机拍摄不同的摔法，从力学的角度分解，继而再调整结构设计。这样的细节讲八天八夜也讲不完。”

硬件开发属于战术层面，小米手机在战略层面的打法更为重要。“雷五条”中的“颠覆创新，用真正的互联网精神重新思考”，这时候开始在考验中完成变现。

从一开始，雷军就描绘了一张大致的未来蓝图，其中核心的观点是：其一，通过互联网培养粉丝；其二，手机坚持做顶级配置并强调性价比；其三，手机销售不走线下只在网上销售；其四，在商业模式上，不以手机盈利为目的，而是借鉴互联网的商业模式，以品牌和口碑先积累人群，继而把手机变成渠道。

简言之，雷军一上来就决定要打破手机硬件行业的游戏规则。

号称为发烧而生的MIUI操作系统开始起步。MIUI系统是小米公司基于安卓系统深度开发的第三方手机操作系统，通俗点讲，就是小米公司开始优化自己的“心脏”。也就在强健自己“心脏”的日夜兼程中，一个巨大的战机或者说一个巨大的插曲出现了。

雷军发现在手机上做社交应用存在巨大空白。“当这个机会被我们发现时，我们就立刻组织团队，马上做。”几个月后，米聊横空出世。

果然，米聊一出，态势惊人。作为一个刚刚创业几个月的公司，手机还未出世，米聊却率先红了起来，值得振奋。事实上，米聊的顺势而生，本质上是在正面战场上切入了腾讯帝国的根基。直击腾讯，雷军原本有希望一把将其撂倒，殊不知，高度警惕的马化腾显然也看到了这招险棋。

随即，腾讯发布微信，借助QQ平台集团资源整体倾斜，微信用户很快过亿。

微信攻势越来越猛，米聊遭遇反扑，不过好歹也算坚强地活了下来，其用户在2012年达到1 200万户。短暂交锋，擦枪走火，点到即止。

另一边，小米手机的硬件团队也已经进行了一年多的密闭式研发。“这期间我们遇到的最大困难是什么呢？是工艺上的支持。国外的供应商一听说是来自中国的创业团队，起初85%的人都拒绝了。因为中国的创业团队都很会忽悠，他们已经被忽悠了好多年，怕了。”雷军说。

然而，小米必须要取得产业链上数百个供应商的支持。此时，开过公司的刘德被雷军抽调来和供应商谈判。

“5个月，见了1 000多人，瘦了20斤。”刘德说，“比如福岛核电事故后，我和雷军一起去日本拜访夏普，当时整架飞机只有10多人。此刻来访，夏普很感动，但在商言商，起初谈判并不顺利。一个从来没做过手机的公司只能讲未来，讲着讲着，连我们自己都被自己感动了。”

有了这些合作，2011年4月的某一天，第一部小米手机诞生。

此时，距小米手机正式发布的2011年8月16日，还有4个月。

（六）不是活雷锋，不是雷布斯

2011年8月16日，798艺术中心北京会所，人潮涌动。各路英雄及小米公司在互联网上精心培养了一年多的“米粉”们纷纷前来。显然，这个能容纳近千人的会场依旧太小，很多人选择了席地而坐。

雷军登台了。他身穿凡客诚品的T恤和牛仔裤，脚踩乐淘网的“疯狂的小鸟”帆布鞋，站到了聚光灯中央。显然，“雷五条”中“广结善缘”的理念在这时得到了体现。

在大屏幕上播放的一则短片中，包括乐淘网毕胜、多玩网李学凌、凡客陈年等一帮互联网明星纷纷摔掉手里的苹果手机，高呼："我们要小米!"

小米手机出现了。雷军宣布，1.5GHz 双核处理器，售价 1 999 元。这样的售价确实让场内场外的人吃了一惊。台下开始欢呼，有人喊雷叔叔，还有人喊雷爷爷，更有人调侃地叫起"雷布斯"。

紧接着，20 多天后的 9 月 5 日，小米首次在网上预订销售。34 小时预订出 30 万台；12 月 18 日，小米手机第二次预订销售，3 小时又卖出 10 万台。

一前一后总共 37 小时，销出 40 万台同款手机，这意味着什么?"就算最牛的国际手机巨头，一款手机一个月能卖出 10 万台，也是不得了的事情。最火爆的苹果 iPhone 4，首日销量也不过 60 万部"。

37 小时 40 万台的销量，同时也宣告创业不到两年的小米，在不到两天的时间内实现了 8 亿元的销售额。这是一个奇迹。

雷军心里的石头暂时落地了。这确实是生死存亡的一瞬间。因为小米手机的销售渠道全部通过互联网，没有零售终端，如果第一批销售不佳，继而引起互联网口碑受挫，那真的就 game over 了。

让雷军再次松口气的另一关键节点，出现在 2011 年 11 月 20 日。在这一天，雷军对外宣布，小米公司获得第二轮 9 000 万美元投资。雷军清楚地知道，小米至此才度过了最危险、最可能"夭折"的阶段。

为什么?因为在此之前，小米公司全盘业务都建立在 4 000 万美元的现金基础上。这些钱拿来做纯粹的互联网公司可能已经绰绰有余，但要做手机硬件，算下来只要库存达到 15 万台就有可能让公司关门。不管小米用多么轻盈的方式运转，整个手机链条尤其是硬件端的漫长，决定了现金流实为重中之重。

那么，小米手机何以能够赢得第一场销售战?雷军最初对小米商业模式的设计显然是对的。"小米不以手机盈利为目的，而是借鉴互联网的商业模式，以品牌和口碑先积累人群，继而把手机变成渠道再图盈利。"

于是，小米手机的超高性价比成为"撒手锏"。其一是性能，小米手机的 1.5GHz 双核处理器让人印象深刻；其二是价格，据雷军说，早在小米手机定价的时候，他就想要疯狂一把，把手机的价格定在1499元甚至是999元。最高性能的手机，只要999元，这将引发什么？只是，最后仔细核算了成本之后，他还是无奈地将价格定为1999元。

（七）小米的谜

2011年9月正式发售，小米在近乎夸张的缺货状态下，半年卖出了150万台。

2012年1月11日，小米开启第三轮开放购买，为此其官网专门新增了服务器和带宽。疯狂的粉丝依旧异常狂热，每秒下单的峰值一度达到700台。45分钟预订超过10万台，2小时23万台，8个半小时30万台——纪录再次刷新。

2012年4月6日，小米公司两周年米粉节上，现场面对上千名米粉，6分零5秒，10万台小米手机被抢光，小米手机的销售似乎成为手机行业的超级“大片”，创造了一个个“票房纪录”。

数据反复刺激着所有人的神经。这不就是一部手机吗？直到现在，依然有很多人搞不懂为什么小米能一夜暴红，在传统的观念中不是说做手机硬件没前途吗？回过头来，雷军也在问自己这是为什么。

总结小米的商业智慧，其核心无非三点：一是粉丝文化的深度开发和经营，二是互联网精神和方法的极致展现，三是不断超越用户预期。

小米公司有三块主要业务，即小米手机、MIUI和米聊。通过米聊及小米论坛，雷军不断进行着粉丝积累。如今，整个活跃在小米论坛上的米粉已经超过了270万。在线下，小米在国内28个城市开办了小米之家，在全国范围内签约了326家特约维修点，售后服务点覆盖了220座城市。小米之家定期举办同城会等各种活动，气氛热闹得就像过节一样。

在广州、武汉等地，小米之家本来是上午9点上班，可很多粉丝在8点就会到门口排队。每一家小米之家成立时都会有人送花、送礼、合影，甚至开办满一个月的时候还会有人来庆祝“满月”，还有人专门为小米手机写歌。

米粉文化直接刺激了手机销售。因为小米手机长期处于缺货状态，一旦小米官网有秒杀活动，米粉们在各自公司一号召，往往全公司都会去抢购。最后，大家反而不像是在为买手机而买手机，俨然成了一场相互比拼运气的游戏。

与此同时，大量的衍生品开始上市销售。小米棒球帽、米兔公仔、小米卡通贴纸皆销售良好。如何理解这种粉丝文化？在北京的小米之家留言墙上，我们看到了这样一张笔迹稚嫩的手写纸条：谁说小米是山寨？我就是喜欢，虽然还不完美。

小米商业智慧之二，是互联网精神和方法的极致展现。比如在微博和论坛的传播上，互联网出身的小米人有一整套方法论。小米公司有大量员工活跃在论坛和微博中，在第一线和用户进行无缝沟通，减少信息不对称带来的误会。

甚至雷军本人每天都会在微博上回答一百个问题，很长一段时间，朋友们碰到他的第一句话往往是：你微博上怎么全是广告？

至于小米商业智慧的第三条“不断超越用户预期”，用雷军自己的解释则是做人要厚道。比如手机的触摸屏和电池，国产的和进口的差价悬殊，消费者往往难以识别。这个时候选用哪种材质呢？我们坚持选择后者。

（八）江湖还要继续

产品、生产、营销，小米连闯三关，轻轻站稳。成立两年多时间，2010 年创投界对小米的估值为 2.5 亿美元，2011 年就已经达到 10 亿美元。

一家中国企业在成立的第二年估值即过 10 亿美元，这本身就是一个神话。这个神话基于互联网及通过互联网所激发的巨大粉丝能量。同样，神话也经受了来自互联网的一系列考验。

比如，当小米销售完第一批 10 万台之后，其必然面临返修率的压力。一方面市场需求巨大，现金流必须砸到生产环节，这种情况下如果返修率过高，必然会崩断公司生态链条。“如果返修率达到 10% 甚至 20%，那么这公司基本也不用做了。因为手机往返仅邮费就得近 40 元，这还不算需要更换的配件。”雷军说。

雷军 2011 年过得最煎熬的一段时间是担忧第一批手机返修率的时候。结果很快出来了，第一批返修的手机中有20台的故障原因是进水，还有一些手机是因为摔到地上，或者电池在公差范围内频繁重启，雷军松了一口气。

在最关键的良品率上，小米手机没有出大问题，到第二个20万台卖出去的时候，雷军最终踏实了。

如果延续2011年下半年及2012年的上行态势，小米公司的内部判断是，到2013年末，小米手机的销量将会达到800万～1 000万台。

这的确是一个或将改变本土手机历史的神话。

至少目前看来，雷军也不用急着退出江湖了。

◎链接

“七字诀”：专注、极致、口碑、快

文/口述 雷军 整理/唐婷

我在互联网混了那么多年，有一个“七字诀”。我用这一整套方法论创办了小米，也帮助朋友创办了20多家公司。

七字诀第一是专注。比如现在像很多微博网站每天没有很多更新，但是文章质量很好，在“少就是多”的时代里，信息过多，怎么样把东西做得精致、有价值，才是问题关键。

我们整个时代都在谈苹果，都在谈乔布斯，大家有没有想过，其实苹果这家公司到今天为止只出过5款手机而已。我们深圳的三个厂一天就能出100款，出一款难在什么地方呢？当我自己做手机的时候真的觉得大道至简，越简单的东西越容易传播，越难做。当大家把一本书从薄读厚，再从厚读薄，就能明白简单的东西是最具力量的。

第二是极致。极致就是做到你能做得最好，极致就是做到别人达不到的高度。大家经常“恭维”我，说小米山寨了iPhone，我真的不知道怎么表达。好的东西是不可能被抄袭的。每次想山寨 iPhone 的时候，我看到人家那个图标做得那么极致，就想我们能做到吗？不行。我只希望通过每天脚踏实地，一步一步努力，能离偶像近一点，再近一点。

技术上的极致需要时间、天赋，服务上的极致就看是否用心了。在这里举个我们小米的例子。我们刚开始卖手机的时候，税务局只给了我们 4 本发票，完全不够用，后来才补上了。我们的部门怎么办呢？第一，用特别快递寄发票，在每张发票里面放了一张温情脉脉的贺卡，写的是“让你久等了，亲，对不起”。第二，特别画一个很可爱的米兔，我们在每个信封里面还附了一张手机贴膜。当用户收到时感动坏了，从来没有一个公司这么做过。我们可改善的空间真的多得一塌糊涂，只要我们稍微用心就能打动消费者。

第三是口碑。我经常问大家一个问题，去过海底捞吗？海底捞就真的比五星级餐馆好吗？为什么咱们比起会议中心就没口碑，这个海底捞就有口碑呢？其实，口碑的本质是超越用户的希望值。海底捞在一个很破的地方，当我们走进去的时候它超越了我们所有的期望值，我们就觉得好。当我们去五星级餐馆的时候，我们期望值很高，怎么可能超越呢？

当我明白这一点的时候，我于是在小米创业初期强调，我们一定要保密，我说这玩意儿大家一看是雷军做的，期望值就高，不如无名氏做出来，消费者心态平和，更容易惊艳喝彩。

最后一个要诀就是快，我坚信“天下武功，唯快不破”。有时候，快就是一种力量，你快了以后能掩盖很多问题，企业在快速发展的时候往往风险是最小的，当你速度一慢下来，所有的问题都暴露出来了。所以，怎么在确保安全的情况下提速，是所有互联网企业最关键的问题。

少才是多——“8·16”发布会上的细节转变

文/口述 雷军

以前我们搞活动、开发布会，很累，事情好像总做不完：比如，这个发布会的主题是什么，我们要请哪些客人，我们要请哪几个部长来发言，我们要如何分工，请柬怎样做得漂亮，然后是先发请柬再发邮件，怎么打电话确认，应该怎么去请到他们，请不到要总结经验，灯泡是否有备用的，投影仪会不会坏……

但发布会的核心是什么？不就是发布产品嘛。想清楚这个问题我们开始做减法。减到什么程度？我认为办一个发布会，最重要的不是我们请得来什么大牌歌星，有什么噱头，我们只需要想清楚到底要发布什么。

要发布什么？讲什么是关键，演讲用的PPT更是关键。以前发布会我们提前一天把PPT写好就已经不错了，而去年引起轰动的“8·16”小米手机发布会的PPT，我提前15天开始做，组织了5个人的班子，有美术、制作，我一天参与两遍，提方向和意见。原计划预计做200页，做了120页，大家已经觉得崩溃了。因为每张照片都要修很多遍，每个标题都要琢磨。我只能庆幸准备时间还算充足。

少才是多。回归本质，专注本质，这其实是对人的一种解脱和祝福。